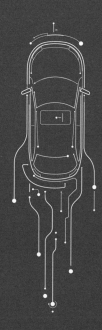

新 能 源 与
智 能 汽 车 技 术 丛书

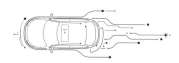

Intelligent Vehicle Perception,
Trajectory Planning and Control

智能车辆感知、轨迹规划与控制

李爱娟 著

化学工业出版社
· 北京 ·

内 容 简 介

本书结合智能车辆技术的最新发展情况，对智能车辆技术涉及的重点内容进行了全面的介绍。全书共6章，主要探讨智能车辆的关键技术，即环境感知技术、轨迹规划技术与跟踪控制技术。本书的第1章为概述，第2章介绍了智能车辆环境感知技术，第3章和第4章介绍了智能车辆的轨迹规划技术，第5章和第6章介绍了车辆轨迹跟踪与控制技术。

本书按照适宜读者阅读的顺序安排章节内容，尽量从不同学科角度阐述智能车辆的环境感知技术、轨迹规划技术与跟踪控制技术。本书可供从事智能车辆环境感知、轨迹规划和控制领域的技术人员参考，也可作为高校本科生/研究生的教学参考书。

图书在版编目（CIP）数据

智能车辆感知、轨迹规划与控制/李爱娟著．—北京：化学工业出版社，2024.2
（新能源与智能汽车技术丛书）
ISBN 978-7-122-44555-1

Ⅰ.①智… Ⅱ.①李… Ⅲ.①智能控制-汽车 Ⅳ.①U46

中国国家版本馆 CIP 数据核字（2023）第 233549 号

责任编辑：张海丽　　　　　　　　　　　　文字编辑：王　硕
责任校对：王　静　　　　　　　　　　　　装帧设计：王晓宇

出版发行：化学工业出版社（北京市东城区青年湖南街 13 号　邮政编码 100011）
印　　刷：三河市航远印刷有限公司
装　　订：三河市宇新装订厂
787mm×1092mm　1/16　印张 15　彩插 2　字数 353 千字　　2024 年 3 月北京第 1 版第 1 次印刷

购书咨询：010-64518888　　　　　　　　　售后服务：010-64518899
网　　址：http://www.cip.com.cn
凡购买本书，如有缺损质量问题，本社销售中心负责调换。

定　　价：118.00 元

智能车辆（intelligent vehicles，IV）是智能交通系统的重要组成部分，能够提高驾驶安全性，大幅改善公路交通效率，降低能源消耗量，此技术的研究已成为国内外科研机构关注的热点。智能车辆应用各种先进的传感技术获得车辆本身和行驶环境的状态信息，通过智能算法对相关环境状态信息进行数据融合处理和分析，对车辆的运动进行规划，并将轨迹信息传递给车辆的轨迹跟踪控制系统。在紧急情况下，即驾驶员无法对道路状况做出反应时，智能车辆能够自主完成危险避障任务，帮助驾驶员规避危险；在发生危险情况之前，对驾驶员进行提醒，使得驾驶员能够做出必要的回避动作，避免交通事故的发生。智能车辆研究的主要目的是降低严重的交通事故发生率，提高道路交通的运输效率，并且最大程度地保护驾驶员和乘坐人员的安全，以及运输货物的安全。

智能车辆研究的关键技术包括环境感知、车辆定位和车辆的规划与控制等。本书介绍了智能车辆的关键技术，即环境感知技术、轨迹规划技术与跟踪控制技术。其中，环境感知是轨迹规划的基础，该模块可以将车辆的行驶状态和环境感知信息提供给轨迹规划模块；轨迹规划模块根据车辆的行驶状态和环境感知信息，考虑时间因素，规划出车辆的行驶轨迹（规划的轨迹包括和时间相关的速度、加速度、行驶时间等状态和控制量），并将轨迹信息传给运动控制模块；运动控制模块接收到规划轨迹的详细信息以后，对车辆的姿态进行控制，使其沿着规划的轨迹进行循迹行驶，以达到对智能车辆自动控制的目的。本书的第 1 章为概述，第 2 章介绍了智能车辆环境感知技术，第 3 章和第 4 章介绍了智能车辆的轨迹规划技术，第 5 章和第 6 章介绍了车辆轨迹跟踪与控制技术。

本书适合希望涉足智能车辆环境感知、轨迹规划和控制领域的技术人员、高校本科生/研究生，也可作为研究智能车辆环境感知、轨迹规划和控制领域的基础书籍。我们期待能够与来自更多领域的读者产生思想上的共鸣。

在此感谢牛传虎、曹家平、巩春鹏、姜元帅、徐广鹏、孙超等人，他们就相关章节技术细节与笔者进行了富有启发性的讨论。

限于笔者的学识与研究水平，加之书稿编写经验不足，本书难免有疏漏之处，恳请各位读者不吝指正。

著者

2023 年 9 月

目录

第
1
章

智能车辆概述

1.1 智能车辆是未来车辆行业的重要发展方向

智能车辆是一个交叉学科，是众多技术综合集成的载体。智能车辆技术涉及传感器技术、人工智能、自动控制、通信等多种技术，集成了信息科学与人工智能技术的最新成果，具有较高的学科发展价值和理论价值。智能车辆技术是智能交通系统的关键部分，智能车辆不仅在军事、探险和救援等危险、恶劣场景下具有广阔的应用前景，同时智能车辆所涉及的各种汽车传感器、环境感知系统、行驶安全预警、智能决策、轨迹跟踪控制等关键技术对于提高有人驾驶汽车的智能化程度和行驶安全性也具有重要意义。世界主要发达国家将智能车辆作为展示人工智能技术发展水平、引领车辆工业未来的重要平台，纷纷开展智能车辆的研究。因此，开展智能车辆的研究，将对我国信息领域和车辆工业的发展做出基础性、前瞻性、战略性贡献。

2022年2月，国家发展和改革委员会、工业和信息化部等11部委联合印发《智能汽车创新发展战略》，为智能汽车产业的未来发展指明方向，智能汽车已成为全球汽车产业发展的战略方向。文件提出5年时间构建6大体系，智能网联汽车黄金时代开启。发展智能汽车对于我国来说，具有重要的战略意义，不但有利于提升产业基础能力，加速汽车产业转型升级，壮大经济增长新动能，同时，还有利于保障人民生命安全，提高交通效率，促进节能减排，增进人民福祉。虽然近期内完全无人驾驶的智能车辆实用化条件尚不成熟，但是对其进行前瞻性探讨和基础性研究，可以作为重要的技术储备，有利于抢占未来技术的制高点，具有极其重要的战略地位和研究价值，其研究工作仍然显得十分必要和迫切。

自动驾驶汽车是未来汽车行业的重点发展方向，为此国家出台了一系列政策和规划以促进相关产业的发展。2015年，国家推出《中国制造2025》，对智能网联汽车的发展做出重要规划，指出到2025年掌握自动驾驶总体和关键技术，并建立、完善自主研发和生产体系，完成汽车行业的转型升级。随后工业和信息化部联合国家发展和改革委员会与科技部又发布了《汽车产业中长期发展规划》，对自动驾驶汽车渗透应用做出规划。到2025年，自动驾驶汽车渗透率将达到80%，智能网联汽车是实现建设汽车强国过程中抢占先机、赶超发展的突破口。2017年12月，工业和信息化部发布了与国家标准化管理委员会共同制定的《国家车联网产业标准体系建设指南》系列文件，为车联网产业生态环境构建起到顶层设计和引领规范作用。2018年，工业和信息化部等部门出台的《智能网联汽车道路测试管理规范（试行）》，对测试主体、测试驾驶人、测试车辆等提出要求，进一步规范自动驾驶汽车测试，促进行业有序发展。作为前沿科技与汽车制造业、交通出行行业等融合发展的产物，自动驾驶已被各国上升到国家战略高度，成为各国纷纷抢占的技术与产业制高点。2020年以来，国家密集部署"新基建"政策，新基建迎来风口，根据国家发展和改革委员会对新基建的范围界定，新基建中的5G、人工智能、云计算、数据中心、智能计算中心等信息基础设施，以及智能交通基础设施，均和自动驾驶汽车密切相关。人工智能、云计算是自动驾驶系统的核心支撑技术，帮助自动驾驶系统实现感知、行为预测和规划等，从而可以代替人类司机执行全部动态驾驶任务。我国高度重视无人驾驶汽车发展，无人驾驶汽车成为关联众多重点领域协同创新、构建新型交通运输体系的重要载体，并在塑造产业生态、推动国家创新、提高交通安全、实现节能减排等方面具有重大战略意义。

1.2　智能车辆关键技术介绍

在计算机技术迅速发展的当代，机动车的保有量在逐渐增加，截至 2023 年 9 月，全国的机动车保有量达 4.3 亿辆[1]。机动车保有量的增加，给交通系统带来了较大的压力，同时也带来了交通设施问题，如交通拥堵、交通事故和环境污染等。若采用传统方法，如加宽道路、增设交通设施等措施，已经不能从根本上解决上述问题，反而会增加投资成本，得不偿失。

针对上述问题，世界各企业与高校将大量资源投入到汽车主动安全技术的研究中，进而产生了智能交通系统[2]。智能交通系统的研究主题是集成了多种高科技技术的智能车辆。智能车辆不仅可以智能控制车速以增加道路的通行能力，而且还可以提高行车安全并减少交通事故的发生。在国务院发布的《中国制造 2025》中，明确提出要掌握自动驾驶的智能关键技术[3]。因此，智能化已经是汽车工业发展的必然趋势。智能车辆的系统构架图如图 1.1 所示。

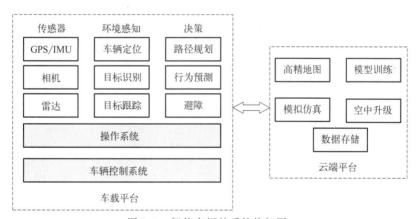

图 1.1　智能车辆的系统构架图

智能车辆是自主实施任务决策，具备一定自适应和学习能力的智能设备[4]。美国智能汽车分级有两套标准，一套是由国家高速公路安全管理局（National Highway Traffic Safety Administration，NHTSA）制定的，另一套是由美国汽车工程师学会（Society of Automotive Engineers，SAE）制定的，两者不同之处在于 NHTSA 的 L4 被 SAE 细分为 L4 和 L5。目前多采用 SAE 制定的标准，将自动驾驶从 0（无自动驾驶）到 5（完全自动驾驶）定义了 6 个等级，如图 1.2 所示。

| 自动驾驶分级 | | 称呼(SAE) | SAE定义 | 主体 | | | |
NHTSA	SAE			驾驶操作	周边监控	支援	系统作用域
0	0	无自动化	由人类驾驶者全权操作汽车，在行驶过程中可以得到警告和保护系统的辅助	人类驾驶者	人类驾驶者	人类驾驶者	无
1	1	驾驶支援	通过驾驶环境对方向盘和加减速中的一项操作提供驾驶支援，其他的驾驶动作都由人类驾驶者进行操作	人类驾驶者系统			部分
2	2	部分自动化	通过驾驶环境对方向盘和加减速中的多项操作提供驾驶支援，其他的驾驶动作都由人类驾驶者进行操作	系统			
3	3	有条件自动化	由无人驾驶系统完成所有的驾驶操作。根据系统请求，人类驾驶者提供适当的应答		系统		
4	4	高度自动化	由无人驾驶系统完成所有的驾驶操作。根据系统请求，人类驾驶者不一定需要对所有的系统请求作出应答，限定道路和环境条件等			系统	
	5	完全自动化	由无人驾驶系统完成所有的驾驶操作。人类驾驶者在可能的情况下接管。在所有的道路和环境条件下驾驶				全域

图 1.2　自动驾驶分级机制

① L0：人工驾驶。车辆不包含任何智能技术，驾驶和观察周边环境等操作完全依靠驾驶员进行。

② L1：辅助驾驶。车辆能够对转向和驱动中的一项操作提供控制，其余驾驶操作和观察周边环境由驾驶员负责完成。该级别的辅助驾驶技术主要包括ACC 自适应巡航和 LDW 车道偏离系统等。

③ L2：部分自动驾驶。车辆能够对方向和制动中的多项操作进行控制，驾驶员只需负责其余的驾驶操作，并观察周边环境。所代表的智能控制系统包括：紧急自动刹车系统（AEB）、紧急车道辅助系统（ELA）等。

④ L3：条件自动驾驶。车辆能够在特定场景下完成绝大部分驾驶操作，并可以观察周围环境，驾驶员能够根据车辆和交通情况选择是否进行驾驶干预。该级别的智能控制系统包括：本田 Honda Sensing Elite 系统、奔驰 Drive Pilot系统等。

⑤ L4：高度自动驾驶。在一定道路和环境条件下车辆控制系统能够完成所有的驾驶操作。并且系统在特殊情况下会向驾驶员提出接管车辆的请求，驾驶员可以根据自身需求选择是否接管。

⑥ L5：完全自动驾驶。无人驾驶系统能够取代驾驶员完成所有道路环境下的驾驶操作，行驶过程中对道路信息实时监控，乘车人员不需要对车辆进行操控。

智能车辆技术主要有环境感知、任务决策、路径规划和运动控制四个方面[5-7]。

① 环境感知。环境感知是指通过相机、雷达以及定位导航等传感器对周围场景进行检测，并能够将检测到的环境信息进行融合处理，获得车辆外部环境信息，为轨迹规划和跟踪行驶提供了基础。

② 任务决策。在进行任务决策时，自动驾驶车辆首先从环境感知模块中获取道路、交通、障碍物等外部环境信息，通过结合以上信息，任务决策模块能够分析当前环境并判断下一时刻的工作，然后对底层控制执行模块下发指令。

③ 路径规划。路径规划根据其工作时间和运行场景可分为全局路径规划[8-10]和局部路径规划[11-12]。通过高精地图信息规划出一条由起始点到目标点的可通过路径，称为全局路径规划，但在该规划过程中未考虑路径方向、宽度以及道路交叉情况和车辆自身状态等信息。因此，在复杂道路环境下需要智能车辆能够依据周围环境和车辆状态规划出可通过的局部路径，称为局部路径规划。

④ 运动控制。车辆运动控制主要指车辆对路径规划模块规划出的轨迹进行跟踪控制，包括纵向控制和横向控制。纵向控制为控制车辆在跟踪行驶过程中的车速；横向控制为控制车辆在跟踪行驶过程中的前轮转角，使车辆有能力跟踪规划出的路径。运动控制的目的为减少车辆跟踪路径和参考路径之间的误差[13-15]，提升车辆行驶效率。

1.2.1 环境感知技术

智能车辆在自主运动时会涉及环境感知问题[16]，若对环境感知没有正确的认识，使用不准确的感知信息来指导任务决策、路径规划、控制系统，则智能车辆会做出错误的判断，降低驾驶效率。例如，交通标志检测系统因错过一个停车标志，就会发生交通事故。环境感知是自动驾驶车辆通过自身传感器获取车辆运行状态和周围环境信息并进行识别的能力，如车辆的距离和速度、交通标志、交通信号和车道的识别等[17]。环境感知为自动驾驶车辆的决策和控制提供外界环境信息，是车辆实现自动驾驶的前提和保障[18]。用于自动驾驶目标检测的传感器主要包括毫米波雷达、相机、超声波雷达、激光雷达等[19]。每个传感器都有自身的优缺点，如 RGB 摄像头可以感知图像上障碍物的颜色和纹理信息，适用于对象的分类，但它的探测范围有限，且易受光照和恶劣天气的影响[20]。激光雷达传感器可以获得目标的精确距离信息，且能探测到小物体，但不能提供颜色信息[21]。因此，在利用多个传感器的测量数据进行同一目标检测时，每个传感器提供的测量数据会具有不同的目标特性[22]。例如，每个传感器的采样时间、采样位置、数据表达形式、采样频率、获取数据的可信度等方面都存在一定的差异，且每个传感器在数据融合过程中也会有不同的状态[23]。

智能车辆环境感知技术主要包括障碍物检测与识别、目标追踪、车道识别、可行驶区域识别等。目前，智能车辆的研究处于不成熟阶段，本身又是非完整系统，复杂的环境使得智能车在自主行驶过程中的环境感知问题变得不再单一。车辆进行环境感知的主要目的是给车辆的自主导航和轨迹规划提供最根本的基础依据，保证车辆能够自主、安全、可靠地行驶[24]。

1.2.2 路径规划技术

路径规划技术是研究智能车辆的一个核心问题，它是指在起始位置和目标位置之间获得一条最优路径以完成某项任务，在获得路径的过程中需要经过一些必须经过的点，且不能触碰到障碍物。设计最优路径可以有效缩短智能车辆到达目标位置的移动路径，缩短运行时间，提高智能车辆的工作效率，降低资源消耗。

目前，路径规划分为全局路径规划[8-10]和局部路径规划[11-12,25]：全局路径规划是根据静止的环境状态搜索出一条满足静态约束的最优路径；局部路径规划是在未知或动态环境下进行的，主要目的是满足智能车辆的实时避障，且保持局部最优。在生活中所设计的智能车辆路径规划是将全局路径规划和局部路径规划结合起来应用的，以此达到优势互补的目的，使得行车更为高效、安全。

1.2.3 运动控制技术

为缓解由汽车保有量上升所引发的问题，世界各国都将车辆电动化和智能化作为今后的发展趋势[26-27]。电动汽车采用驱动电机取代传统内燃机，同时取消了车辆复杂的机械传动结构，提高了车辆的传动效率，使得车辆具有较好的环保性和动力性[28]。相较于传统电动汽车的驱动方式，采用轮毂电机进行驱动更加灵活，四轮独立驱动电动汽车（FWID-EV）相较于传统电动汽车的优势如下：

① 提高能源利用率。轮毂电机将车辆的驱动、制动和传动系统都集成到轮毂内，取消了动力传输系统的机械结构，减少了由机械磨损造成的动力损耗，提升了能源利用率。

② 扩展车辆可控性。四轮独立驱动电动汽车在行驶过程中四个车轮可独立控制，车辆在遇到突发状况时能够将四轮驱动转变为前轮驱动或后轮驱动，车辆抗干扰性能提高，可控性增强。

③ 提升空间利用率。四轮独立驱动电动汽车可以使用线控技术，如线控转向、线控制动等，在减少机械部件占据空间的同时，也能够减轻整车质量，为电池等零部件的性能预留了提升空间。

因此，基于四轮独立驱动电动汽车在动力、能耗以及控制方面的独特优势，通过与车辆智能驾驶相结合，能够有效解决能源、环境以及交通等方面的问题[29-31]。

车辆智能化成为当前行业的发展趋势。智能车辆和智能交通系统在减少道路事故的同时，也能减轻交通拥堵引发的出行压力，提高出行效率以及能源利用率[32-34]。智能驾驶技术作为当前汽车工业的研究重点，其各项技术对车辆的动力性和操控性有非常重要的意义[35]。智能驾驶技术中运动控制问题作为其关键问题之一，在行驶过程中可分解为纵向控制和横向控制[36-38]。纵向控制为控制车辆的纵向速度，使目标车辆在与前后方车辆或障碍物保持安全距离的情况下按初始速度定速行驶，通过考虑车辆动力学，车辆能够根据前后方障碍物的位置进行变速度行驶；横向控制为通过某种控制方法，以跟踪准确性、车辆稳定性、行车安全性等作为控制目标，使车辆在满足约束条件的同时能够稳定跟踪期望轨迹行驶。

1.3 智能车辆关键技术研究基础

　　二十世纪九十年代，美国一所大学实验室完成了 Potiac 运动跑车的改装，经改装的无人驾驶汽车可以完成长达 4587 公里的陆地实验。从 2004 年开始，美国每两年都会举办一次 DARPA 挑战赛，随着技术的不断完善和对智能化的更高要求，2007 年，DARPA 挑战赛开始应用于结构化道路，并更名为"DARPA Urban Challenge"，进一步完善了无人驾驶汽车的关键技术。因此，DARPA 挑战赛大力推动了无人驾驶汽车研究的发展进程，其中参加挑战赛的冠军车辆 SandStorm、Stanley、BOSS 如图 1.3 所示。2012 年，在符合美国法律的前提下，谷歌无人驾驶汽车获得了全球第一张无人驾驶车牌，并以此推动了美国无人驾驶汽车技术的发展。德国的一所大学与奔驰公司合作，共同完成了一辆全程的 95% 为无人驾驶的无人驾驶汽车。日本的丰田、本田和日产等传统车企也都在研究无人驾驶汽车的智能技术。

图 1.3　冠军车辆 SandStorm、Stanley、BOSS

　　伴随全球智能化的发展浪潮，我国 IT 行业的佼佼者——百度发布了 Apollo，即阿波罗平台[39]。2019 年 8 月，百度在长沙对 L4 级的自动驾驶出租车进行了试运营。至 2019 年 8 月，无人驾驶测试路段比较有代表性的城市有：北京、上海、深圳、杭州、广州、柳州。2020 年 10 月，北京市民可以试乘 Apollo GO 无人驾驶出租车，体验无人驾驶带来的方便和快捷。百度 Apollo GO 无人驾驶出租车如图 1.4 所示。

图 1.4　百度 Apollo GO 无人驾驶出租车

1.3.1 环境感知技术回顾

现阶段，随着智能车的发展和普及，环境视觉感知技术得到了极大的关注[40]。视觉感知技术从相机中获取、解释数据，执行关键任务，如对车辆、道路、行人检测。自动驾驶系统中通常会有其他传感器的参与，但相机是必不可少的，因为它可以模拟人眼，获得真实的环境信息，大多数交通规则是通过假定视觉感知能力来设计的。例如，许多交通标志有着相似的外形，它们的颜色模式只能通过视觉感知系统识别。环境感知为自动驾驶车辆的决策和控制提供外界环境信息，是车辆实现自动驾驶的前提和保障，目标检测则是环境感知过程中的关键环节[18]。

（1）基于视觉的目标检测

相机是自动驾驶车辆获取周围环境信息的主要来源。早期的目标检测多采用视觉获取信息，基于视觉的目标检测算法是对目标选择候选区域，再对候选区域提取特征并判断目标的类型，包括基于传统视觉的目标检测方法（基于传统手工特征提取的目标检测算法）和基于深度学习的目标检测算法，如图 1.5 所示。

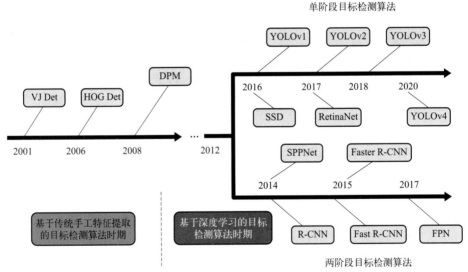

图 1.5　基于视觉的目标检测领域主要算法

① 基于传统视觉的目标检测方法。

传统的视觉检测方法是采用手工提取特征的方式进行目标检测[41]，其检测方法有 VJ Det[42]、HOG[43]、DPM[44] 等。

VJ Det（Viola-Jones detector，VJ 检测器）使用"滑动窗口"对整个图像进行遍历，从而判断目标是否存在。文献［42］通过 VJ 检测器实现了对人脸的实时检测，采用检测级联能够增加对有效目标的计算能力，提高了检测速度。但该方法检测到的目标种类及大小都是不固定的，并不能使窗口适应物体大小的改变。

文献［43］提出的方向梯度直方图（histogram of oriented gradient，HOG）针对 VJ 检测器存在的缺点做出了改进，沿用了 VJ 检测器的滑动窗口思想并引入了多尺度图像金字塔来适应检测目标的变化。文献［45］使用 HOG 特征与支持向量机分类器相结合的方法对前方车辆进行识别，对提取区域中的非车辆目标进行去除。

文献［44］对 HOG 检测方法进行了改进，提出了可变形部件模型（deformable part-based model，DPM），采用将检测目标整体分解为局部来检测的思想，分别检测目标的各个部件，再对各检测结果进行整合。传统的 DPM 模型主要考虑检测目标图像的梯度特征，容易将一些信息过滤掉，因此，文献［46］提出基于车辆颜色的 DPM 检测方法，改进后方法的准确率大于 90％，误检率低于 10％，与传统车辆检测方法相比，提高了检测效率和精确度。

VJ 检测器对当时的目标检测领域进步做出了巨大的贡献，其所具有的一些优秀思想为后来的目标检测算法提供了重要支持。HOG 克服了 VJ 检测器不能适应物体大小改变的缺点，DPM 将整体化为局部检测，再对结果进行整合。虽然在一定程度上提升了检测效果，但像 DPM 等使用手工进行特征区域选取的传统的视觉检测算法，往往会存在计算量大、实时性差等问题，与现在的目标检测算法相比差距较大，不能满足自动驾驶高可靠性的要求[47]。

② 基于深度学习的目标检测方法。

基于深度学习的目标检测方法与传统方法最大的区别在于特征区域的提取方式。基于深度学习的目标检测算法利用神经网络解决分类和回归问题。按照检测原理的不同，它可以分为单阶段和两阶段目标检测方法。

单阶段的检测方法是将单个检测网络直接应用于目标检测，其代表算法有 YOLO[48] 系列算法、SSD[49]、RetinaNet[50] 等。虽然其在精确度上比两阶段检测方法低，但在检测速度方面有较大提升，能够实现在复杂环境下的目标快速识别。文献［48］提出了一种统一的、实时的检测框架——YOLO（you only look once），将目标检测问题转化为回归类问题解决。YOLO 可以实现检测目标与背景环境区分与关联，使误检率降低。YOLO 使目标检测的性能得到了提升，但对于小目标和集群目标的检测精度较低。目前 YOLO 系列算法已经发展到 v5 版本，在保证高检测速度的同时，提升了检测精度[51]。针对 YOLOv1 存在的问题，Liu 等[49] 提出了 SSD（single shot multibox detector）检测算法，该算法引入了多尺度检测（multi-scale detection），在神经网络的不同层对多个不同尺度的目标进行检测，能够检测处理不同大小的目标，提升了小目标检测效果和精度。文献［52］将 SSD 算法应用于小型交通标志的检测，改进的 SSD 算法能够有效地检测出小型交通标志并具有较高准确率。为解决单阶段目标检测算法无法兼得速度与精确度的问题，文献［50］提出了新的单阶段检测框架——RetinaNet，该算法引入了"焦点损失函数"（Focal Loss），使检测框架的关注焦点放在难分类的检测目标上，极大地提升了单阶段检测方法的检测效果[53]。YOLOv1 是第一个单阶段的检测算法，解决了目标检测算法长期存在的检测速度慢、不能满足实时检测要求的问题，但是对于不同尺度的目标，尤其是小目标的检测效果较差。而 SSD 算法通过引入多尺度检测来解决这个问题，有效提升了小目标的检测性能，这一思想也被应用到后来的 YOLOv3 算法中。单阶段算法的"痛点"在于检测精度，引入 Focal Loss 的 RetinaNet 算法，在保持高检测速度的同时，达到了两阶段算法的检测精度。

两阶段目标检测方法主要包括 SPPNet[54]、FPN[55] 和 R-CNN[56] 系列算法等。两阶段算法将目标检测问题分成两步解决，先产生候选区域，再对候选区域进行分类，这比单阶段目标检测方法更准确，但检测速度较慢。文献［56］首次提出在目标检测领域应用区域卷积网络（region proposals with CNN，RCNN），是其他两阶段算法的研究基础。RCNN 是向神经网络中输入一个固定大小的图像，进行训练并提取目标特征，虽然较传统目标检测方法在检测精度上有所提升，但会产生太多重复计算，这将降低检测速度。针对 RCNN 存在的需输入固定大小的图像导致检测速度慢的问题，文献［54］引入了空间金字塔模型来消除固定尺寸的约束，提出了空间金字塔池化网络（spatial pyramid pooling networks，SPPNet）。这种算法不需要将目标缩放，减少了多余计算，提升了检测算法的检测速度，但是仍然不能实现实时检测目标的自动驾驶环境。在 RCNN 的基础上又产生了 Fast R-CNN[57]、Faster R-CNN[58] 等两阶段目标检测算法，这些检测算法仍然存在重复计算，达不到单阶段检测算法的实时性。上述目标检测方法只在神经网络的顶层进行检测，不利于检测目标的分类，文献［55］提出了特征金字塔网络（feature pyramid network，FPN）检测算法，能充分利用神经网络对多尺度目标进行检测。针对一些算法对于小目标检测准确率较低的问题，文献［59］将 FPN 检测算法用于小目标检测，该算法简单易实现，对于小目标的检测效果明显。像 SPPNet、FPN 等算法的核心思想，不但被应用在两阶段目标检测算法中以提升检测精度，也被引入至单阶段检测算法中，如在 YOLOv3 算法中引入了 FPN 结构，将不同特征层融合后的结果用来做预测，在小目标检测中起到了关键作用。在 YOLOv4 算法中加入了 SPP 模块，实现了局部特征和全局特征的融合。两阶段目标检测算法虽然检测精度高，但也会产生一些冗余计算，导致检测速度慢，Faster R-CNN 是 R-CNN 系列算法中检测速度最快、最接近实时检测要求的两阶段目标检测算法。

综上所述，基于传统视觉的目标检测方法实时性差、检测精度低，不能适应现在自动驾驶车辆的复杂运行环境；基于深度学习的目标检测方法是目标检测发展的趋势[60]，但利用神经网络的目标检测算法的检测速度与检测精度一直没能得到最优的平衡点。

（2）基于点云的目标检测

自动驾驶车辆运行环境复杂多变，基于视觉传感器的目标检测容易受环境光照的影响。雷达的检测范围不断扩大，分辨率不断提高，雷达已经成为环境感知系统最主要的传感器。基于雷达的目标检测方法大多是基于点云特征进行的，首先在三维点云数据中提取感兴趣区域（regions of interest，ROI），再对检测目标进行特征提取，实现目标检测分类[61]。

文献［62］将图像检测方法推广到基于点云特征的目标检测，提出一种实时 3D 点云检测网络——Complex-YOLO，能够实时检测多种类型目标。目前基于深度学习的目标检测已成为主要的雷达检测方法。文献［63］首次提出使用二维全卷积网络（fully convolutional network，FCN），将三维信息投影到二维点图中预测目标的置信度和边界框。上述两种检测方法都是使用将三维信息投影到二维点图的方法，这会导致三维信息缺失。文献［64］直接在点云信息上进行目标检测，提出了 PointNet。该算法结构简单，引入了最大值池化（max pooling），将每个点独立分类预测，再通过 FCN 将各点云特征整合以获得全局特征。文献［65］将 PointNet 运用到行人检测，结合点云的多尺度局部特征和全局特征在激光雷达上实现行人检测，实验结果表明，该算法在行人检测方面效果良好。PointNet 在局部处理上还存在缺陷，在此基础上，Charles R 又提出了 PointNet＋＋[66]。

毫米波雷达的分辨率较低，激光雷达的成本较高；基于深度学习的视觉检测方法提升了检测效率和准确性，但易受天气影响且不能获取目标的距离、速度等深度信息，无法提供准确可靠的环境信息[67]。由于自身特性的局限和天气等因素影响，基于视觉或雷达的单一传感器的目标检测方案不能应对自动驾驶的复杂环境[68]。

（3）基于多传感器融合的目标检测方法

相机相较于雷达，拥有更加丰富的特征信息，但无法获取目标的距离、速度及三维信息等[69]。将雷达与相机进行数据融合，既能获取图像信息，又能获取检测目标的深度信息[70]。为了克服传感器自身固有的缺点并结合不同传感器的优点，多传感器信息融合技术已经被广泛使用[71]。敬如雪等[72]提出了一种基于多传感器数据融合的算法，该方法可以剔除传感器采集的异常数据，从而保持数据的一致性，使得融合结果具有较高的可靠性和抗干扰性。Tong 等[73]针对固定权重融合存在结果不准确的问题，提出了一种自适应融合算法，即将可见光和红外图像进行融合，该算法可以自适应调整融合权重系数，得出更好的融合图像。

目前用于目标检测的最常用的融合方式是毫米波雷达与相机融合[74]。文献［75］研究了基于相机和毫米波雷达融合的目标检测方法，利用相机识别目标特征的能力和毫米波雷达在恶劣环境中的抗干扰能力来提升目标检测精度。文献［76］基于密度的聚类算法（density-based spatial clustering of applications with noise，DBSCAN）对激光雷达采集的点云数据进行聚类，利用 Faster R-CNN 识别图像信息，提出了一种基于激光雷达和视觉信息融合的框架，能够快速、准确地识别目标信息[77]。随着技术的发展，激光雷达的价格降低，基于激光雷达与其他传感器融合的目标检测技术也得到了快速发展。如何有效融合图像和激光雷达的测量数据，获得单一传感器无法实现的检测性能，已成为目标检测领域的研究重点[78]。Xue 等[79]提出了以图像为中心的多传感器融合框架，该框架通过几何和语义约束将图像和激光雷达信息融合在一起，实现了高效的自主定位和障碍物感知，但融合过程过于复杂，难以满足实时性要求。Zhao 等[80]提出了一种基于三维激光雷达和摄像机进行场景解析和数据融合的方法，通过自主地面车辆试验台，对农村和城市地区收集的数据集进行了评估。Lee 等[81]提出了基于激光测距和雷达的自主车辆跟踪传感器融合系统，该系统可以提高目标车辆的估计精度和最大感知距离。Li 等[82]在时间和空间同步的基础上，对激光雷达和摄像机信息进行融合，构建了基于姿态的语义地图，从而模拟出实际环境场景。Yang 等[83]利用摄像机识别障碍物、激光雷达检测障碍物距离的优点，通过融合两个传感器的共同映射来检测障碍物，进而提高了测量精度。Zhang 等[84]在三维激光雷达数据聚类的基础上，根据车辆的纵横比确定图像中车辆和非车辆的 Haar 特征，通过训练级联分类器，对感兴趣的图像区域内的车辆目标进行识别，该检测方法的有效性和实时性较好。

多传感器融合目标检测已成为国内外高校以及汽车行业的研究热点。国外的多伦多大学和 Uber 公司提出了一种通过神经网络连续融合图像和激光雷达点云信息的检测方法，通过融合两种传感器的数据信息，能够精确获取三维空间信息[85]。在国内，百度公司与清华大学研发团队提出了多视图 3D 网络（multi-view 3D networks，MV3D)[86]，这种融合框架采用点云的俯视图和前视图，将相机的 RGB 图像和激光雷达点云两种信息同时处理，缩短了处理信息时间以保证目标检测的实时性[87]。信息融合涵盖概率统计、估计理论以及神经网络等技术，成为了一门交叉学科[88]。信息融合的方法主要包括基于随机模型的加权平均融合法[89]、卡尔曼滤波法[90]、贝叶斯估计法[91]、D-S 证据推理融合法[92]等传统融合算法和正在蓬勃发展的神经网络法、模糊逻辑法、遗传算法等人工智能类融合算法。陈毅等[93]通过 YOLOv3 分别得到激光雷达和相机检测的障碍物信息，并根据决策级融合方法将两个传感器的检测结果进行融合，从而得到最终的检测结果。赵海鹏[94]通过贝叶斯估计方法将激光雷达信息和图像信息进行融合，对栅格地图进行实时更新，该方法可以在一定程度上充分利用各个传感器的信息，但难以获得准确的先验概率和条件概率。Asvadi 等[95]采用卷积神经网络法融合了激光雷达输出的密集深度映射数据和反射率映射数据以及相机输出的彩色图像，并设计了基于多模态车辆的检测系统。薛培林等[96]通过建立两个传感器的坐标转换模型，采用 YOLOv3-tiny 算法融合激光雷达的目标点云以及图像数据目标，形成了一种实现城市车辆自主实时识别目标的方法。Wu等[97]针对传感器融合的网络结构，提出了一种新的分布式卡尔曼滤波算法，该算法适用于动态目标的检测、估计和跟踪，但不能处理传感器传输的量化误差。Meng 等[98]针对目标信号的变化，在估计真实值的过程中，通过引入一个均衡因子调整当前测量值与历史测量值之间的比例关系，提出了一种改进的自适应随机加权数据融合算法，该方法可以很好地接近真实值的估计，但不能实时准确保证各个传感器的最大权值。

加权平均法的难点在于需要确定传感器输出的权值系数。对未知的信息和不确定的信息可以使用 D-S 证据推理法进行融合处理，但缺点是计算烦琐，并且对证据体之间的独立性要求比较严格。神经网络法是将测量数据直接应用于推理过程中，而测量数据中的噪声误差会影响结果的不确定性。卡尔曼滤波算法是一种具有线性、无偏、最小方差估计等特性的算法。但卡尔曼滤波算法的预测值相对于真实值的偏差会随着迭代次数和预测次数的不断增加而越来越大，造成融合数据发散，与期望的融合效果相差甚远。

① 基于随机模型的融合方法。

a. 加权平均融合法。加权平均融合是将多个传感器的数据按照不同权数进行处理。文献［99］将两个超声波雷达的观测值进行加权平均分配，对自动驾驶的多传感器加权平均信息融合算法进行了研究，研究表明，当取值合适时可以获取最优估计值，进而将此结论推广到多个超声波雷达及激光雷达数据融合，也具有很高的可行性。但是，采用加权平均法融合不易确定各传感器数据的权值，会对采集信息的精确度产生影响。文献［100］提出了一种自适应加权融合算法，将数据根据高频和低频分别采用不同方案处理，较传统加权平均融合方法精度更高。但是该算法很难处理传感器自身存在的误差以及环境产生的干扰。文献［101］通过设置权重来淘汰检测结果差的传感器数据，减小多传感器的测量误差和不确定性，在实际应用中提高了融合系统的精确性。

b. 卡尔曼滤波融合法。卡尔曼滤波（Kalman filtering，KF）是一种常见的处理数据方法，因实时性好而被广泛运用于计算机视觉、图像检测以及自动驾驶环境感知系统等各个领域[102]。卡尔曼滤波融合方法是基于卡尔曼滤波进行拓展的，目前主要的研究有不变扩展卡尔曼滤波[103]、加权测量融合卡尔曼滤波算法[104]、无迹卡尔曼滤波与神经网络结合算法[105]等。文献［102］对目标关联后的不同融合方法进行研究，提出了基于卡尔曼滤波的多传感器信息融合算法。由于复杂的运行环境以及目标的不确定性，文献［106］提出了一种实时多目标检测追踪框架，该框架是基于卡尔曼滤波的多目标追踪（multiple object tracking，MOT）算法。为了提高目标检测的可靠性，文献［107］对迭代扩展卡尔曼滤波进行改进，提出了多传感器融合状态估计算法，充分考虑获取信息的不确定性，首先将各传感器获取的信息单独处理，再进行并联，提高了检测的准确性。

c. 贝叶斯估计融合法。贝叶斯估计（Bayesian estimation）[108]理论通过将先验信息与检测目标信息相结合从而预测事件发生的概率。文献［109］通过实验证明并与其他融合方法相比较，得出贝叶斯估计方法可以对多个传感器获取的不确定数据进行有效融合，同时也发现该方法需要大量的先验信息，在实际应用过程中先验信息并不易获取。文献［110］提出了一种利用置信距离理论与贝叶斯估计相结合的多传感器信息融合方法，充分利用两种理论的特性，提高了检测系统性能，但是只适用于同一类型传感器检测同一目标的情况。由于自动驾驶环境的复杂性，因此贝叶斯估计理论一般不直接用于多传感器信息融合。贝叶斯估计理论对于不确定的信息处理较困难，文献［111］提出了一种将卡尔曼滤波与贝叶斯估计理论相结合的多传感器信息融合方法，该方法能够有效解决各传感器获取信息不确定性和不一致性问题，提高检测精度。

d. D-S证据理论融合法。D-S证据理论（Dempster-Shafer evidential reasoning）相较于贝叶斯估计理论，在处理不确定信息方面更具有优势，是贝叶斯估计融合算法的改进。文献［112］通过实验验证了D-S证据理论在基于多传感器融合的车辆识别方面应用的可行性和有效性。由于自动驾驶环境的复杂性和单一传感器缺陷，其对于远距离目标以及小目标的检测存在精度低、可靠性差等问题[113]。文献［114］采用D-S证据理论对可见光和红外热图像进行决策级融合，提出了一种基于决策级融合的远距离目标检测方法。D-S证据理论虽然在解决不确定问题上有良好的效果，但在证据冲突时却无法很好地处理。

文献［115］提出了一种结合加权法改进的 D-S 证据理论算法，通过均值加权的思想将 D-S 证据理论中存在的矛盾证据弱化，通过仿真实验验证改进的算法，发现它能够有效弥补 D-S 证据理论的缺陷。

② 基于人工智能的融合方法。

基于人工智能的目标检测融合方法主要包括神经网络融合法、模糊逻辑融合法、遗传算法等，目前多传感器融合常用的目标检测方法是神经网络融合法。通过输入大量信息给神经网络，经过训练产生固定逻辑并获得最佳的融合权值[116]。

为解决雷达与红外两种传感器融合问题，文献［117］在协方差未知的环境下，采用神经网络融合两种传感器获取的信息，通过仿真实验验证了该算法的可行性。文献［68］提出了一种多传感器融合神经网络，将毫米波雷达的先验信息添加到卷积神经网络中，得到新的注意力机制模块，再将该模块与 SSD 目标检测网络相结合。这种基于深度学习的融合算法提高了目标检测的稳定性和可靠性。文献［118］发现利用神经网络可以有效解决多传感器融合的固有问题，但要达到最佳融合结果，需要收集全部可能发生的事件数据。

综上所述，面对复杂的自动驾驶环境，融合方法的应用使自动驾驶车辆充分利用各传感器获取更多、更丰富的环境信息，提高目标检测的精确性和可靠性，减少获取信息的时间和费用[106]。基于随机模型的融合方法中的加权平均融合法、卡尔曼滤波法等算法，对原始数据直接进行处理，属于低层次的数据级融合方法，这种融合方法虽然丢失原始数据少，但也会导致大量信息需要集中处理，从而影响目标检测的实时性。贝叶斯估计法、D-S 证据理论推理法相比于前两种方法更易理解且计算量小，属于更高层次的融合方法，但先验知识不易获得，适用范围较小。这两种融合方法都能对不确定信息进行有效融合，而 D-S 证据理论融合法的优势更加明显，但在证据冲突时却无法很好地处理。模糊逻辑法与人类语言相近，容易理解。基于神经网络的方法是目前常用的方法之一，以神经元的形式输入，无须具备大量的先验知识，有较强的自适应能力，因此被应用在各个领域。基于人工智能的目标检测融合方法是多传感器融合方法的发展趋势，但这些融合算法都存在计算量大、规则难建立的缺点。每种传感器及融合方法都有其优劣之处，基于随机模型的传统融合算法是目标检测融合发展的基础，基于人工智能的多传感器融合方法是发展的趋势。充分利用各传感器的特点，综合多种融合方法，为安全的自动驾驶提供保障。

1.3.2　路径规划技术回顾

智能车辆路径规划技术的关键点在于寻找一条从起始点到目标点的无碰撞的安全路径，且在智能车行驶的过程中保证自身的安全性和稳定性[119]。

（1）基于栅格搜索的规划算法

基于栅格搜索的规划算法有 Dijkstra 搜索算法、A^* 算法、D^* 算法等[120]。这些算法需要对感知信息进行预处理，生成包含障碍物及可行区域的搜索图，然后应用图搜索算法寻找代价最低的边，最后连接起点到终点的边形成可行驶路径。Dijkstra 搜索算法用于解决连通图中任意两个节点的最短路径规划问题，保证搜索到的是全局代价最低的路径，但是计算的节点较多，计算代价较高。

Fadzli 等[121]针对存储结构占用内存较大的问题，提出一种"多层字典"来改进存储结构，使用多层语义字典代替常用的邻接表和邻接矩阵进行规划信息的存储，增加了搜索的维度，能够获得更加合理的全局最优路径。Guo 等[122]在传统的 Dijkstra 算法基础上，加上小车转弯节点识别算法，综合考虑路径的长度、转弯节点数量及分布等因素，提出改进的时间最短路径规划算法，提高了小车工作的效率。

Dijkstra 搜索算法应用范围较广，能够保证搜索结果的最优性，但是随搜索面积增加，计算量会急速增长，很难满足计算的实时性，适合用于全局静态规划。不少学者基于 Dijkstra 搜索算法提出改进，其中，A^* 算法是效率提升较大的一种改进。

A^* 算法是用启发式函数引导搜索方向，降低搜索量，在提高算法效率的同时，也能保证结果的最优性。加权 A^* 算法（weighted A^*，WA^*）是在原来 A^* 算法估价函数的启发项之前乘上权重系数 W，强化了启发信息的影响，从而使搜索节点更快地靠近目标节点，但是随着启发信息的权重的提高，算法得出的结果更容易陷入局部最优值。

Gochev 等[123]提出实时树恢复加权 A^* 算法（anytime tree-restoring weighted A^*，$ATRA^*$），采用启发式方法聚焦搜索范围，并允许牺牲部分边界路径最优性来加速搜索。受双向随机扩展树算法（RRT-Connect）的启发，Islam 等[124]提出双向 A^* 搜索算法（A^*-Connect），利用多启发式 A^*（MHA^*）的框架实现对目标运行双向搜索，更快找到路径，同时比 RRT-Connect 得到更优的路径。

A^* 算法充分利用启发式函数加速搜索，能够以较高效率获取最优路径，然而当部分地图未知或是在动态地图下，A^* 算法往往选择重新搜索，将花费较长的时间，针对这种情况，许多学者对动态环境下的路径搜索进行探索，其中影响较大的是 D^* 算法。

D^* 算法主要目的是解决部分已知或动态地图的路径搜索问题。采用估价函数从目标点向起点搜索，在移动过程中，如果出现新的障碍物，则将障碍物附近的点加入搜索列表，向起点传递代价变化。

张贺等[125]采用全局规划与局部规划结合的方式以解决规划问题，全局规划采用 A^* 算法，局部规划则结合了 D^* 算法与动态窗口法。然而，D^* 算法比较复杂，难以理解及扩展，D^*-Lite 算法就是在 D^* 算法之后提出的一种更简单且同样有效的动态地图路径规划方法。随裕猛等[126]对 D^*-Lite 算法进行分析，提出 D^*-Lite Label 算法，对搜索节点进行标记，避免了某些节点不必要的重复更新与计算，使代价变化的传递更加迅速，从而提高了算法的实时性。徐开放[127]结合 D^* Lite 算法和 BP 神经网络算法，提出移动机器人路径规划方法并且在仿真平台上进行了算法验证，其中，D^* Lite 算法作为全局规划算法，BP

神经网络算法作为局部规划算法。

基于栅格搜索的算法具有解析完备性，大部分情况下能够搜索出最优或次优的路径，并且扩展性强，能够针对具体的问题做出灵活的改变，因此应用广泛。然而，对于维数较高的状态空间，栅格搜索往往由于计算量太大而费时、低效，并且搜索出的路径不够平滑，在汽车上不能直接使用，还有较大的优化空间。

（2）基于人工势场的规划算法

人工势场法[128]核心思想在于将机器人操作空间看成虚拟力场，机器人在虚拟力场中运动，目标状态对机器人产生吸引力，引导机器人向目标状态运动，而障碍物对机器人产生排斥力，从而避免机器人与其发生碰撞，两者的合力引导机器人最终运动。人工势场法的关键在于引力场与斥力场的构建，在合理的引力场及斥力场模型下能够规划出较为平滑且安全的路径，计算量通常较栅格法要小，效率较高。

安林芳等[129]考虑智能车辆道路边界约束及运动学约束等因素，将人工势场法进行改进，根据正弦路径变道及最小安全距离构建障碍点模型，加入车辆运动学约束，基于结构化道路场景的变道行为完成了平滑高效的路径规划。薛锋等[130]以激光雷达作为传感器，研究人工势场法在部分已知环境下的运用。在传统人工势场法的基础上，改变引导机器人前进的方式，不再用引力与斥力合成的方法，而是直接计算引力与斥力的代数和，从而避免规划路径陷入局部最小值。刘法勇[131]将人工势场法应用于车道保持系统，以预瞄点处相对车辆所在车道中心线的距离、角度偏差等因素构建势场函数，并且与基于PID的控制跟踪算法进行对比，验证了算法在车道保持系统中的有效性。

人工势场法效率高，计算简单，路径较为平滑，在局部运动规划问题上应用广泛，但仍存在较大缺陷：首先是机器人前行路径靠合力引导，因此容易陷入合力为零的局部最小值，而到不了真正的终点；其次是终点附近的障碍物容易对目标点势场产生较大影响，从而使得机器人找到的全局最小值可能并不是目标点。

（3）基于随机采样的规划算法

基于随机采样的路径规划方法通常是在起点和终点之间以均匀随机采样的方式构建连通图，对连通起点与终点的路径做碰撞检测，通过碰撞检测的则作为规划结果。快速随机扩展树法（rapidly-exploring random tree，RRT）[132]是比较典型的基于随机采样的算法。

RRT算法以起点作为根节点，在搜索空间中通过随机采样的方法扩展叶节点，并进行碰撞检测，不发生碰撞的轨迹存为边集，轨迹的端点加入节点集，最终生成避开障碍物的随机扩展树，当目标点作为叶节点被搜索到时，即可输出可行的路径。刘成菊等[133]将RRT算法应用在足球机器人的运动规划上，并通过添加吸引因子、路径平滑处理、路径缓存等方法改进算法的实时性，优化输出路径。Kuffner等[134]提出一种双向进行的RRT算法（RRT-Connect），分别以起点和终点作为根节点构建两棵随机扩展树，并采用贪婪算法引导两棵树相向扩展，提高了RRT的规划效率。莫栋成等[135]以双足机器人为研究对象，提出一种改进的 RRT-Connect 算法，对于环境中的狭窄通道使用桥梁检测算法进行识别，改善了 RRT-Connect 算法在狭窄通道规划路径的性能。

基于随机采样的算法通常具有较高的效率，然而由于其固有的随机性，难以找到最优解，并且窄道搜索能力一直是影响算法性能的重要因素，因此，采样算法的设计、路径的优化及后处理一直是研究的重点与难点。

（4）智能仿生算法

人工神经网络是用途广泛的人工智能算法，其对于非线性信息的处理能力使其在人工智能领域大放异彩。樊长虹等[136]将机器人的状态空间用非对称连接 Hopfiled 神经网络（Hopfield neural networks，HNN）来表示，并建立全局的动态数值势场，通过爬山搜索法得出避障路径。文献［137］采用多层前向网络描述环境信息，并结合粒子群算法进行路径规划。钱夔等[138]结合神经网络的学习能力及模糊推理的推理能力，提出一种自适应模糊神经网络路径规划方法，提升了机器人在非结构环境下的路径规划能力。

遗传算法是比较经典的优化算法，具有很强的寻优能力[139]。刘旭红等[140]采用多目标遗传算法进行路径规划，综合考虑距离、总坡度、威胁性等多个目标进行规划，并在仿真环境下验证了算法的有效性。Hu 等[141]提出基于先验知识的遗传算法路径规划方法，将领域知识融合到遗传算法算子中，能够提高机器人在动态环境下的路径规划能力。Elshamli 等[142]根据路径长度的变化采用不同的进化算子构造遗传算法路径规划器，并且结合领域知识以提高规划器在动态环境下的适应性。

滚动窗口避障法[143]是机器人局部运动规划常用的算法，实时探测障碍物信息并建立外部环境模型，然后通过最优局部子目标给出相应的避障策略，具有良好的优化和反馈作用，输出最优路径规划。文献［144］在自动引导小车的运动规划环节采用了滚动窗口避障法，并且引入了沿墙策略以避免陷入局部最小值。Eduardo 等[145]提出动态障碍物动态窗口算法，与以往基于曲率速度法的预测曲率速度法和动态曲率速度法进行比较，提高了使用两个限制占用网格的避让操作的安全性。Yi 等[146]利用 Bézier 曲线作为全局路径规划的基础，采用动态窗口算法搜索最优速度对，保证无碰撞轨迹，使得车辆能够同时跟踪生成的朝目标运动的全局路径并避免局部碰撞。Einvald 等[147]提出了一种混合动态窗口算法，该方法生成时间参数化的轨迹，使车辆能够避开局部极小值，并跟踪朝向目标的最优轨迹，且能够在轨迹预测期间改变期望速度。因此，动态窗口法可以根据环境信息实时规划路径，具有较好的避障能力，可以很好地满足智能车的自主导航能力要求。

蚁群算法是一种启发式路径规划与寻优算法。Ning 等[148]为了进一步提高算法的收敛速度，设计了强化信息素平滑更新机制，利用动态信息来执行路径优化，提高了算法的全局搜索能力，但动态信息存在不确定性。方春城等[149]针对传统蚁群算法收敛速度慢的问题，提出减小信息素增强系数 Q 的改进蚁群算法，加快了算法的收敛速度，能准确找出最优路径，但趋于收敛的迭代数较大。Xiong 等[150]提出了一种适用于大规模自适应海洋的 V-ACO 路径规划器，利用蚁群算法改进的启发式函数，寻找无碰撞最优轨迹，该方法能够找到具有更多采样值的最优路径。徐宏宇等[151]采用自适应启发式函数，增加蚁群对目标点的吸引力，并通过 A* 算法随机复活陷入死锁的蚂蚁，该算法可以快速收敛于最优路径，具有鲁棒性强、全局优化性能好等优点。Baghli 等[152]根据蚁群算法在搜索和优化上鲁棒性强的优势，将其应用在机械手躲避矩形障碍物上，找到初始点到目标点的最优路径。Jiao 等[153]采用自适应状态转移策略和多态蚁群信息更新策略来提高算法的全局搜索能力，但其目标点是一个理想化模型，在实际应用中具有挑战性。Vahid 等[154]采用了融合蚁群优化和模拟退火的启发式算法，解决了无流水车等待的调度问题，改进了构造和追踪信息素的特性。

智能仿生算法在路径规划领域中的应用越来越广泛：一方面是由于传统的一些路径优化算法遇到了该领域的瓶颈，另一方面则是源于智能仿生算法固有的一些优良特性。而滚动窗口避障法是预测控制理论的一种优化方法，它具有优化和反馈两种基本机制，实时探测局部环境信息，以滚动的方式进行在线规划，搜索出来的路径较为优秀，外部环境建模准确，可以很好地躲避障碍物，实时性强，鲁棒性好。

然而当外界环境发生变化时，单一地使用全局或局部路径规划不能满足车辆的实时避障要求，达不到理想的效果，若将全局与局部路径规划结合起来，则可以规划出理想的避碰路线，提高智能车的自主导航能力。文献［155］提出了基于萤火虫算法和动态窗口法的混合路径规划，当外界环境发生变化时，也可以很好地选择路径进行实时避障，从而到达全局路径规划目标点。王洪斌等[156]提出了基于 A* 算法和动态窗口法的混合路径规划算法，解决了复杂多目标环境下的路径规划问题，并提高了自主导航效率。程传奇等[157]提出了融合 A* 算法和动态窗口法的混合路径规划算法，得到的路径更加平滑，具有全局最优性，提高了动态避障和自主导航能力。因此，融合算法对解决路径规划问题具有很好的鲁棒性和实时性，提升了车辆的自主导航能力。

1.3.3 运动控制技术回顾

车辆跟踪控制是指在保证车辆操纵稳定性的前提下，对车辆的执行机构进行控制。随着跟踪控制相关工作的不断拓展，研究者们先后提出能够满足四轮独立驱动电动汽车运行要求的车辆控制方法，主要有纯跟踪（Pure-Pursuit）控制[158]、线性二次型调节器（LQR）跟踪控制[159]、PID 跟踪控制和模型预测控制（MPC）等方法。

（1）基于纯跟踪控制的轨迹跟踪

纯跟踪算法通过计算车辆从其当前位置到某个目标位置的曲率，再通过曲率计算车辆转向角，完成跟踪行驶。运行关键是对目标车辆到目标点的前视距离进行标定，但当前视距离过短或过长时，均会影响跟踪结果。Li 等[160]通过考虑前视距离与速度之间的关系以及轨迹横向误差，针对四轮独立转向机器人提出改进的纯跟踪控制方法，该方法在轨迹跟踪过程中能够降低稳态误差并提高跟踪精度。Yu 等[161]针对无人驾驶公交车轨迹跟踪准确性和稳定性较差的问题，提出一种基于模糊纯跟踪控制的前轴参考轨迹跟踪控制器，通过将 Pure-

Pursuit 参考点转移到前轴，以及利用模糊控制进行参数自整定，提高了轨迹跟踪控制器的精度和鲁棒性。

（2）基于线性二次型调节器（LQR）跟踪控制的轨迹跟踪

线性二次型调节器（LQR）能够实现对闭环系统的最优状态调节。赵慧勇等[162]通过设计 LQR 控制器对四轮驱动车辆附加横摆力矩，该方法能够提高车辆行驶稳定性。Sergio 等[163]利用对全向参数进行设置保证轨迹跟踪精度，从而确保轨迹误差保持在最小范围。Jiang 等[164]针对四轮转向车辆提出了基于状态反馈的线性二次型调节器（LQR）优化控制算法，并证明了 LQR 最优控制的优越性。

（3）基于 PID 跟踪控制的轨迹跟踪

PID 控制器在使用以及调试过程中较为便捷，但由于其对于外界参数变量的敏感性，需要针对试验过程调整控制器中的各项参数。通过结合各项优化算法以及参数控制方法对 PID 数值调整训练，可进一步提升其运行过程中的稳定性。Xu 等[165]通过模糊 PID 对车轮偏转中的四轮横向偏转进行控制，仿真结果证明该控制器具有较好的稳定性。Wang 等[166]针对四轮驱动电动汽车的驱动容错控制，提出基于横摆角速度和质心侧偏角的模糊 PID 控制器，仿真试验证明了控制策略的有效性。张栩源等[167]设计了一种变曲率的 LQR 与 PID 横纵向协同控制的轨迹跟踪控制方法，该方法减小了轨迹跟踪误差并提升了车辆操纵性能。

（4）基于模型预测控制（MPC）的轨迹跟踪

模型预测控制基于其最小化跟踪误差的控制方法，能够适用于带约束的最优控制问题，从而提高控制性能。张雷等[168]针对轮毂电机驱动车辆提出一种轨迹跟踪和横摆力矩协调控制策略，通过对车辆纵向力进行优化调节，有效提升了车辆行驶稳定性。Xu 等[169]通过引入误差反馈机制，对轨迹跟踪控制器的时间延迟和横向动力学进行提升，改善了目标车辆的横向稳定性。王子杰等[170]设计了一种联合 MPC 和模糊 PID 的四轮独立驱动喷雾机控制策略，使车辆在轨迹跟踪的基础上提升复杂环境的行驶稳定性。Wu 等[171]为优化四轮独立驱动车辆的横纵向控制，设计了 MPC 横向控制和 SMC 纵向控制的联合控制器，该方案在加强速度控制的同时提升了轨迹跟踪精度。Jeong 等[172]将参考状态决策与 MPC 轨迹跟踪控制相结合，可控制多个执行器，改善了分布式驱动车辆轨迹跟踪性能，通过仿真实验验证了该算法对轨迹跟踪精度的有效性。

在四轮独立驱动电动汽车方面，徐兴等[173]基于分布式驱动无人车提出了一种基于模型预测控制的轨迹跟踪控制方法，通过结合主动与差动转向在保证车辆稳定行驶的同时减少轨迹偏差。卢山峰[174]通过自适应调节 MPC 中的预瞄步长设计了轨迹跟踪控制器，提高了车辆轨迹跟踪精度。Wu 等[175]考虑执行器与车辆动态约束设计了线性时变 MPC 轨迹跟踪控制器，解决了四轮独立驱动智能车辆的非线性和控制饱和问题。

模型预测算法针对带约束的最优控制问题有较好的处理方式，其控制特性能够减少系统时间滞后所带来的误差，提升控制性能，在轨迹跟踪控制方面的应用范围越来越广泛。

参 考 文 献

[1] Turri V，Besselink B，Johansson K H. Cooperative look-ahead control for fuel-efficient and safe heavy-duty vehicle platooning [J]. IEEE Transactions on Control Systems Technology，2016，25 (1)：12-28.

[2] Singh I，Lee S W. Self-adaptive requirements for intelligent transportation system：A case study [C]//2017 International Conference on Information and Communication Technology Convergence (ICTC)，Jeju，Korea，2017：520-526.

[3] 李德毅，高洪波. 基于驾驶脑的智能驾驶车辆硬件平台架构 [J]. Engineering，2018，4 (4)：78-92.

[4] 阎岩，唐振民. UGV 协同系统研究进展 [J]. 计算机应用研究，2011，28 (10)：3624-3628.

[5] 郑少武，李巍华，胡坚耀. 基于激光点云与图像信息融合的交通环境车辆检测 [J]. 仪器仪表学报，2019，40 (12)：143-151.

[6] Gilbert A，Petrovic D，Pickering J E，et al. Multi-attribute decision making on mitigating a collision of an autonomous vehicle on motorways [J]. Expert Systems with Applications，2021，171：1-16.

[7] Jiang H B，Shi K J，Cai J Y，et al. Trajectory planning and optimisation method for intelligent vehicle lane changing emergently [J]. IET Intelligent Transport Systems，2018，12 (10)：1336-1344.

[8] Shen C K，Yu S Y，Ersal T. A three-phase framework for global path planning for nonholonomic autonomous vehicles on 3D terrains [J]. IFAC PapersOnLine，2021，54 (20)：160-165.

[9] Jiang H J，Sun Y. Research on global path planning of electric disinfection vehicle based on improved A^* algorithm [J]. Energy Reports，2021，7：1270-1279.

[10] Wang N，Xu H W. Dynamics-constrained global-local hybrid path planning of an autonomous surface vehicle [J]. IEEE Transactions on Vehicular Technology，2020，69 (7)：6928-6942.

[11] 王明强，王震坡，张雷. 基于碰撞风险评估的智能汽车局部路径规划方法研究 [J]. 机械工程学报，2021，57 (10)：28-41.

[12] Wang D，Li C H，Guo N，et al. Local path planning of mobile robot based on artificial potential field [C]//2020 39th Chinese Control Conference (CCC). IEEE Xplore，2020：3677-3682.

[13] Cichella V，Kaminer I，Walton C. Optimal multi-vehicle motion planning using Bernstein approximants [J]. IEEE Transactions on Automatic Control，2021，66 (4)：1453-1467.

[14] 陈亮，秦兆博，孔伟伟，等. 基于最优前轮侧偏力的智能汽车 LQR 横向控制 [J]. 清华大学学报 (自然科学版)，2021，61 (9)：906-912.

[15] 陈国迎，赵选铭，文良浒，等. 基于线性自抗扰控制的自动驾驶车辆纵向加速度控制算法研究 [J]. 汽车技术，2021，9：10-16.

[16] 王世峰，戴祥，徐宁，等. 无人驾驶汽车环境感知技术综述 [J]. 长春理工大学学报，2017，40 (1)：1-6.

[17] Thrun S. Toward roboticcars [J]. Communications of the ACM，2010，53 (4)：99-106.

[18] Wang G，Wu J，He R，et al. A point cloud-based robust road curb detection and tracking method [J]. IEEE Access，2019，7：24611-24625.

[19] 王艺帆. 自动驾驶汽车感知系统关键技术综述 [J]. 汽车电器，2016 (12)：12-16.

[20] Koyel B，Dominik N，Johannes W，et al. Online camera Lidar fusion and objection on hybrid data for autonomous driving [C]//2018 IEEE Intelligent Vehicles Symposium (IV)，Changshu，China，2018：1632-1638.

[21] Lu J，Sibai H，Fabry E，et al. No need to worry about adversarial examples in object detection in autonomous vehicles [J]. arXiv preprint，arXiv：1707. 03501，2017：1-10.

[22] Rosa A F，Moncau C T，Poleti M D，et al. Proteome changes of beef in Nellore cattle with different genotypes for tenderness [J]. Meat Science，2018，138：1-9.

[23] Nenavath H，Jatoth K. Hybrid SCA-TLBO：A novel optimization algorithm for global optimization and visual tracking ［J］. Neural Computing and Applications，2019，31（9）：5497-5526.

[24] 刘严岩，王进，冒蓉. 无人地面车辆的环境感知技术 ［J］. 太赫兹科学与电子信息学报，2015，13（5）：810-815.

[25] Jin X Y，Li M Y，Zhang W Y，et al. Factors influencing the development ability of intelligent manufacturing of new energy vehicles based on a structural equation model ［J］. ACS Omega，2020，5：18262-18272.

[26] 于镒隆，张立庆，李旭，等. 混合动力发动机技术现状与发展趋势 ［J］. 小型内燃机与车辆技术，2018，47（6）：75-81.

[27] Wang Z K，Ching T W，Huang S J，et al. Challenges faced by electric vehicle motors and their solutions ［J］. IEEE Access，2021，9：5228-5249.

[28] Wang J N，Gao S L，Wang K，et al. Wheel torque distribution optimization of four-wheel independent-drive electric vehicle for energy efficient driving ［J］. Control Engineering Practice，2021，110：1-14.

[29] Guo L L，Xu H B，Zou J X，et al. Torque distribution strategy of four-wheel independent drive electric vehicle based on optimal energy consumption ［C］//2020 IEEE 3rd International Conference on Electronics Technology，2020：252-256.

[30] Lee K，Lee M. Fault-tolerant stability control for independent four-wheel drive electric vehicle under actuator fault conditions ［J］. IEEE Access，2020，8：91368-91378.

[31] 郭戈，许阳光，徐涛，等. 网联共享车路协同智能交通系统综述 ［J］. 控制与决策，2019，33（11）：2375-2389.

[32] 姚志洪，金玉婷，王思琛，等. 混入智能网联汽车的交通流稳定性与安全性分析 ［J］. 中国安全科学学报，2021，31（10）：136-143.

[33] Rathin C S. Crowd intelligence for sustainable futuristic intelligent transportation system：A review ［J］. IET Intelligent Transport Systems，2020，14（37）：480-494.

[34] 王莹，卫翀，马路. 基于二次规划的智能车辆动态换道轨迹规划研究 ［J］. 中国公路学报，2021，34（7）：79-94.

[35] Huang J，Chen Y M，Peng X Y，et al. Study on the driving style adaptive vehicle longitudinal control strategy ［J］. IEEE/CAA Journal of Automatica Sinica，2020，7（4）：1107-1115.

[36] Sohn C，Andert J，Rodrigue N，et al. A driveability study on automated longitudinal vehicle control ［J］. IEEE Transactions on Intelligent Transportation System，2020，21（8）：3273-3280.

[37] Kim J，Park J H，Jhang K Y. Decoupled longitudinal and lateral vehicle control based autonomous lane change system adaptable to driving surroundings ［J］. IEEE Access，2021，9：4315-4334.

[38] Huang Y W，Chen Y. Vehicle lateral stability control based on shiftable stability regions and dynamic margins ［J］. IEEE Transactions on Vehicular Technology，2020，69（12）：14727-14738.

[39] 李勇. 人工智能发展推动信息安全范式转移——基于百度无人驾驶汽车的案例分析 ［J］. 信息安全研究，2016，2（11）：958-968.

[40] Wang Y，Shen D G，Teoh E K. Lane detection using spline model ［J］. Pattern Recognition Letters，2000，21（8）：677-689.

[41] Zhang S，Zhao X，Lei W，et al. Front vehicle detection based on multi-sensor fusion for autonomous vehicle ［J］. Journal of Intelligent and Fuzzy Systems，2019，38（1）：1-13.

[42] Viola P，Jones M. Rapid object detection using a boosted cascade of simple features ［C］// Proceedings of the 2001 IEEE Computer Society Conference on Computer Vision and Pattern Recognition，2001，1：I-I.

[43] Dalal N，Triggs B. Histograms of oriented gradients for human detection ［C］// 2005 IEEE Computer Society Conference on Computer Vision and Pattern Recognition（CVPR'05），2005，1：

886-893.

[44] Felzenszwalb P，McAllester D，Ramanan D. A discriminatively trained，multiscale，deformable part model［C］//2008 IEEE Conference on Computer Vision and Pattern Recognition，2008：1-8.

[45] 李星，郭晓松，郭君斌. 基于 HOG 特征和 SVM 的前向车辆识别方法［J］. 计算机科学，2013，40（S2）：329-332.

[46] 孙可，张琦，李航，等. 基于改进可变形部件模型的车辆检测［J］. 沈阳师范大学学报（自然科学版），2020，38（06）：532-536.

[47] Felzenszwalb P F，Girshick R B，McAllester D. Cascade object detection with deformable part models［C］// 2010 IEEE Computer Society Conference on Computer Vision and Pattern Recognition. IEEE，2010：2241-2248.

[48] Redmon J，Divvala S，Girshick R，et al. You only look once：Unified，real-time object detection ［C］//Proceedings of the IEEE Conference on Computer Vision and Pattern Recognition，2016：779-788.

[49] Liu W，Anguelov D，Erhan D，et al. SSD：Single Shot MultiBox Detector［C］//European Conference on Computer Vision. Springer，Cham，2016：21-37.

[50] Lin T Y，Goyal P，Girshick R，et al. Focal Loss for Dense Object Detection［J］. IEEE Transactions on Pattern Analysis &. Machine Intelligence，2017，PP（99）：2999-3007.

[51] Zou Z X，Shi Z W，Guo Y H，et al. Object Detection in 20 Years：A Survey［J］. arXiv preprint，2019：1905. 05055.

[52] Shan H X，Zhu W X. A Small Traffic Sign Detection Algorithm Based on Modified SSD［J］. IOP Conference Series：Materials Science and Engineering，2019：646.

[53] Pei D，Jing M，Liu H，et al. A Fast RetinaNet Fusion Framework for Multi-spectral Pedestrian Detection［J］. Infrared Physics &. Technology，2020，105：103178.

[54] He K，Zhang X，Ren S，et al. Spatial Pyramid Pooling in Deep Convolutional Networks for Visual Recognition［J］. IEEE Transactions on Pattern Analysis &. Machine Intelligence，2014，37（9）：1904-1916.

[55] Lin T Y，Dollár P，Girshick R，et al. Feature pyramid networks for object detection［C］// Proceedings of the IEEE Conference on Computer Vision and Pattern Recognition，2017：2117-2125.

[56] Girshick R，Donahue J，Darrell T，et al. Rich feature hierarchies for accurate object detection and semantic segmentation［C］//Proceedings of the IEEE Conference on Computer Vision and Pattern Recognition，2014：580-587.

[57] Girshick R. Fast R-CNN［C］//Proceedings of the IEEE International Conference on Computer Vision，2015：1440-1448.

[58] Ren S，He K，Girshick R，et al. Faster R-CNN：Towards Real-Time Object Detection with Region Proposal Networks［C］// Advances in Neural Information Processing Systems，2015：91-99.

[59] Liang Z，Shao J，Zhang D，et al. Small object detection using deep feature pyramid networks［C］// Pacific Rim Conference on Multimedia. Springer，Cham，2018：554-564.

[60] Suhao L，Jinzhao L，Guoquan L，et al. Vehicle type detection based on deep learning in traffic scene［J］. Procedia Computer Science，2018，131：564-572.

[61] 廖岳鹏. 基于多传感器的自动驾驶目标检测［D］. 成都：电子科技大学，2019.

[62] Simon M，Milz S，Amende K，et al. Complex-YOLO：Real-time 3D Object Detection on Point Clouds［J］. arXiv preprints，2018：1803. 06199.

[63] Li B，Zhang T，Xia T. Vehicle detection from 3D lidar using fully convolutional network［J］. arXiv preprint，2016：1608. 07916.

[64] Qi C R，Su H，Mo K，et al. Pointnet：Deep learning on point sets for 3D classification and

segmentation ［C］// Proceedings of the IEEE Conference on Computer Vision and Pattern Recognition，2017：652-660.

［65］ Mao J，Xu G，Li W，et al. Pedestrian detection and recognition using lidar for autonomous driving ［C］//Society of Photo-Optical Instrumentation Engineers （SPIE） Conference Series，2020，11436：114360R.

［66］ Qi C，Yi L，Su H，et al. Pointnet＋＋：Deep hierarchical feature learning on point sets in a metric space ［C］// Proceedings of Advances in Neural Information Processing Systems （NIPS），Long Beach，USA，2017：5099-5108.

［67］ Bai J，Zhang Y，Huang L，et al. Vehicle Detection Based on Deep Neural Network Combined with Radar Attention Mechanism ［R］. SAE Technical Paper，2020.

［68］ Bai J，Li S，Huang L，et al. Robust Detection and Tracking Method for Moving Object Based on Radar and Camera Data Fusion ［J］. IEEE Sensors Journal，2021，21（9）：10761-10774.

［69］ Zhang Y，Bao H. Point clouds-image fusion by convolutional method for data integrity using neural network ［C］// 2019 15th International Conference on Computational Intelligence and Security （CIS），2019：345-348.

［70］ 胡远志，刘俊生，何佳，等. 基于激光雷达点云与图像融合的车辆目标检测方法 ［J］. 汽车安全与节能学报，2019，10（04）：451-458.

［71］ Xiao L，Wang R，Dai B，et al. Hybrid condition random field based camera-LIDAR fusion for road detection ［J］. Information Sciences，2018，432：543-558.

［72］ 敬如雪，高玉琢. 基于多传感器的数据融合算法研究 ［J］. 现代电子技术，2020，43（10）：10-13.

［73］ Tong Y，Liu L，Zhao M，et al. Adaptive fusion algorithm of heterogeneous sensor networks under different illumination condition ［J］. Signal Processing，2016，126：149-158.

［74］ Chen B，Pei X，Chen Z. Research on target detection based on distributed track fusion for intelligent vehicles ［J］. Sensors，2020，20（1）：56.

［75］ Wei Z，Zhang F，Chang S，et al. MmWave Radar and Vision Fusion for Object Detection in Autonomous Driving：A Review ［J］. arXiv preprint，2021：2108.03004.

［76］ 宫铭钱，冀杰，种一帆，等. 基于激光雷达和视觉信息融合的车辆识别与跟踪 ［J］. 汽车技术，2020（11）：8-15.

［77］ Kim D Y，Jeon M. Data fusion of radar and image measurements for multi-object tracking via Kalman filtering ［J］. Information Sciences，2014，278：641-652.

［78］ Song Y，Nuske S，Scherer S. A multi-sensor fusion MAV state estimation from long-range stereo，IMU，GPS and barometric sensors ［J］. Sensors，2017，17（1）：11-12.

［79］ Xue J，Wang D，Du S，et al. A vision-centered multi-sensor fusing approach to self-localization and obstacle perception for robotic cars ［J］. Frontiers of Information Technology & Electronic Engineering，2017，18（1）：122-138.

［80］ Zhao G，Xiao X，Yuan J，et al. Fusion of 3D-LIDAR and camera data for scene parsing ［J］. Journal of Visual Communication and Image Representation，2014，25（1）：165-183.

［81］ Lee H，Chao H，Yi K. A geometric model based 2D Lidar/Radar sensor fusion for tracking surrounding vehicles ［J］. IFAC-PapersOnLine，2019，52（8）：130-135.

［82］ Li J，Zhang X，Li J，et al. Building and optimization of 3D semantic map based on Lidar and camera fusion ［J］. Neurocomputing，2020，409：394-407.

［83］ Yang J，Lin D，Zhang Q，et al. Research on fusion method of Lidar and visual image based on surface vehicle ［C］// 2019 5th International Conference on Control，Automation and Robotics （ICCAR），2019：320-324.

［84］ Zhang S，Zhao X，Lei W，et al. Front vehicle detection based on multi-sensor fusion for autonomous vehicle ［J］. Journal of Intelligent & Fuzzy Systems，2020，38（1）：365-377.

［85］ Liang M，Yang B，Wang S，et al. Deep continuous fusion for multi-sensor 3D object detection ［C］// Proceedings of the European Conference on Computer Vision (ECCV)，2018：641-656.

［86］ Chen X，Ma H，Wan J，et al. Multi-View 3D Object Detection Network for Autonomous Driving ［J］. arXiv preprints，2016：1611.07759.

［87］ Tatarchenko M，Dosovitskiy A，Brox T. Multi-view 3D models from single images with a convolutional network ［C］//European Conference on Computer Vision. Springer，Cham，2016：322-337.

［88］ 王加，蒋晓瑜，纪伯公. 基于 D-S 证据推理的多传感器信息融合技术在战场目标识别中的应用 ［J］. 装甲兵工程学院学报，2005（03）：34-37.

［89］ Lee D H，Park D. An efficient algorithm for fuzzy weighted average ［J］. Fuzzy Sets and Systems，1997，87（1）：39-45.

［90］ Becker J C. Fusion of data from the object-detecting sensors of an autonomous vehicle ［C］// IEEE International Conference on Intelligent Transportation Systems. IEEE，1999：362-367.

［91］ Maskell S. A Bayesian approach to fusing uncertain，imprecise and conflicting information ［J］. Information Fusion，2008，9（2）：259-277.

［92］ 徐从富，耿卫东，潘云鹤. 面向数据融合的 DS 方法综述 ［J］. 电子学报，2001（03）：393-396.

［93］ 陈毅，张帅，汪贵平. 基于激光雷达和摄像机信息融合的车辆检测算法 ［J］. 机械与电子，2020，38（1）：52-56.

［94］ 赵海鹏. 基于信息融合的移动机器人地图构建研究 ［D］. 天津：天津工业大学，2019.

［95］ Asvadi A，Garrote L，Premebida C，et al. Multimodal vehicle detection：fusing 3D-lidar and color camera data ［J］. Pattern Recognition Letters，2018，115：20-29.

［96］ 薛培林，吴愿，殷国栋，等. 基于信息融合的城市自主车辆实时目标识别 ［J］. 机械工程学报，2020，56（12）：165-173.

［97］ Wu Z，Fu M，Xu Y，et al. A distributed Kalman filtering algorithm with fast finite-time convergence for sensor networks ［J］. Automatica，2018，95：63-72.

［98］ Meng Z，Pan Z，Chen Z，et al. Adaptive signal fusion based on relative fluctuations of variable signals ［J］. Measurement，2019，148：106909.

［99］ 谭宝成，李博. 基于无人车传感器系统的加权平均数据融合算法研究 ［J］. 电子设计工程，2015，23（16）：95-97.

［100］ 甄媚，王书朋. 可见光与红外图像自适应加权平均融合方法 ［J］. 红外技术，2019，41（04）：341-346.

［101］ Liu Q，Zhou W，Zhang Y，et al. Multi-target Detection based on Multi-sensor Redundancy and Dynamic Weight Distribution for Driverless Cars ［C］// 2021 International Conference on Communications，Information System and Computer Engineering (CISCE)，2021：229-234.

［102］ Gao J B，Harris C J. Some remarks on Kalman filters for the multisensory fusion ［J］. Information Fusion，2002（3）：191-212.

［103］ Ko N，Youn W，Choi I，et al. Features of Invariant Extended Kalman Filter Applied to Unmanned Aerial Vehicle Navigation ［J］. Sensors，2018，18（9）：2855.

［104］ Goh S T，Abdelkhalik O，Zekavat S A R. A Weighted Measurement Fusion Kalman Filter Implementation for UAV Navigation ［J］. Aer-ospace Science and Technology，2013，28（1）：315-323.

［105］ Li D，Zhou J，Liu Y. Recurrent-neural-network-based unscented Kalman filter for estimating and compensating the random drift of MEMS gyroscopes in real time ［J］. Mechanical Systems and Signal Processing，2021，147：107057.

［106］ Meng Z，Ho Q H，Huang Z，et al. Online Multi-Target Tracking for Maneuvering Vehicles in Dynamic Road Context ［J］. arXiv preprint，2019：1912.00603.

［107］ 彭文正，敖银辉，黄晓涛，等. 多传感器信息融合的自动驾驶车辆定位与速度估计 ［J］. 传感技

术学报，2020，33（08）：1140-1148.

[108] Amini A，Kamilov U S，Bostan E，et al. Bayesian Estimation for Continuous-Time Sparse Stochastic Processes [J]. IEEE Transactions on Signal Processing，2013，61（4）：907-920.

[109] 孙振东. 面向多源数据融合的贝叶斯估计方法 [J]. 齐鲁工业大学学报，2018，32（01）：73-76.

[110] 陈晓龙，王家礼，孙璐，等. 一种基于贝叶斯估计的多传感器测量数据融合方法 [C]//第十九届 测控、计量、仪器仪表学术年会（MCMI'2009）论文集，2009：469-472.

[111] Yu Z，Bai J，Chen S，et al. Camera-radar data fusion for target detection via Kalman filter and Bayesian estimation [R]. SAE Technical Paper，2018.

[112] 蓝金辉，马宝华，蓝天，等. D-S证据理论数据融合方法在目标识别中的应用 [J]. 清华大学学报 （自然科学版），2001（02）：53-55，59.

[113] 倪国强，梁好臣. 基于Dempster-Shafer证据理论的数据融合技术研究 [J]. 北京理工大学学报， 2001（05）：603-609.

[114] 熊大容，杨烜. 基于多传感器决策级融合的远距离目标检测 [J]. 中国体视学与图像分析，2007， 12（1）：28-32.

[115] 吕悦晶，宋向勃，张蕾，等. 一种加权改进的D-S证据推理算法 [J]. 计算机应用与软件，2011， 28（10）：30-33.

[116] 何明. 大学计算机基础 [M]. 南京：东南大学出版社，2015.

[117] 毕靖，王青，石晓荣. 神经网络数据融合机动目标跟踪算法 [J]. 北京航空航天大学学报，2002 （06）：692-694.

[118] Weber D，Gühmann C，Seel T. Neural networks versus conventional filters for Inertial-Sensor-based attitude estimation [C]//2020 IEEE 23rd International Conference on Information Fusion （FUSION），2020：1-8.

[119] 赵国旗，杨明，王冰，等. 基于智能终端的移动机器人室内外无缝定位方法 [J]. 上海交通大学 学报，2018，52（01）：13-19.

[120] Ferguson D，Stentz A. Using interpolation to improve path planning：The Field D* algorithm [J]. Journal of Field Robotics，2006，23（2）：79-101.

[121] Fadzli S A，Abdulkadir S I，Makhtar M，et al. Robotic indoor path planning using Dijkstra's algorithm with multi-layer dictionaries [C]//2015 2nd International Conference on Information Science and Security（ICISS），2015：1-4.

[122] Guo Q，Zhang Z，Xu Y. Path-planning of automated guided vehicle based on improved Dijkstra algorithm [C]//Control And Decision Conference（CCDC），2017：7138-7143.

[123] Gochev K，Safonova A，Likhachev M. Anytime tree-restoring weighted A* graph search [C]// Seventh Annual Symposium on Combinatorial Search，2014：80-88.

[124] Islam F，Narayanan V，Likhachev M. A*-Connect：Bounded suboptimal bidirectional heuristic search [C] // IEEE International Conference on Robotics and Automation（ICRA），2016：2752-2758.

[125] 张贺，胡越黎，王权，等. 基于改进D*算法的移动机器人路径规划 [J]. 工业控制计算机，2016，29（11）：73-74，77.

[126] 随裕猛，陈贤富，刘斌. D-star Lite算法及其动态路径规划试验研究 [J]. 微型机与应用，2015，34（7）：16-19.

[127] 徐开放. 基于D* Lite算法的移动机器人路径规划研究 [D]. 哈尔滨：哈尔滨工业大学，2017.

[128] Khatib O. Real-time obstacle avoidance for manipulators and mobile robots [J]. International Journal of Robotics Research，1986，5（1）：90-98.

[129] 安林芳，陈涛，成艾国，等. 基于人工势场算法的智能车辆路径规划仿真 [J]. 汽车工程，2017，39（12）：1451-1456.

[130] 薛锋，金世俊. 基于激光雷达的机器人改进人工势场路径规划研究 [J]. 测控技术，2018，37（9）：51-55.

[131] 刘法勇. 基于人工势场的车道保持系统研究 [J]. 农业装备与车辆工程, 2018, 56 (1): 32-36.

[132] Pivtoraiko M, Kelly A. Efficient constrained path planning via search in state lattices [C]//2005 International Symposium on Artificial Intelligence, Robotics, and Automation in Space, 2005: 1-7.

[133] 刘成菊, 韩俊强, 安康. 基于改进 RRT 算法的 RoboCup 机器人动态路径规划 [J]. 机器人, 2017, 39 (1): 8-15.

[134] Kuffner J J, La Valle S M. RRT-connect: An efficient approach to single-query path planning [C]// IEEE International Conference on Robotics and Automation, 2000, 2: 995-1001.

[135] 莫栋成, 刘国栋. 改进的 RRT-Connect 双足机器人路径规划算法 [J]. 计算机应用, 2013, 33 (8): 2289-2292.

[136] 樊长虹, 陈卫东, 席裕庚. 动态未知环境下一种 Hopfield 神经网络路径规划方法 [J]. 控制理论与应用, 2004 (3): 345-350.

[137] 宫孟孟. 基于神经网络的移动机器人路径规划方法研究 [D]. 哈尔滨: 哈尔滨工业大学, 2017.

[138] 钱夔, 宋爱国, 章华涛, 等. 基于自适应模糊神经网络的机器人路径规划方法 [J]. 东南大学学报 (自然科学版), 2012, 42 (4): 637-642.

[139] 徐林, 范昕炜. 改进遗传算法的餐厅服务机器人路径规划 [J]. 计算机应用, 2017, 37 (7): 1967-1971.

[140] 刘旭红, 张国英, 刘玉树, 等. 基于多目标遗传算法的路径规划 [J]. 北京理工大学学报, 2005 (7): 613-616.

[141] Hu Y, Yang S X. A knowledge based genetic algorithm for path planning of a mobile robot [C]// IEEE International Conference on Robotics and Automation, 2004, 5: 4350-4355.

[142] Elshamli A, Abdullah H A, Areibi S. Genetic algorithm for dynamic path planning [C]//Canadian Conference on Electrical and Computer Engineering, 2004, 2: 677-680.

[143] Fox D, Burgard W, Thrun S. The dynamic window approach to collision avoidance [J]. IEEE Robotics & Automation Magazine, 1997, 4 (1): 23-33.

[144] 郑少华. 视觉导航 AGV 定位与路径规划技术研究 [D]. 广州: 华南理工大学, 2016.

[145] Eduardo J M, Ángel L, Manuel O. Dynamic window based approaches for avoiding obstacles in moving [J]. Robotics and Autonomous Systems, 2019, 118: 112-130.

[146] Yi C, Vahid H. Hybrid collision avoidance with moving obstacles [J]. IFAC-PapersOnLine, 2019, 52 (21): 302-307.

[147] Einvald S, Bjøn-Olav H E, Morten B. Hybrid collision avoidance for autonomous surface vehicles [J]. IFAC-PapersOnLine, 2018, 51 (29): 1-7.

[148] Ning J X, Zhang Q, Zhang C S, et al. A best-path-updating information-guided ant colony optimization algorithm [J]. Information Sciences, 2018, 433: 142-162.

[149] 方春城, 孙培明. 基于改进蚁群算法的机器人路径规划 [J]. 测控技术, 2018, 37 (4): 28-31.

[150] Xiong C K, Chen D F, Lu D, et al. Path planning of multiple autonomous marine vehicles for adaptive sampling using Voronoi-based ant colony optimization [J]. Robotics and Autonomous Systems, 2019, 115: 90-103.

[151] 徐宏宇, 唐泽坤, 叶长龙. 基于改进蚁群算法的移动机器人路径规划 [J]. 沈阳航空航天大学学报, 2019, 36 (2): 76-81.

[152] Baghli F Z, Bakkali L E, Lakhal Y. Optimization of arm manipulator trajectory planning in the presence of obstacles by ant colony algorithm [J]. Science Direct, 2017, 181: 560-567.

[153] Jiao Z Q, Ma K, Rong Y L, et al. A path planning method using adaptive polymorphic ant colony algorithm for smart wheelchairs [J]. Journal of Computational Science, 2018, 25: 50-57.

[154] Vahid R, Morteza K. A new hybrid ant colony algorithm for scheduling of no-wait flowshop [J]. Operational Research, 2018, 18 (1): 55-74.

[155] 银长伟. 基于萤火虫算法和动态窗口法的移动机器人混合路径规划 [D]. 重庆: 重庆大

学，2018.

[156] 王洪斌，尹鹏衡，郑维，等．基于改进的 A* 算法与动态窗口法的移动机器人路径规划 [J]．机器人，2020，42（03）：346-353.

[157] 程传奇，郝向阳，李建胜，等．融合改进 A* 算法和动态窗口法的全局动态路径规划 [J]．西安交通大学学报，2017，51（11）：137-143.

[158] Wang H，Chen X，Chen Y，et al. Trajectory tracking and speed control of cleaning vehicle based on improved pure pursuit algorithm [C]//2019 Chinese Control Conference，2019：4348-4353.

[159] Li Fan，Ping Liu，Heng Teng，et al. Design of LQR tracking controller combined with orthogonal collocation state planning for process optimal control [J]. IEEE Access，2022，8：223905-223917.

[160] Li J，Wu Q B，Wang J Z，et al. Autonomous tracking control for four-wheel independent steering robot based on improved pure pursuit [J]. Journal of Beijing Institute of Technology，2020，29（04）：466-473.

[161] Yu L L，Yan X X，Kuang Z X，et al. Driverless bus path tracking based on fuzzy pure pursuit control with a front axle reference [J]. Applied Sciences，2020，10（1）：230-248.

[162] 赵慧勇，梁国才，蔡硕，等．四轮独立驱动电动汽车直接横摆力矩控制 [J]．重庆理工大学学报（自然科学），2021，35（9）：83-91.

[163] Sergio M，Jose M，Cesar D，et al. LQR trajectory tracking control of an omnidirectional wheeled mobile robot [C]//2018 IEEE 2nd Colombian Conference on Robotics and Automation（CCRA），2018：1-5.

[164] Jiang Z Z，Xiao B X. LQR optimal control research for four-wheel steering forklift based-on state feedback [J]. Journal of Mechanical Science and Technology，2018，32（6）：2789-2801.

[165] Xu Q M，Li H W，Wang Q Y，et al. Wheel deflection control of agricultural vehicles with four-wheel independent omnidirectional steering [J]. Actuators，2021，10（12）：1-19.

[166] Wang J. Application of PID algorithm in drive fault-tolerant control of four wheel drive electric vehicle [J]. International Journal of Mechatronics and Applied Mechanics，2020，8（1）：235-242.

[167] 张栩源，李军．基于 LQR 双 PID 的智能电动汽车轨迹跟踪横纵向协同控制 [J]．汽车安全与节能学报，2021，12（3）：346-354.

[168] 张雷，赵宪华，王震坡．四轮轮毂电机独立驱动电动汽车轨迹跟踪与横摆稳定性协调控制研究 [J]．汽车工程，2020，42（11）：1513-1521.

[169] Xu Y C，Zheng H R，Wu W M，et al. Robust hierarchical model predictive control for trajectory tracking with obstacle avoidance [J]. IFAC-PaperOnLine，2020，53（2）：15745-15750.

[170] 王子杰，刘国海，张多，等．高地隙四轮独立驱动喷雾机路径跟踪模型预测控制 [J]．智慧农业，2021，3（3）：82-93.

[171] Wu H D，Li Z H，Si Z L. Trajectory tracking control for four-wheel independent drive intelligent vehicle based on model predictive control and sliding mode control [J]. Advances in Mechanical Engineering，2021，13（9）：1-17.

[172] Jeong Y，Yim S. Model predictive control-based integrated path tracking and velocity control for autonomous vehicle with four-wheel independent steering and driving [J]. Electronics，2021，10（22）：1-19.

[173] 徐兴，汤赵，王峰，等．基于变权重系数的分布式驱动无人车轨迹跟踪 [J]．中国公路学报，2019，32（12）：36-45.

[174] 卢山峰．轮毂电机驱动自动驾驶汽车的轨迹跟踪与协调控制研究 [D]．镇江：江苏大学，2018.

[175] Wu H D，Si Z L，Li Z H. Trajectory tracking control for four-wheel independent drive intelligent vehicle based on model predictive control [J]. IEEE Access，2020，8：73071-73081.

第
2
章

智能车辆环境感知技术

智能车辆环境感知技术是指一种能够让自动驾驶系统感知到周围环境的技术，感知内容包括车辆、行人、交通标志、交通信号灯、路况等信息，利用这些信息帮助车辆做出正确的驾驶决策，从而实现自动驾驶功能。智能车辆环境感知技术通常涉及多种传感器技术，如激光雷达、摄像头、毫米波雷达、超声波雷达等传感器，这些传感器将获取到的数据交给车辆控制单元进行处理和分析，并对车辆行驶的路径、速度、方向等进行调整和控制，以确保行驶的安全性和准确性。智能车辆环境感知技术的发展将使车辆实现自主、高效、安全的驾驶，大大提高道路安全性和驾驶效率。

2.1 基于改进 Hough 变换的结构化道路车道线识别

针对车道线直线和曲线的过渡问题，本节基于检测区域的改进 Hough 变换检测算法，对传统的 Hough 变换做了相应改进——基于检测区域的改进 Hough 变换。首先，对预处理视频帧图像划分图像检测区域，在各检测区域运用 Hough 变换，得到所有所需直线段的直线组；其次，通过对变换峰值的检测，设定阈值距离，筛选直线组；然后，将各检测子区域内的直线段进行连接，形成基于分段直线模型的车道线检测区域；最后，计算近景区域两直道车道线的消失点横坐标，预测车道线走向，完成车道线识别。

2.1.1 车道线识别研究现状

车道线识别是自动驾驶系统及驾驶辅助系统的重要组成部分，是车道保持、车道偏离安全预警等车辆控制的基础，研究其识别的准确性和稳定性具有重要的现实意义[1]。

直道车道线的检测是研究最多的，其中，Hough 变换算法可以有效、精确地实现直道车道线的检测[2]，但它需要大量的内存且计算量大。Mammeri 等[3]提出了一种结合最大稳定值区域与 Hough 变换对车道线进行分段检测的方法，可以很好地滤除树和车辆等不良信息。Umar 等[4]提出了一种基于有限搜索空间的鲁棒 Hough 域车道检测算法，适用于任何实验设置的任何视频序列，受益于限制搜索空间而获得更准确的检测结果，但当道路边界不准确或已经存在道路标记时，此方法检测会失败。Tian 等[5]提出了一种基于消失点估计的鲁棒车道标记检测方法，以车道边缘和车道段为特征信息，提取车道标记，用消失点为约束条件，消除干扰线段，但当有阴影或修复后的痕迹与车道方向相似时，该算法对车道线识别不准确。Sahar 等[6]提出了一个基于 FPGA（现场可编程门阵列）的双阶段车道检测算法，利用 Hough 变换提取道路标记，识别出几个概率最高的候选点特征进行车道边界检测，该方法在道路模型上受到限制。Poh-Ping 等[7]采用 Hough 变换对车道进行检测，根据检测到的图像平面上每个车道边界下端点的坐标计算横向偏置比，得到车道偏离警告，车道检测率为94.71%，但需要确定车道边界坐标点的具体坐标值。Zhang 等[8] 提出基于先验知识的改进 Hough 变换，对道路静态图像中的车道线进行初始检测和定位，利用最小二乘法拟合局部兴趣搜索区域的车道线特征点，提取出最优的车道线参数；该算法的先验知识若是出现错误，会影响整个车道线的检测。上述方法在直道车道线检测方面有很好的效果，但不适用于弯道车道线。何鹏等[9] 提出一种结合 Hough 变换和 Catmull-Rom 样条曲线检测弯道车道线的方法，很好地解决了直道和弯道的过渡问题。姜泽等[10] 提出了一种基于 Hough 变换和 Catmull-Rom 样条曲线的钢轨检测算法，验证了 Catmull-Rom 样条曲线模型对弯道线检测具有很好的鲁棒性，但 Catmull-Rom 样条曲线需至少 4 个控制点，因此计算量较大。屈贤等[11] 针对车道线识别准确性、可靠性等问题，提出了一种基于双曲线模型的车道线检测算法，运用 Hough 变换提取车道线边界信息。基于双曲线模型的车道线检测，当道路有较大曲率时，参数的数量级较大。Niu 等[12] 采用改进的 Hough 变换提取车道轮廓线的小线段，然后利用DBSCAN 聚类算法将线段分割成簇，通过曲线拟合来识别车道线。郭碧等[13] 采用分段曲线模型进行铁路轨道检测，验证了分段性模型的鲁棒性，但对噪声比较敏感。

本节采用基于检测区域的改进 Hough 变换道路检测算法，主要算法步骤及理论支撑框架如图 2.1 所示。

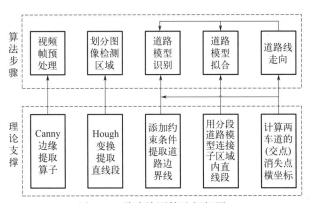

图 2.1　道路检测算法框架图

2.1.2　道路边缘特征提取

在汽车行驶过程中，地面不平产生晃动或天气变化等会影响采集的图像质量，因此，必须对道路图像进行预处理，得到车道线最佳特征。本节运用的图像预处理方法有降噪滤波、灰度化、二值化、边缘检测等。

（1）图像降噪处理

图像降噪处理是指对图像中存在的噪声进行去除，使图像更加干净、清晰的过程。中值滤波法在消除椒盐噪声和胡椒噪声方面效果比较明显，但对于其他类型的噪声就不那么有效。均值滤波法和高斯滤波法则可以消除高斯噪声和随机噪声等，但也存在对图像细节的破坏问题。双边滤波法和维纳滤波法则相对于其他滤波方法更加复杂，同时也依赖于具体的应用场景。在实际应用中，为了降低噪声、提高信噪比，得到车道线的特征，根据噪声的类型和图像特点，选取高斯滤波对图像进行降噪，可以有效地滤除服从正态分布的噪声，减小道路图像的失真，使得车道线特征更加鲜明。

（2）图像灰度化、二值化

最常用的方法是加权平均数法，使用每个像素点的 RGB 三种颜色通道，分别对彩色图像的 R、G、B 三个分量赋予不同的权值系数进行加权，通过不同的权重系数将它们加权平均成一个灰度值，加权公式如式(2.1) 所示。

$$f(i,j)=0.299R(i,j)+0.587G(i,j)+0.114B(i,j) \qquad (2.1)$$

式中，R、G、B 分别表示像素点的红、绿、蓝三色通道的取值，它们的取值范围通常为 0～255。0.299、0.587、0.114 是三个权重系数，它们代表了处理 RGB 三种颜色通道的不同敏感程度。一般来说，由于人眼对绿色的敏感度最高，对红色和蓝色的敏感度较低，所以 G 的权重系数是最高的（0.587），其次是 R（0.299），最低的是 B（0.114）。通过这种方式计算出每个像素点的灰度值，就可以得到一张灰度图像，其像素点的取值范围为 0～255，表示昏暗到亮度的等级有 256 个。

车载系统采集的彩色图像，信息量大、计算量复杂，本节采用加权分量法将图像转变为灰度图像，且不改变道路图像特征。彩色图像转换为灰度图像的过程是将三维的 RGB 矩阵转换成二维的灰度矩阵，但矩阵中的元素类型不变，仍然是表示像素值的整数或浮点数。转换后的灰度矩阵中的每个元素都表示该位置的像素的灰度值。这种转换过程可以降低图像处理的复杂度，并且灰度值也可以用于表示系统所需要的图像特征信息，如边缘、纹理、形状等，如图 2.2 所示。

图 2.2　灰度图

为了得到车道线特征，本节使用最大类间方差法[14]进行二值化。车道线的特征如图 2.3 所示。

设图像最佳分割阈值为 T，ω_1 为背景像素点占整幅图像的比例，ω_2 为目标像素点占整幅图像的比例，μ_1 为 ω_1 的平均灰度，μ_2 为 ω_2 的平均灰度，μ 为整幅图像的平均灰度，最佳分割阈值 T 由式(2.2) 可得。

图 2.3　二值化图

$$T = \max\{\omega_1(t)[\mu_1(t) - \mu]^2 + \omega_2(t)[\mu_2(t) - \mu]^2\} \tag{2.2}$$

(3) 边缘检测

车道线在亮度与色彩上与图像背景对比鲜明，且车道线具有一定的方向性，因此，本节采用 Canny 算子检测车道线边缘，通过平滑图像，计算图像的梯度，然后通过设定阈值来得到边缘，解决了噪声干扰和检测不完整等问题。如图 2.4 所示，数字图像中只有目标车道线。

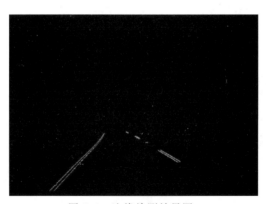

图 2.4　边缘检测效果图

2.1.3　改进的 Hough 变换检测算法

在直线检测方面，Hough 变换根据图像空间到参数空间的映射关系，即利用点线对偶性，将图像空间中的特征信息利用式（2.3）映射到参数空间中，求共线点的累加峰值的问题。

$$\rho = x\cos\theta + y\sin\theta \tag{2.3}$$

式中，ρ 为极径；θ 为极角；x、y 为图像空间坐标。$\rho\text{-}\theta$ 表示参数空间，$x\text{-}y$ 表示图像空间。

选取某区域作为图像待检测目标分析的重点区域，能降低计算复杂度，增加算法的鲁棒性和准确性。本节将检测区域划分为 10 个图像检测子区域，按 2：5：3 的比例划分为：ROI1，第一检测区域，用于判断当前车辆所处的姿态；ROI2，第二检测区域，用于判断下一步车辆的行驶方向信息，ROI1 和 ROI2 统称为近景图像区域；ROI3，第三检测区域，即远景图像区域，包括背景障碍物，由于距离较远，可忽略以减少图像计算量。

直线检测是传统 Hough 变换的应用之一，因此为了去除建筑物或旁边车道线等直线的干扰，保证鲁棒性，减少计算复杂度，本章采用基于检测区域的改进 Hough 变换。由 Hough 变换的原理可知，Hough 变换可检测出半径变化规则、曲率变化很小的弯道曲线。实际道路环境中，结构化道路都是符合这一规律变化的弯道曲线，因此，采用基于检测区域的改进 Hough 变换对结构化车道线进行识别。

（1）分段连接

改进的 Hough 变换是对各个子区域进行直线段检测，且相邻的检测区域直线段互不相连，如图 2.5 所示。为了得到连续的直线段，本节对分层的直线段进行合并和误差校正。

在 Hough 变换对累加数组进行筛选得到各层直线段的同时，也得到了各层直线段的基本参数。直线段定义为 $L[P_d(x_d,y_d),P_u(x_u,y_u),b_1,K_1]$，其中：$P_d$ 为线段的下边界点；P_u 为线段的上边界点；b_1 为线段的截距；K_1 为线段的斜率；(x_d,y_d) 为 P_d 点的坐标；(x_u,y_u) 为 P_u 点的坐标。图 2.6 所示是相邻两个子区域内的 Hough 直线段，由图可知，M 直线段的 P_{u1} 点与 N 直线段的 P_{d2} 点始终在一条水平线上。判断 P_{d2} 与 P_{u1} 两点之间的像素距离，设定阈值 l（实际空间曲线宽度转换到图像空间上的曲线宽度），如果 $d \leqslant l$，则 N 线段向右平移 d 个像素点可以与 M 线段直接连接起来，即图 2.6 中合并后的线段。该方法保证了线段的连续性，避免了延长算法的复杂性，保证了系统的实时性和鲁棒性。

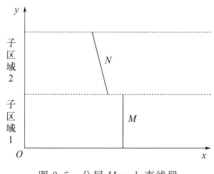

图 2.5　分层 Hough 直线段

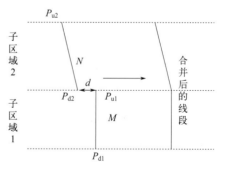

图 2.6　分段线段合并

（2）车道线检测区域

曲线车道线可以由几条长度一定的直线段组成，直线段越长，越容易识别，但连接后的曲线和原图像的差别也越大。选择恰当长度的直线段，既能表示原图像，又能减少线段的变化和计算量。因此，本节选取近景检测区域为车道线的检测区域，如图 2.7 中红色区域。

图 2.7　车道线检测区域（见书后彩插）

2.1.4　车道线方向判别

本节利用两条车道的交点来计算消失点，根据消失点的横坐标与图像中心点的位置预测车道是向右、向左弯曲，还是直行。在公路交通领域，Kluge[15]认为世界坐标系下的平行车道线在数字图像中成一对双曲线，且该双曲线拥有相同的曲率参数，车道模型示意图如图 2.8 所示，因此本节结合标准的直线模型 $y=kx+b$ 将平面图像中的近景左、右的车道线模型定义为式（2.4）：

$$\begin{cases} x_1(y)=k_1(x-b)+c_1 & (y \geqslant y_1) \\ x_r(y)=k_r(x-b)+c_r & (y \geqslant y_1) \end{cases} \tag{2.4}$$

式中，(x,y) 表示图像中点的位置坐标；k_1、k_r 为左右车道线近似直线段的角度参量；c_1、c_r 为左右曲线的位移参量；b 表示道路平面在图像平面上的消失点边界的位置常数；y_1 为图中近远景的边界值。

本节根据式（2.3），以右侧车道线为例，由 Hough 变换原理得出 θ_1、θ_r 为左右车道线的极角，ρ_1、ρ_r 为左右车道线的极径，推导出式（2.5）：

$$\begin{cases} k_r=-\cot\theta_r \\ c_r=\rho_r/\sin\theta_r+k_r b \end{cases} \tag{2.5}$$

式中，$b=\dfrac{\rho_1/\sin\theta_1-\rho_r/\sin\theta_r}{\cot\theta_1-\cot\theta_r}$，即为图中消失点的横坐标值。

由图 2.8 可以看出，若消失点靠近图像的中心，车辆则直行；若在图像的左半部分，车辆则向右行驶；若在图像的右半部分，车辆则向左行驶。但车辆并不总是在道路的中心行驶，因此经过反复仿真试验，得出如下方案：如果消失点横坐标值大于 530，则车辆向右行驶；如果消失点横坐标值小于 515，则车辆向左行驶；其余情况下车辆直行。

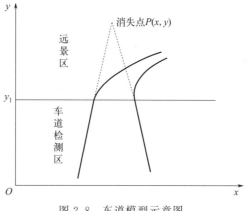

图 2.8　车道模型示意图

2.1.5　结果验证与分析

　　为了验证本节算法的实施准确性与鲁棒性，对高速公路上采集的视频图像进行 MATLAB 编程仿真验证，处理的道路图像分辨率（单位：px，即像素）为 720×1280，共有 1260 帧，实验仿真结果如图 2.9 所示。在同样的环境下，表 2.1 给出了验证结果比较。

　　如图 2.9（a）、（b）、（c）所示，在正常运行条件下，本节算法能够准确地拟合出实际的车道线，并根据消失点横坐标实时预测出车道线的行驶方向；如图 2.9（d）所示，在加入噪声点后仍能准确地提取道路车道线，具有很好的鲁棒性；如图 2.9（e）、（f）所示，在光照变化下的阴影环境和路面材料变化环境中仍能正确识别、拟合出车道线，并能做出车道线方向判别，准确性好。

表 2.1　验证结果比较

算法	平均准确率/%	平均耗时/s
文献[10]	89.6	0.042
文献[12]	93.6	0.044
文献[13]	89	0.056
本节算法	95.3	0.036

　　由表 2.1 可以看出，本节算法准确率为 95.3%，而文献 ［12］的检测准确率为 93.6%，平均耗时为 0.044s。本节算法平均耗时为 0.036s，具有实时性。因此，本节提出的基于检测区域的改进 Hough 变换算法具有较好的鲁棒性和实时性。

(a) 车道左转

(b) 车道直行

(c) 车道右转

(d) 加噪声点的车道直行

(e) 阴影情况下的车道直行

(f) 路面变化情况下的车道右转

图 2.9　道路检测试验结果

2.2　基于深度学习的目标检测

2.2.1　图像去雾技术研究

　　随着人类社会工业化的发展，雾霾天气常常出现，导致了视觉传感器等成像设备在获取外部环境图像时，出现采集图像模糊不清、图像质量较差以及对比度低等现象。视觉采集设备成像结果的好坏直接影响了以图像为处理核心的计算机视觉领域的发展，特别是在目标检测识别行业。图像的去雾研究主要分为基于模型的图像去雾算法和无模型的图像去雾算法两类[16]。

　　基于模型的图像去雾算法是通过研究图像的退化因素，分析出图像成像时的大气状况，搭建一套模拟退化的数学模型，其中具有代表性的两个模型分别是大气散射模型[17]和 Retinex 模型[18-19]。Nayar 等[20]建立了一种数学模型，通过分析雾天图像形成的机制，将大气中悬浮粒子的吸收因素和散射因素引入到相机成像模型中，在不需要了解大气条件的情况下恢复场景结构。杨勇等[21]针对雾天采集图像对比度低、色彩丢失等问题，通过增加空气中介质散射的噪声和改变大气模型中的目标函数来提高去雾图像质量、减少去雾图像存在的噪声，有效提高了单幅图像去雾质量。陈黎黎等[22]通过分析大气耗散函数，利用可迭代的多向自相关增强算法结合 IMA 算法和去雾算法，重新构建了大气散射模型，并设计滤波模板来弱化明亮区域，提高了航拍图像的整体细节，提升了雾天图像的清晰度和图像质量。Li 等[23] 提出了一种端到端去雾网络模型（AOD-Net），该模型将大气散射模型中的大气光值和大气透射率统一整合为 $K(x)$，然后利用神经网络对整合后的 $K(x)$ 进行学习训练，最后根据 $K(x)$ 恢复出无雾图像。张骞等[24]针对 AOD-Net 神经网络去雾算法存在去雾质量较差、图像色差较大等问题，通过将卷积层进行位置归一化提高收敛速度，利用多尺度卷积核提取图像的特征信息并调整网络通道权重来提高图像特征信息的利用率，该方法有效提高了图像的去雾质量。

物体的颜色是由物体对于长波、中波、短波光线的反射能力决定的。Retinex 去雾模型通过消除环境中光照信息对于物体场景的干扰，重新构造物体场景的反射信息。李旺等[25]设计了一种多尺度注意力去雾网络 MAN 以获取初步的去雾图像，然后采用类似 U-net 网络结构优化初步生成的去雾图像，提升去雾图像的细节，从而获得更加清晰的图像。吴向平等[26]提出一种基于景深信息的自适应 Retinex 图像去雾算法，该方法通过运用神经网络模型获取有雾图像的景深信息，并将景深信息应用到 Retinex 去雾算法中，以此实现自适应调整有雾图像的参数。

无模型的图像去雾算法摒弃了去雾模型建立和模型参数估计两大难题，通过直接学习有雾图像与无雾图像之间对应的映射关系，从而实现有雾图像的去雾。基于图像增强的去雾算法，利用图像增强手段来改善有雾图像的清晰度，常见的方法有直方图均衡化、灰度变化、小波变换等[27-29]。Sourya 等[30]提出一种快速多尺度架构，通过将有雾图像在不同空间部分的特征进行聚合，完成有雾图像的去雾恢复操作，该方法具有轻巧的网络模型和处理图像实时性。Wang 等[31]根据雾霾成像机理，提出一种处理图像不均匀去雾的架构，通过构建两个并行子网络的异构孪生网络（HT-Net），完成有雾图像和无雾图像之间的高维非线性映射关系。Bharath 等[32]提出一种端到端的学习方法，通过使用改进的条件生成对抗网络完成有雾图像的去雾操作，并使用混合加权损失函数提高了输出图像的质量。

在雾天行车工况下，相机设备采集到的车辆外部环境信息受雾霾影响，导致成像效果较差、对比度低甚至信息丢失等问题，给基于视觉的目标检测带来很大的不确定性，因此雾霾环境下相机成像图像去雾研究具有较高的研究意义和应用价值。无模型的图像去雾算法计算量较大，对计算机性能要求较高，传统的图像增强算法处理时长较长，不能满足车载端图像去雾实时性的要求。本节介绍图像去雾的原理以及 AOD-Net 神经网络去雾算法模型，并针对 AOD-Net 去雾算法进行改进，可以实现端到端的去雾且可以与目标检测网络模型搭配使用。并通过雾天环境下的图像对比实验，验证该改进算法的优越性。

2.2.2　图像去雾算法及模型

在雾霾天，由于空气中飘浮着的大量微小悬浮颗粒影响了光线的传播，因此光线经过悬浮颗粒时发生散射和折射现象，从而使视觉传感器无法获取清晰有效的图像信息。科研人员根据雾霾天气形成的机理，通过使用图像处理算法对视觉传感器采集的雾霾环境图像进行处理操作，提升原图像的对比度，从而恢复出清晰的无雾霾图像。

（1）无模型的图像去雾算法

无模型的图像去雾算法利用雾霾图像与清晰图像之间对应的映射关系，通过算法得出无雾霾图像，通常采用基于图像增强的去雾算法和基于深度学习的端到端去雾算法。

基于深度学习的端到端去雾算法主要是通过搭建编码器和解码器构成网络主体结构，对图像进行特征的提取与重构，完成雾霾图像的去雾。

基于图像增强的去雾算法是利用数字图像处理技术对有雾图像进行处理以提升雾霾环境下采集图像的对比度，突出图像的部分细节信息，使雾霾天图像看起来更加清晰。此种类型的图像去雾算法简单，能够有效适用于各种场景的图像处理任务。常用的图像增强去雾算法主要有：直方图均衡化算法、同态滤波算法、小波变换、Retinex 等。基于图像增强的去雾算法的对比如表 2.2 所示。

表 2.2　基于图像增强的去雾算法的对比

图像去雾算法	优点	缺点	适用情况
直方图均衡化	算法简单	细节缺失、增强效果不均匀	单一景深图像
同态滤波	增加高频信息、锐化细节	细节信息不突出、视觉效果较差	景物反射图像
小波变换	提升图像时域和频域分辨能力	阈值设定、图像亮度问题	薄雾、水下图像
Retinex	改善图像颜色、提升图像对比度	边缘模糊、色彩失真	景深连续且无遮挡的图像

（2）大气散射模型

在雾霾天气环境中，所看到的外部环境存在对比度低、物体模糊和视野受阻等问题。1925 年，Keim、Nemnich 认为空气中飘浮着大量悬浮颗粒对光线产生的吸收、散射作用是雾天环境中能见度较低的主要原因。物体反射光线受到空气中悬浮颗粒吸收、散射作用的影响，以及光线在传播过程中形成了强于物体表面光的背景光，是导致采集图像降质的两个主要因素。Narasimhan[20]针对以上两种因素，建立了数学模型，分析雾天环境下的成像过程和影响因素，大气散射模型如图 2.10 所示。

从图 2.10 可以看出，成像设备接收到的光线主要来自两部分：一部分是光源经大气介质散射形成的大气光；另一部分是物体反射光经空气中悬浮颗粒散射衰减至成像设备的光线。通过此物理模型建立的大气散射模型[17]公式如下：

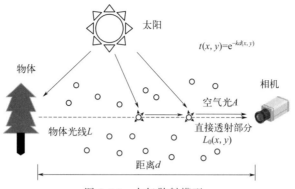

图 2.10　大气散射模型

$$L(x,y)=L_0(x,y)\mathrm{e}^{-kd(x,y)}+A(1-\mathrm{e}^{-kd(x,y)}) \tag{2.6}$$

式中，$L(x,y)$ 为成像采集设备获取的雾天图像；$L_0(x,y)$ 为去雾之后的无雾图像；$\mathrm{e}^{-kd(x,y)}$ 表示经过空气中悬浮颗粒衰减之后到达成像设备的比例，即透射率；k 为大气散射系数；$d(x,y)$ 为场景深度；A 为大气光系数。

根据式(2.6)将大气散射模型简化为：

$$I(x)=J(x)t(x)+A[1-t(x)] \tag{2.7}$$

式中，$I(x)$ 为成像设备获取的有雾图像；$J(x)$ 为无雾图像；$t(x)$ 为透射率。

根据上述数学模型，从雾霾图像中估计得出 $t(x)$ 或者 $A[1-t(x)]$，将估计求得的参数量代入数学模型公式，求得去雾之后的图像 $J(x)$：

$$J(x)=\frac{1}{t(x)}I(x)-A\frac{1}{t(x)}+A \tag{2.8}$$

（3）AOD-Net 结构原理

相较于传统的图像去雾处理算法，通过运用深度学习算法强大的非线性映射能力构建网络模型来学习、训练大气散射模型的相关参数，或者直接完成有雾图像和无雾清晰图像之间对应的映射关系，以此获得无雾清晰图像。基于上述两种基于深度学习的去雾网络模型，结合本节研究的应用场景，考虑到车载平台适用性和应用能力，本节选取更为轻量化、实时性较高以及可与目标检测网络级联的 AOD-Net 神经网络去雾算法。

AOD-Net 神经网络去雾算法是基于大气散射模型参数估计的去雾算法。与其他分别求取透射率和大气光系数的算法不同，AOD-Net 综合考虑了透射率和大气光系数两个变量之间的关系，通过将两个参数集成于一个变量 $K(x)$ 进行学习训练，实现了端到端的图像去雾。其转换整合后的公式如下所示：

$$J(x)=K(x)I(x)-K(x)+b \tag{2.9}$$

式中，b 为常量偏差。

经过变换可以得出 $K(x)$：

$$K(x) = \frac{\frac{1}{t(x)}[I(x)-A]+(A-b)}{I(x)-1} \qquad (2.10)$$

AOD-Net 网络结构由 K-estimating（K 估算）模块和去雾图像生成模块两个模块组成，如图 2.11 所示。

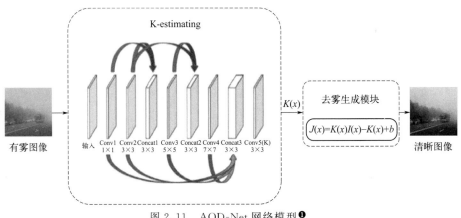

图 2.11　AOD-Net 网络模型❶

K-estimating 模块作为 AOD-Net 网络模型的核心模块，采用 5 个大小不同的卷积层提取图像特征信息，并通过融合不同大小的滤波器形成多尺度特征，提高了图像信息的表达能力，最后由 Conv5 层输出估计 $K(x)$ 参数。AOD-Net 卷积层结构如表 2.3 所示。图像去雾生成模块根据生成的 $K(x)$ 参数，求出去雾之后的图像 $J(x)$。

表 2.3　AOD-Net 卷积层结构

卷积层	1	2	3	4	5
卷积核	1×1	3×3	5×5	7×7	3×3
空洞率	1	1	1	1	1
感受野大小	1	3	7	13	15
输出通道数	3	3	3	3	3

通过表 2.3 所示 AOD-Net 卷积层结构可以看出，AOD-Net 神经网络结构简单，更有利于移动端设备的使用。但是该网络结构的最大感受野只有 15，导致网络在提取图像特征信息时，一些大尺度特征信息被忽略，使得计算得出 $K(x)$ 值精度降低，去雾效果较差。图 2.12、图 2.13 所示为 AOD-Net 去雾前后对比结果，从图中可以看出，经过 AOD-Net 神经网络算法去雾之后，图像雾气明显减少，图像中的车辆信息更加明显，更有利于下一步目标检测任务的展开。

---

❶　图 2.11 及后文中，Conv 指的是卷积层；Concat 的含义是连接，即一种将两个或多个张量在某个维度上进行拼接的操作。

图 2.12　雾天车辆图像信息

图 2.13　去雾车辆图像信息

2.2.3　基于改进 AOD-Net 的去雾算法

针对 2.2.2 节分析的 AOD-Net 网络结构原理所存在的特征提取感受野小、未考虑人类视觉感知的问题，本节介绍基于改进 AOD-Net 的去雾算法。

（1）损失函数的选用

损失函数是神经网络模型中一个关键的要素，它用来估量网络模型中预测值与真实值之间的差距，通过损失函数让预测值无限逼近真实值，所以选择的损失函数好坏直接影响到模型的准确度。损失函数作用原理如图 2.14 所示。常见的图像复原损失函数主要有 L_1 损失函数、L_2 损失函数、SSIM 损失函数和 MS-SSIM 损失函数。

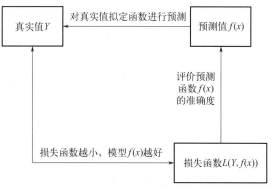

图 2.14　损失函数作用原理

① L_1 损失函数。

L_1 损失函数计算实际值和预测值之间的平均绝对误差（mean absolute error，MAE）。该函数对于任意大小差值的惩罚都是固定的，不会因为损失函数的误差导致梯度爆炸，具有较为稳健的解。其公式为：

$$L^{l_1} = \frac{1}{N} \sum_{p \in P} |x(p) - y(p)|$$
(2.11)

式中，$x(p)$ 表示预测值；$y(p)$ 表示实际的真实值；N 表示区域内像素数量；P 表示图像块；p 表示像素。

对于每个图像块中的像素 p，其微分方程为：

$$\frac{\partial L^{l_1}(P)}{\partial x(p)} = \text{sign}[x(p) - y(p)] \tag{2.12}$$

② L_2 损失函数。

L_2 损失函数是通过均方误差（mean square error，MSE）来计算神经网络模型中预测值与真实值之间差值平方的平均值，其表达公式如下：

$$L^{l_2} = \frac{1}{N}\sum_{p \in P}[x(p) - y(p)]^2 \tag{2.13}$$

MSE 函数曲线光滑连续，采用该种损失函数有利于模型的快速收敛。该损失函数在样本存在离群点的模型训练时，会给予离群点较高的权重，从而牺牲其他正常点的数据的预测值，降低模型整体的性能。

③ SSIM 损失函数。

传统的基于 MSE 的损失函数不足以表达人的视觉感知系统对图片的直观感受，为了抵消 L_2 损失函数无法衡量图像结构相似性的缺陷，SSIM 损失函数应运而生。由于人类视觉系统对于像素的绝对亮度和颜色不敏感，但是对边缘和纹理信息的位置非常敏感，因此该损失函数通过重点关注边缘和纹理信息来模仿人类的感知系统。SSIM 损失函数从图像的亮度、对比度和结构三个关键特征入手，其函数表达式为：

$$S(x,y) = f(l(x,y),c(x,y),s(x,y)) \tag{2.14}$$

式中，$l(x,y)$ 为图像亮度相似度；$c(x,y)$ 为图像对比度相似度；$s(x,y)$ 为图像结构比较函数。

a. 亮度相似度。假设一幅图像中含有 N 个像素点，每个像素点的像素值为 x_i，则求得该图像的平均亮度为：

$$\mu_x = \frac{1}{N}\sum_{i=1}^{N}x_i \tag{2.15}$$

两幅图像 x 与 y 之间的亮度相似度则为：

$$l(x,y) = \frac{2\mu_x\mu_y + C_1}{\mu_x^2 + \mu_y^2 + C_1} \tag{2.16}$$

式中，$C_1 = (K_1 L)^2$，K_1 为小于 1 的常数，L 为灰度的动态范围。

b. 对比度相似度。图像的对比度就是图像明暗的变化程度，通常用像素值的标准差表示，其公式为：

$$\sigma_x = \left[\frac{1}{N-1}\sum_{i=1}^{N}(x_i - \mu_x)^2\right]^{\frac{1}{2}} \tag{2.17}$$

进而求得图像的对比度相似度 $c(x,y)$ 为：

$$c(x,y) = \frac{2\sigma_x\sigma_y + C_2}{\sigma_x^2 + \sigma_y^2 + C_2} \tag{2.18}$$

式中，$C_2 = (K_2 L)^2$，K_2 一般取 0.03。

c. 结构相似度。一般用图像中所有像素组成的向量来表示结构相似度。

结构相似度比较是经过归一化后 $\dfrac{x-\mu_x}{\sigma_x}$ 与 $\dfrac{y-\mu_y}{\sigma_y}$ 的比较，即相关性系数表达式为：

$$s(x,y)=\frac{\sigma_{xy}+C_3}{\sigma_x\sigma_y+C_3} \tag{2.19}$$

式中，$\sigma_{xy}=\dfrac{1}{N-1}\sum\limits_{i=1}^{N}(x_i-\mu_x)(y_i-\mu_y)$；$C_3=C_2/2$。

通过整合公式求得：

$$\text{SSIM}(P)=l(p)c(p)s(p)=\frac{2\mu_x\mu_y+C_1}{\mu_x^2+\mu_y^2+C_1}\times\frac{2\sigma_x\sigma_y+C_2}{\sigma_x^2+\sigma_y^2+C_2} \tag{2.20}$$

④ MS-SSIM 损失函数。

MS-SSIM 是在 SSIM 损失函数的基础上通过引入多尺度，考虑了图像分辨率这一主观因素。其函数定义为：

$$\text{MS-SSIM}(p)=l_M^{\alpha_M}(p)\prod_{j=1}^{M}c_j^{\beta_j}(p)s_j^{\gamma_j}(p) \tag{2.21}$$

$$L^{\text{MS-SSIM}}(P)=1-\text{MS-SSIM}(\widetilde{p}) \tag{2.22}$$

式中，c 表示对比度；s 表示结构比较；$\widetilde{p}$ 是图像块 P 中的中心像素。

虽然该函数有效保留了图像边缘和细节信息，但是容易导致图像亮度改变和颜色偏差。

⑤ 混合损失函数。

考虑到上述损失函数所存在的缺点，MS-SSIM$+L_2$ 损失函数能够有效地保持图像的亮度和颜色不发生变化[33]。其函数表达式为：

$$L^{\text{Mix}}=\alpha L^{\text{MS-SSIM}}+(1-\alpha)G_{\alpha_G^M}L^{l_2} \tag{2.23}$$

式中，G 为高斯分布参数。

通过分析、对比 AOD-Net 采用的 L_2 损失函数对图像处理存在的问题，混合损失函数既考虑了人类视觉感知部分，又改善了图像处理后亮度和颜色变化情况。本节在改进去雾算法模型中将采用混合损失函数。

（2）卷积模块的改进

AOD-Net 网络模块中最大的感受野值为 15，感受野值的大小决定了获取的图像特征信息量，感受野越大，则获取的特征信息更加全面。感受野是特征图上的一个点对应着输入图像上的特定区域。

在卷积神经网络中增大感受野的方法主要包括 pooling（池化）操作、增大卷积核以及空洞卷积。池化操作主要是对数据进行降维处理，减小网络参数，提升神经网络的计算效率，但是经过池化操作之后的图像存在分辨率降低、细节信息丢失等问题。增大卷积核可以保证在不丢失细节信息的前提下增加图像特征的感受野，然而随着卷积核的增大，网络模型运算量增加。空洞卷积可以保证在图像信息和运算量不受影响的前提下，有效地提高图像感受野的大小。当卷积核为 3 时，空洞卷积与普通卷积进行局部元素值提取感受野的对比，如图 2.15 所示。

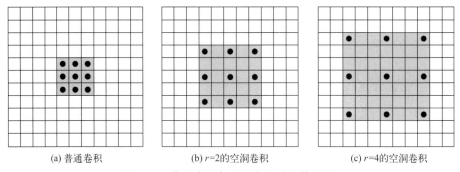

(a) 普通卷积　　　　　　　(b) $r=2$的空洞卷积　　　　　　　(c) $r=4$的空洞卷积

图 2.15　普通卷积与空洞卷积对比效果图

从图 2.15 中可以看出，在采用相同卷积核的情况下，经过空洞卷积处理的感受野范围明显高于普通卷积，从而使卷积神经网络能获取更加丰富的图像细节信息。与普通卷积相比，空洞卷积通过引入膨胀因子（dilated ratio）来控制感受野的大小，当膨胀因子 $r=1$ 时，空洞卷积为普通卷积。虽然空洞卷积能够增加卷积过程中感受野的大小，但是当连续使用几个相同膨胀因子的空洞卷积时，会出现网格效应，即输入像素不能全部得到计算，出现卷积核不连续现象。连续使用 $r=2$ 的感受野如图 2.16 所示。

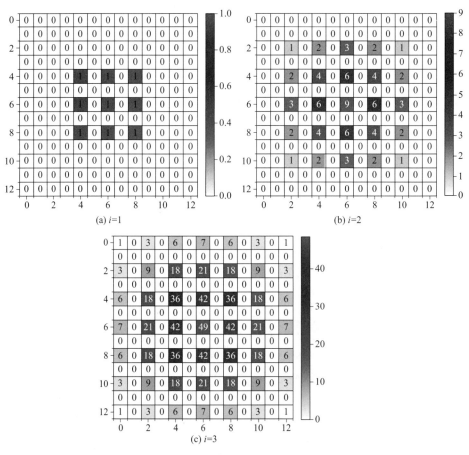

图 2.16　连续使用 $r=2$ 的感受野

混合空洞卷积（hybrid dilated convolution，HDC）[34]是在空洞卷积的基础上提出的，通过使用不同膨胀因子系数的空洞卷积进行组合，构成空洞卷积组，在提高特征图像感受野的同时能有效解决网格效应。混合空洞卷积主要有以下特性：

① 连续使用空洞卷积膨胀因子不能有大于1的公约数；

② 将连续膨胀因子系数设置成锯齿状；

③ 最后一层空洞卷积的膨胀因子最大，且 $r \leqslant k$。

当卷积核尺寸为 3×3 混合空洞卷积时，卷积空洞率一般设计为 $[1,2,3]$ 或 $[1,2,5]$。考虑到 AOD-Net 去雾神经网络存在感受野较低的现象，本节引入 HDC 模块。改进 AOD-Net 网络结构如图 2.17 所示。

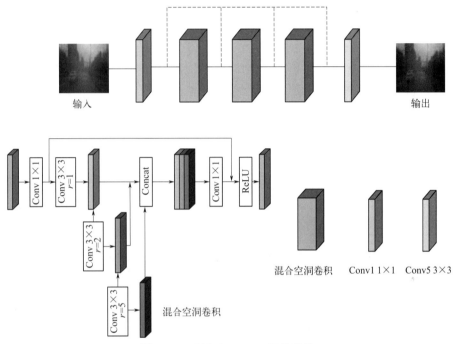

图 2.17　改进 AOD-Net 网络结构

本节在研究改进 AOD-Net 的神经网络去雾算法时，引入 HDC 模块，该模块可以在不损失分辨率和细节特征信息的基础上，增加图像特征的感受野，强化深度图像特征信息的提取能力，能够有效改善 AOD-Net 神经网络去雾能力。

2.2.4　改进图像去雾算法的实验对比分析

图像去雾效果的好坏需要通过去雾评价指标进行判断分析，本节将介绍相关的评价指标，并通过对比实验来验证本节提出的改进算法的优越性。

（1）去雾质量评价指标

图像去雾质量评价反映有雾图像经过去雾算法处理之后生成图像的质量。

由于合成有雾图像数据集是通过算法将清晰图像进行转换而来，所以将清晰的无雾图像作为参考依据，通过评价指标对去雾质量进行评价。常用参考评价指标有以下两种。

① 峰值信噪比。峰值信噪比（peak signal to noise ratio，PSNR）通过比较两幅图片之间对应像素点的误差值进行图像质量的评价，是一种常用的基于误差敏感图像质量的评价指标。但是 PSNR 没有考虑到人类视觉系统的特性，导致容易出现 PSNR 评价结果与人类视觉系统主观判断相反的情况。此方法计算得到的数值越大，表示图像失真越小，图像去雾效果越好。PSNR 公式表示为：

$$PSNR = 10 \times \log_{10}\left(\frac{MAX_L^2}{MSE}\right) \quad (2.24)$$

式中，MAX_L 表示图像的最大像素值；MSE 表示均方误差。

② 结构相似度。结构相似度用来衡量有雾图像和去雾图像之间的相似程度。结构相似度通过感知模型 SSIM 考量图像的亮度、对比度和结构三个关键特征来实现两张图像的比较。SSIM 的值越大，表明图像失真程度越小，图像的去雾质量越好。

（2）图像去雾对比实验分析

本节使用 Windows10 操作系统、Intel（R）Core（TM）i7-10700F CPU @ 2.90GHz 处理器、24GB 内存等硬件设施，采用 PyCharm 作为编译环境搭建去雾实验测试平台。去雾算法训练参数设置为：epochs 20，batch _ size 16，学习率 0.0001。

为了验证改进 AOD-Net 神经网络去雾算法的有效性，本节进行了改进算法与常见 DCP、MbE[35] 以及 AOD-Net 去雾算法对比实验。合成雾天数据图像来自 RESIDE 数据集下的 SOTS 室外合成雾天环境数据集，合成雾天环境下的去雾效果对比如图 2.18 所示。

(a) 原始无雾图像

(b) 合成雾图像

(c) DCP算法去雾图像

(d) MbE算法去雾图像

(e) AOD-Net算法去雾图像

(f) 本节方法去雾图像

图 2.18　合成雾天的去雾效果对比

图 2.18(a) 为原始无雾图像，图 2.18(b) 为合成雾图像。从图 2.18(b) 中可以看出，合成雾图亮度偏高，对比度较低，图像部分细节信息被雾气遮挡。图 2.18(c) 是 DCP 算法去雾图像，有雾图像经过 DCP 去雾算法处理后，亮度下降，天空背景信息模糊，色彩信息丢失严重；图 2.18(d) 是 MbE 算法去雾图像，该算法能够有效地去除图像中存在的雾气，但是去雾后的图像细节信息丢失严重；图 2.18(e) 为 AOD-Net 算法去雾图像，经过 AOD-Net 算法处理的图像存在轻微的薄雾，图像亮度下降；图 2.18（f）为本节方法去雾图像，本节方法处理的图像去雾效果更好，与原图更为接近。为了更加客观地评价去雾图像的去雾效果，采用 PNSR 和 SSIM 两种评价指标对合成雾图去雾质量进行评价分析，去雾效果评价指标对比如表 2.4 所示。

表 2.4 去雾效果评价指标对比

评价指标	DCP	MbE	AOD-Net	本节方法
PNSR	15.22	18.44	20.28	21.02
SSIM	0.79	0.67	0.82	0.85

从表 2.4 中可以看出，本节方法的 PNSR 值为 21.02，比 AOD-Net 去雾算法提高了 0.74，比 MbE 算法提高了 2.58，比 DCP 算法提高了 5.8；本节方法的 SSIM 值为 0.85，比 AOD-Net 去雾算法提高了 0.03，比 MbE 算法提高了 0.18，比 DCP 算法提高了 0.06。由此可见，改进 AOD-Net 去雾算法在图像去雾上更有优势。

为了验证改进 AOD-Net 神经网络去雾算法在实际雾天环境下的有效性，在 RTTS 数据集上分别选取了轻雾、中雾、浓雾三种道路行驶场景进行验证分析，真实场景下去雾效果对比如图 2.19 所示。

| (a) 原图 | (b) DCP | (c) MbE | (d) AOD-Net | (e) 本节方法 |

图 2.19 真实场景下去雾效果对比

图 2.19(b) 为 DCP 算法去雾图，可以看出，该算法对于轻雾环境有着较好的去雾效果，但是天空背景信息失真严重，对于中、浓雾环境图像存在亮度下降、细节信息丢失、对比度低的现象；图 2.19(c) 为 MbE 算法去雾图，该算法对于轻雾的去雾效果较好，提升了图像信息的对比度和视觉效果，在中、浓雾

环境下，图像远景信息丢失严重，背景模糊；图 2.19(d) 为 AOD-Net 算法去雾图，AOD-Net 算法处理后的图像色彩信息较为丰富，但是去雾后的图像颜色较暗，不利于后续目标检测任务的进行；图 2.19(e) 为本节方法去雾图，本节方法在保留原图像色彩信息的同时能够有效去除图像中的雾气，有效提高了去雾图像的色彩亮度。对比实验表明，改进的 AOD-Net 神经网络去雾算法在提升去雾图像对比度、色彩恢复以及图像亮度上优于其他去雾算法。

2.2.5 神经网络与深度学习

深度学习是传统神经网络的升级，通过数学知识、理念在计算机平台搭建网络的整体架构，并利用计算机进行大量训练来调节网络的内部环境参数，从而建立一种将数据自动分析和特征提取、数据分类融为一体的网络架构模型。图 2.20 为深度学习与神经网络结构关系图。

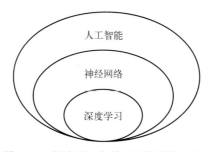

图 2.20　深度学习与神经网络结构关系

卷积神经网络（convention neural network，CNN）是深度学习的代表性算法之一[36]。该方法采用局部连接和权值共享方式构建了一个多层感知机，让视觉传感器的图像可以直接输入到网络中进行学习训练，避免传统算法复杂的特征提取和数据重建过程。卷积神经网络结构主要包括输入层、卷积层、池化层和全连接层。

（1）输入层

输入层负责数据的输入。视觉目标检测中，输入层输入的是视觉传感器采集的图像信息，并对输入图像信息进行初步预处理，方便后续神经网络的处理，常用的预处理方式有均值、标准化、PCA 以及数据增强等操作。

（2）卷积层

卷积层的作用是通过一系列卷积运算操作，对输入图像信息进行特征提取，是神经网络中最为关键的一层。卷积层进行特征提取的表现方式是运用卷积核对输入信息遍历卷积运算的方式进行特征提取和特征映射，卷积核大小的设定决定了感受野范围，从而影响了对图像局部信息关注程度。卷积核又称为滤波器，在进行卷积运算时，按照一定的步长遍历整幅图像上每一个像素点，并输出相应的计算数值来表示图像特征信息。卷积层运算过程如图 2.21 所示。

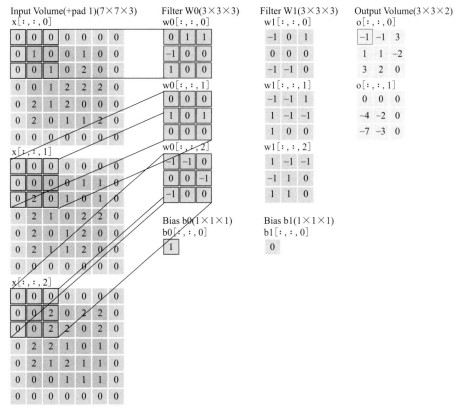

图 2.21　卷积层运算过程

（3）池化层

在卷积运算操作中，可以采用调节卷积核大小或者步长来实现特征图变化，但是使用该方法获取较小特征图的过程复杂、运算量大。池化层是一种专门实现图像尺寸缩减功能的网络层结构，该网络层采用了局部相关性思想，从卷积核覆盖的一组元素中进行采样或者信息聚合，完成新像素数值的获取。常用的池化操作有最大池化、平均池化和随机池化等，池化方式如图 2.22 所示。

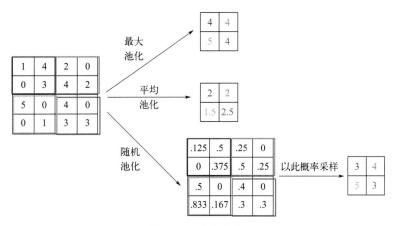

图 2.22　池化方式

（4）全连接层

在卷积神经网络中，一般池化层后面会连接全连接层，全连接层如图 2.23 所示。全连接层将池化层的所有特征矩阵转化成为一维的特征向量，通过线性计算完成特征图的空间映射，以此实现检测目标的分类。

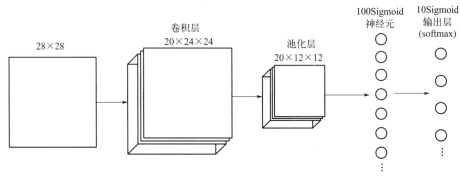

图 2.23 全连接层

（5）激活函数

激活函数的作用是对卷积层结构的输出做一次非线性映射，使深层神经网络络不再是输入的线性组合，提高神经网络对模型的表达能力，从而使神经网络能够解决比较复杂的模型结构问题。常用的激活函数主要有 Sigmoid、ReLU、Leaky ReLU、Tanh 等，主要的几种激活函数如图 2.24 所示。

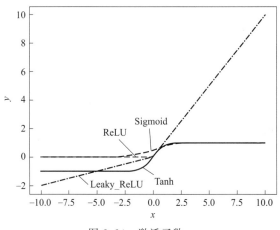

图 2.24 激活函数

2.2.6 YOLOv5 模型介绍

YOLOv5 是 Glenn Jocher 在 2020 年 5 月提出的单阶段目标检测算法，该算法是在前期 YOLO 系列目标检测算法的研究基础上改进而来，检测精度和速度都有了很大提升。YOLOv5 相继推出了 4 个不同体量的网络模型版本，分别是 YOLOv5s、YOLOv5m、YOLOv5l、YOLOv5x，YOLOv5 版本性能比较如图 2.25 所示。YOLOv5 各版本性能参数对比如表 2.5 所示。

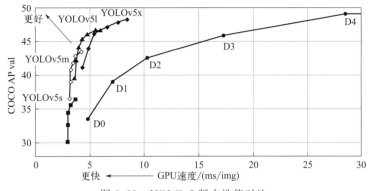

图 2.25　YOLOv5 版本性能对比

表 2.5　YOLOv5 各版本性能参数对比

模型	尺寸 /px	mAP^{val} 0.5：0.95	mAP^{val} 0.5	b1 CPU 上的 检测时间 /ms	V100 b1 GPU 上的 检测时间/ms	V100 b32GPU 上的检测时间 /ms	参数量 /10^6	算力 /FLOPS
YOLOv5s	640	37.4	56.8	98	6.4	0.9	7.2	16.5
YOLOv5m	640	45.4	64.1	224	8.2	1.7	21.2	49
YOLOv5l	640	49	67.3	430	10.1	2.7	46.5	109.1
YOLOv5x	640	50.7	68.9	766	12.1	4.8	86.7	205.7

注：FLOPS 指每秒浮点操作数。

从表 2.5 即 YOLOv5 各版本性能参数对比中可以看出，YOLOv5s 模型的参数量只有 720 万个，在四个网络模型中参数量最小。考虑在智能车辆上的应用，选用 YOLOv5s 模型作为本节的基线模型。图 2.26 所示为 YOLOv5s 网络结构。从图 2.26 中可以得知，该模型主要由输入端、Backbone、Neck、输出端

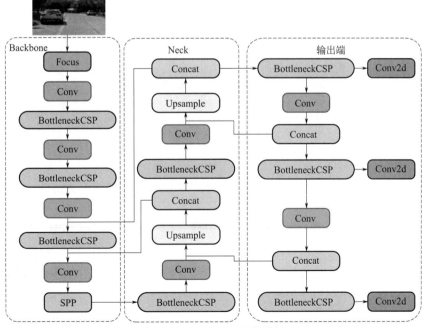

图 2.26　YOLOv5s 网络结构

四个部分组成。

（1）输入端

YOLOv5s 算法在输入端的三个方面进行了改进，分别是：

① 采用 Mosaic 数据增强，通过随机缩放、裁剪、排布的方式对输入图像进行拼接，丰富了网络模型学习训练的数据集，提升了目标检测效果[37]；

② 在锚框计算方面，将锚框值计算功能加入代码中，使网络结构能够针对不同数据集，计算出最佳锚框值；

③ 增加了输入图像自适应缩放功能，利用网络感受野的信息特征，使得模型的推理速度提升了 37%。

（2）Backbone

YOLOv5 的主干部分使用了 CSP Bottleneck 卷积模块，通过运用 3 次卷积操作使得该模块具有较强的学习能力，同时 CSP 模块的运用能够在保持模型目标检测精度的前提下，减少模型计算量。此外，YOLOv5s 算法在主干部分还增加了 Focus 结构，通过对图像进行切片处理，快速完成采样操作。Focus 结构如图 2.27 所示。

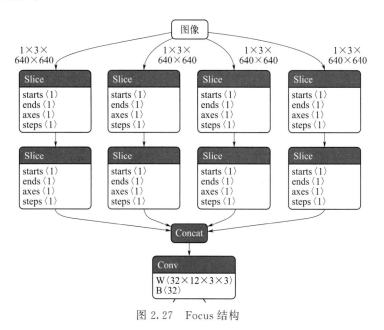

图 2.27　Focus 结构

（3）Neck

Neck 部分采用 FPN＋PAN 的组合结构，如图 2.28 所示。

该结构能够提取到低、中、高层特征信息，并通过自上而下和自下而上的路径，实现不同尺度特征信息的融合。FPN 实现了语义信息从深层特征图到浅层特征图的传递，PAN 则实现了定位信息从浅层特征层到深层特征层的传递。FPN＋PAN 的结构组合，从不同 Backbone 层对不同特征层进行参数聚合，加强了网络信息的特征融合能力。

（4）输出端

输出端采用 CIOU_Loss 损失函数，充分考虑了每个 anchor box（即锚框，

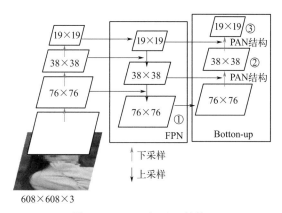

图 2.28 FPN+PAN 结构

表示固定的参考框）的重叠面积、中心点距离、长宽比三个几何因素，提升了预测框回归的速度和精度。

YOLOv5 目标检测算法可以很好地平衡目标检测的精度和速度，且该网络结构格式转换灵活，适用于各种框架平台的部署使用。本节考虑到车载端设备平台算力影响因素，故采用 YOLOv5 系列中模型体积更小的 YOLOv5s 作为基础算法框架，进行车载端应用平台的目标检测研究。

2.2.7　基于改进 YOLOv5s 的目标检测

视觉感知系统是构成智能车辆环境感知系统的重要组成部分，由于视觉传感器采集的图像具有较为丰富的色彩信息，因此能够很好地满足智能车辆目标检测任务的需求。本节对智能车辆深度目标检测算法进行研究，提出一种改进 YOLOv5s 目标检测算法。

为了使 YOLOv5s 目标检测模型能够更好地应用于车载端设备平台，考虑到智能车辆行驶时的检测环境及网络结构因素，本节在不损失检测精度和实时性的前提下，从网络模型的主干部分、Neck 部分和注意力机制等方面对 YOLOv5s 网络模型进行改进，实现车载端应用平台的目标检测。改进 YOLOv5s 网络结构如图 2.29 所示。改进 YOLOv5s 目标检测算法网络结构具体见下文。

（1）主干网络轻量化

YOLOv5 检测模型参数量较大，模型所占用资源过多，导致难以移植到移动设备端上进行数据的实时处理。ShuffleNetv2 模块中采用了深度可分离卷积和组卷积相结合的网络结构，使得网络参数量相对于其他残差网络大幅度减少，对于智能车辆应用平台的性能要求较低，能够实时处理图像。ShuffleNetv2 模块如图 2.30 所示。本节采用 ShuffleNetv2 Block 对网络的主干部分重新设计，优化了模型的大小和参数。

ShuffleNet 是一种轻量级的特征提取网络，可平衡速度和准确度之间关系。ShuffleNetv2 在 ShuffleNetv1 的基础上做了很多优化。首先引入了 Channel

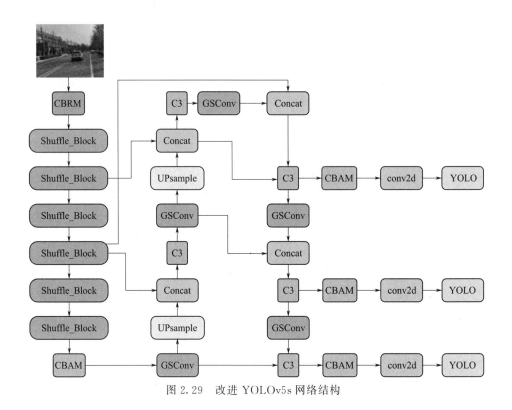

图 2.29　改进 YOLOv5s 网络结构

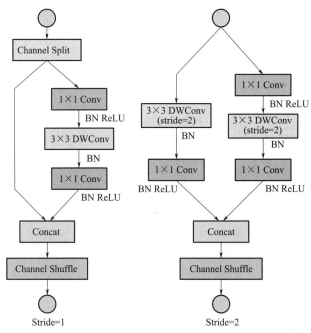

图 2.30　ShuffleNetv2 模块

Split（通道分割）操作，将输入的特征图在通道维度方向上分割成两部分并行处理，每一部分采用相同的通道数，其中左边通道上的分支不做任何操作，右边分支通路分别进行 1×1 Conv、3×3 DWConv 和 1×1 Conv 卷积运算处理；

然后将两个分支输出的结构进行 Concat 处理；最后对 Concat 后的结果做 Channel Shuffle（通道重组）处理，使左右分支输出的信息进行交流。对于步长为 2 的 ShuffleNetv2 模块，不再使用 Channel Split，而是直接对来自上一层的特征信息进行并行处理，每个分支采用步长为 2 的 DWConv 操作进行下采样，最后通过 Concat 进行拼接，使得特征图空间减小一半，增加了特征图的通道数，完成卷积下采样处理。

（2）Neck 部分改进

图 2.31 为融合结构的对比图。双向加权特征金字塔网络（bidirectional feature pyramid network，BiFPN）是"谷歌大脑"团队提出的一种多尺度特征融合方式。BiFPN 网络结构采用双向跨尺度连接方式，并通过引入权重值，给不同特征添加权重系数，对不同的特征层进行分区处理，能够更好地利用各特征层的有效信息，提高了层级连接之间的特征融合。

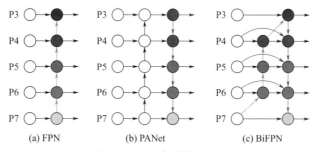

图 2.31　融合结构对比

GSConv 是一种轻量化的网络模块[38]，在保持模型精准度的同时减轻网络模型复杂度，其网络结构如图 2.32 所示。针对 CSP 卷积模块丢失大量通道信息的现象，该结构结合深度可分离卷积与标准卷积进行搭配使用，并将两种卷积特征相结合，在保证模型精度的前提下使模型更加轻量化。

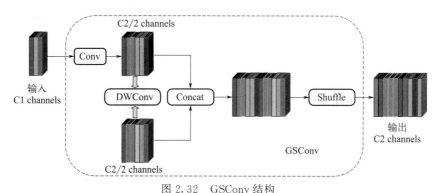

图 2.32　GSConv 结构

（3）注意力机制

深度学习中的注意力机制（attention mechanism，AM）模仿了人类大脑在视觉感知环境中选择性注意的机制，使网络模型在更多关注检测目标类别信息的前提下进行训练和学习。面对智能车辆复杂的行驶环境，目标检测算法模型需要从复杂的车辆行驶环境中重点关注对车辆行驶安全产生影响的目标，因此本节引入 CBAM 注意力机制模块。

CBAM 注意力机制模块包含通道注意力模块（channel attention module，CAM）和空间注意力模块（spatial attention module，SAM）两部分。输入的图像特征层通过两个注意力模块，提高了网络结构模型对主要特征图像信息的关注度。CBAM 模块结构如图 2.33 所示。

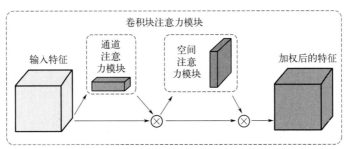

图 2.33　CBAM 模块结构

2.2.8　基于视觉的目标检测结果分析

本节对改进的 YOLOv5s 目标检测模型的整体性能进行实验验证分析，并与常见的目标检测模型进行对比分析。

（1）数据集及实验平台

为验证本节提出的改进 YOLOv5s 目标检测模型有效性，从 Pascal VOC 数据集和 KITTI 数据集中选取了包含行人、公交车、轿车、自行车和摩托车 5 类检测目标的共 18000 张图像作为数据集。模型训练平台配置参数如表 2.6 所示，网络模型训练参数设置如表 2.7 所示。

表 2.6　模型训练平台配置参数

参数	配置
CPU	15 VCPU Intel(R)Xeon(R)Platinum 8358P CPU @ 2.60GHz
RAM	40
GPU	RTX 3080(10GB)
操作系统	Ubuntu18.04

表 2.7　网络模型训练参数

参数类型	配置
Epoch(训练轮数)	100
Batch size(批次大小)	32
Learning rate(学习率)	0.0001
Image size(输入图片尺寸)	640×640

（2）评价指标

目标检测领域中常用准确度（Accuracy）、精度（Precision）、召回率

（Recall）、AP、mAP 以及 PR 曲线等指标来评价模型的性能。在图像精度评价中，常用混淆矩阵来比较分类结果和实际测得值之间的关系。混淆矩阵如表 2.8 所示。

表 2.8　混淆矩阵

	正样本（预测值）	负样本（预测值）
正样本（实际值）	TP（ture positive）	FN（flase negative）
负样本（实际值）	FP（flase positive）	TN（ture negative）

从混淆矩阵中，能够获取模型更高级别的分类指标：准确度、精度、召回率等。其中，Precision 代表模型中真实正样本且被预测为正样本的数目占预测正样本总数目的比例，其表达公式为：

$$\text{Precision} = \frac{\text{TP}}{\text{TP}+\text{FP}} \tag{2.25}$$

式中，TP 为真实正样本且被预测为正样本的数目；FP 为真实负样本但是被预测为正样本的数目。

Recall 代表真实正样本且被预测为正样本的数目占真实正样本数目的比例，其公式表达为：

$$\text{Recall} = \frac{\text{TP}}{\text{TP}+\text{FN}} \tag{2.26}$$

式中，FN 为真实的正样本被预测为负样本的数目。

根据计算得出样本的召回率和精度值，在平面直角坐标系中生成一条曲线，该曲线称为 PR 曲线。PR 曲线反映了网络模型分类器对正样本识别准确程度和对正样本覆盖能力之间的关系。由生成的 PR 曲线可以计算得出每个类别的 AP 值，mAP 是指每个类别 AP 的均值，其计算公式为：

$$\text{AP} = \int_0^1 p(r)\,\mathrm{d}r \tag{2.27}$$

$$\text{mAP} = \frac{1}{n}\sum_{i=1}^{n}\text{AP}_i \tag{2.28}$$

式中，r 为召回率；n 为类别数量。

（3）检测结果分析

通过使用前面所述的训练平台，设置好模型的训练参数，对改进 YOLOv5s 目标检测网络模型进行学习和训练。改进 YOLOv5s 的混淆矩阵如图 2.34 所示，改进 YOLOv5s 的 PR 曲线如图 2.35 所示。

通过训练好的模型数据可以看出，改进后的 mAP@0.5 值达到了 87.3%，对车辆以及行人等较大目标的识别准确率较好。

通过对比实验分析，验证该改进算法的有效性，对比实验分析数据如表 2.9 所示。从表中可以分析得出，本节方法相较于 YOLOv5s 模型，网络模型的复杂程度大幅降低，参数量减少了 41.7%，模型大小缩减至原模型的 51.5%，而检测精度仅降低了 3.9%，具有更好的迁移性和适用性。与常见的轻量化网络模型相比，改进 YOLOv5s 目标检测算法模型参数量较少，具有较高的检测精度；

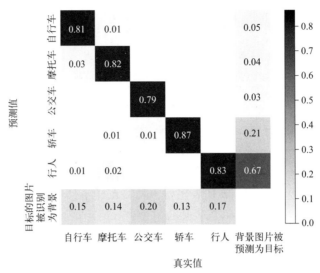

图 2.34　改进 YOLOv5s 的混淆矩阵

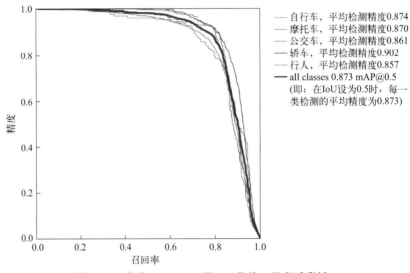

图 2.35　改进 YOLOv5s 的 PR 曲线（见书后彩插）

与 YOLOv3-tiny 相比，本节方法模型大小仅占 YOLOv3-tiny 模型的 1/5，检测精度（mAP）比 YOLOv3-tiny 高出 10.4％；与 YOLOv4-tiny 相比，在模型参数量和模型大小均缩减的前提下，检测精度高出 5.9％；与 YOLOv5n 相比，虽然改进 YOLOv5s 的参数量和模型大小较 YOLOv5n 有所增加，但是改进 YOLOv5s 具有更高的检测精度，mAP 比 YOLOv5n 高出 9.4％；相较于对 YOLOv5s 目标检测算法模型主干部分进行改进的 YOLOv5s-mobiliNet、YOLOv5s-shuffleNet，本节方法在保障模型大小的前提下，检测精度比 YOLOv5s-mobiliNet 网络高出 7.1％，比 YOLOv5s-shuffleNet 高出 5.9％。从表中 YOLOv5s-shuffleNet、v5s-shuffleNet-GSConv、v5s-v2-GSConv＋BiFPN 和本节方法的对比实验分析数据中可以看出，GSConv 模块的引入使网络参数量减少了 0.4，Gflops 减少了 0.6；加入 BiFPN 模块后，模型的精度提升了 2.4%；在完成 YOLOv5s 改进优化后，本节方法的精度可以达到 87.3%，具有更好的目标检测效果。

表 2.9　对比实验分析数据

模型	参数量	Gflops	模型大小	mAP	FPS
YOLOv3-tiny	8.7	5.6	33.4	76.9	94.3
YOLOv4-tiny	6.1	6.9	23.1	81.4	97.2
YOLOv5s	7.2	16.5	14.2	91.2	87.6
YOLOv5n	1.8	4.2	3.7	77.7	86.3
YOLOv5s-mobiliNet	2.8	5.6	7.4	80.2	82.1
YOLOv5s-shuffleNet	3.8	8.1	7.6	81.4	82.7
v5s-shuffleNet-GSConv	3.4	7.5	6.8	80.7	81.2
v5s-v2-GSConv+BiFPN	3.9	8.1	7.1	83.1	80.7
本节方法	4.5	9.4	7.3	87.3	80.4

注：Gflops 指十亿次的浮点运算；mAP 指每个类别 AP 的均值；FPS 指每秒传输帧数。

为了更好地展现本节算法在目标检测上的优势，将本节算法与几种轻量化目标检测模型进行目标检测类别精度的对比分析，各个类别检测精度对比分析如图 2.36 所示。从图 2.36 中可以看出，在行人、轿车、公交车、自行车和摩托车 5 个行驶道路常见车辆目标类别中，本节提出的改进 YOLOv5s 目标检测算法各个类别的 AP 值均高于其他常见轻量化目标检测模型。由此可见，本节提出的改进 YOLOv5s 目标检测模型对于道路上常见目标检测准确度较高，能够更好地保障智能车辆的行驶安全。

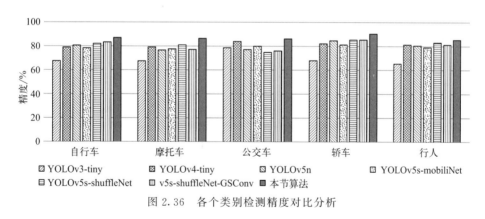

图 2.36　各个类别检测精度对比分析

为了更加直观地检验本节方法的有效性，选取了 3 种场景图像分别采用 YOLOv5s 和本节方法进行检测识别评价，目标检测对比如图 2.37 所示。

图 2.37(a)～(d) 为正常天气场景下的行驶图像，其中图 2.37(a) 和（b）为直线路面车辆目标检测，图 2.37(c) 和（d）为十字路口目标检测。从图 2.37(a) 和（b）可以看出，改进后的 YOLOv5s 目标检测算法的检测置信度相较于 YOLOv5s 目标检测算法有所下降，但不影响目标检测正确的类别识别输出，能够很好地完成相同环境下的目标检测任务；从图 2.37(c) 和（d）可以

(a) YOLOv5s直线路面车辆检测　　　　　(b) 改进YOLOv5s直线路面车辆检测

(c) YOLOv5s十字路口目标检测　　　　　(d) 改进YOLOv5s十字路口目标检测

(e) 改进YOLOv5s 雾天车辆检测　　　　　(f) AOD-Net+改进YOLOv5s雾天车辆检测

图 2.37　目标检测对比

看出，在复杂的十字路口环境中，改进的 YOLOv5s 对于车辆近前方的行人和远方的车辆也有着很好的检测效果，能够准确地输出车辆前方检测目标信息，虽然对于遮挡目标有一定的漏检，但是不影响车辆的正常行驶安全。图 2.37(e) 和（f）为雾天场景下的行驶图像，从图中可以看出，在雾天环境中，经过 AOD-Net 去雾算法处理之后的车辆目标检测效果相较于未处理的环境图像，在目标检测置信度上有所上升，因此，图像去雾算法对于雾天环境的目标检测是有效的。

2.3　多传感器信息融合

融合多传感器数据可以获得准确的环境信息，但卡尔曼滤波算法会因异常点的存在导致融合结果误差较大。本节以视觉传感器和激光雷达点云数据的时空同步为基础，根据经卡尔曼滤波算法滤波的数据精确度高的优势，以及自适应加权平均法取平均值作为估计值造成测量噪声放大的缺点，提出改进自适应加权法，并进行仿真实验和试验验证与分析。

2.3.1　多传感器信息融合的基本原理

对客观对象进行感知时，需要综合多个感官感知的结果。多传感器信息融合示意图如图 2.38 所示，其中，眼睛、耳朵、鼻子、舌头、皮肤等都是人类获取视觉、听觉、嗅觉、味觉及触觉等感知信息的感官传感器，并将这些感知信息送入大脑进行综合和分析等后续处理，从而完成对外界环境的理解和识别。尽管每个感官传感器的评估在它自己有限的空间内是正确的，但它们观察的角度和观点不同，可能会导致目标物体的不全面甚至出现错误的判断结果。

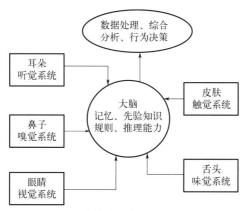

图 2.38　多传感器信息融合示意图

总之，利用单一传感器信息进行后续的判断决策，往往会产生模糊的目标结论，而结合多传感器信息则可以获得全面的目标信息。利用多个感官传感器信息或多个主体信息进行融合的过程就是多传感器信息的融合过程[39]。因此，多传感器信息融合就是利用多个或多类传感器获取一致的、准确的、全面的目标信息，并进行数据的预处理、关联、滤波、集成等操作，从而形成一个可以用来进行决策、识别、跟踪以及姿态评估的框架[40]。多传感器信息融合系统包括以下内容：

① 传感器。传感器主要用于识别和检测某一外界目标的状态信息，是信息融合系统的重要组成部分。

② 数据。数据是传感器获得的某一目标的具体信息，是系统实现信息融合的载体。它的质量直接决定了被测目标信息的准确性。

③ 融合。融合是系统对多源信息处理和优化的核心部分。在不改变数据质量的前提下，挖掘出各个传感器的有效信息，估计被测对象的状态。

2.3.2　摄像头标定

本节选用 CCD 摄像头作为视觉传感器，而摄像头作为车辆的"眼睛"，可以获得较为全面的图像信息，是保证车辆安全行驶的前提。而针对复杂的外界环境，为了保证摄像头获得更为全面、准确的信息，同时避免因摄像机镜头畸变产生图像信息不准确的问题，需要完成对摄像头的标定，其最终数据的精度和可行性直接由摄像头的标定结果决定。本节是在不考虑镜头畸变的情况下对摄像头进行标定的。

(1) 摄像头成像模型

图像的测量是指通过建立摄像头的成像模型，保证一个三维物体表面的某点可以在图像中找到相对应的点，从而完成物体的重建和识别。摄像头参数只能通过实验与计算获得，且与摄像头成像模型的几何参数相对应。因此，摄像头的标定即是求解模型几何参数的过程。

摄像头在成像的过程中，需要完成四个坐标系之间的转换，即世界坐标系、摄像机坐标系、图像坐标系和像素坐标系之间的转换。四个坐标系之间的关系如图 2.39 所示。世界坐标系 $O_w\text{-}X_wY_wZ_w$ 表示摄像头的具体位置，单位：m。以摄像机的光学中心点为坐标原点定义摄像机坐标系 $O_c\text{-}X_cY_cZ_c$，单位：m。以图像平面的中点为坐标原点定义图像坐标系 $o\text{-}xy$，单位：mm。uv 表示像素坐标系，将左上角的一点定义为坐标原点，u、v 分别表示像素的列数和行数，单位：px。世界坐标系中的点 P 成像到图像坐标系中的点 p，坐标可以表示为 (x,y)。f 表示摄像机焦距，等于 o 与 O_c 之间的距离，即 $f=\|\overrightarrow{oO_c}\|$。

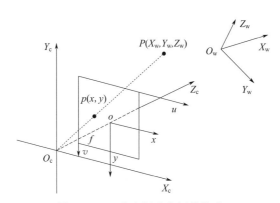

图 2.39 四个坐标系之间的关系

① 摄像机坐标系与世界坐标系之间的转换。

摄像头和被测对象在世界坐标系中的空间位置，可以根据实际情况进行调整和确定。摄像机坐标系的 x 轴和 y 轴分别与像平面的两边平行，z 轴是与像平面垂直的镜头光轴。两个坐标系之间的转换可以表示为：

$$\begin{bmatrix} X_c \\ Y_c \\ Z_c \\ 1 \end{bmatrix} = \begin{bmatrix} \boldsymbol{R}_c & \boldsymbol{T}_c \\ \boldsymbol{0} & 1 \end{bmatrix} \begin{bmatrix} X_w \\ Y_w \\ Z_w \\ 1 \end{bmatrix} \tag{2.29}$$

式中，$\boldsymbol{R}_c$ 是 3×3 的旋转矩阵；$\boldsymbol{T}_c$ 是 3×1 的平移矢量；$[X_c,Y_c,Z_c,1]^T$ 表示摄像机坐标系的齐次坐标；$[X_w,Y_w,Z_w,1]^T$ 表示世界坐标系的齐次坐标。

因此，通过旋转矩阵 $\boldsymbol{R}_c$ 和平移矢量 $\boldsymbol{T}_c$ 的共同作用，便可以实现被测对象点 P 从世界坐标系到摄像机坐标系的转换，且被测对象点 P 在进行转换的过程中不会发生变形。摄像机坐标系与世界坐标系之间的转换关系如图 2.40 所示。

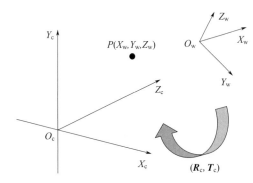

图 2.40　摄像机坐标系与世界坐标系的转换关系

设一基本坐标系绕 z 轴旋转 θ 角度的示意图如图 2.41 所示。

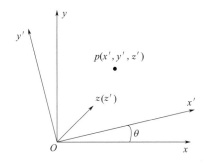

图 2.41　坐标系绕 z 轴旋转 θ 角度

从图 2.41 中可以得到如下公式：

$$\begin{cases} x = x'\cos\theta - y'\sin\theta \\ y = x'\sin\theta + y'\cos\theta \\ z = z' \end{cases} \tag{2.30}$$

式（2.30）可以转换为如式（2.31）所示的矩阵形式：

$$\begin{bmatrix} x \\ y \\ z \end{bmatrix} = \begin{bmatrix} \cos\theta & -\sin\theta & 0 \\ \sin\theta & \cos\theta & 0 \\ 0 & 0 & 1 \end{bmatrix} \begin{bmatrix} x' \\ y' \\ z' \end{bmatrix} = \boldsymbol{R}_1 \begin{bmatrix} x' \\ y' \\ z' \end{bmatrix} \tag{2.31}$$

同理，绕 x 轴、y 轴旋转 φ 和 ω 角度，可以得到如下公式：

$$\begin{bmatrix} x \\ y \\ z \end{bmatrix} = \begin{bmatrix} 1 & 0 & 0 \\ 0 & \cos\varphi & \sin\varphi \\ 0 & -\sin\varphi & \cos\varphi \end{bmatrix} \begin{bmatrix} x' \\ y' \\ z' \end{bmatrix} = \boldsymbol{R}_2 \begin{bmatrix} x' \\ y' \\ z' \end{bmatrix} \tag{2.32}$$

$$\begin{bmatrix} x \\ y \\ z \end{bmatrix} = \begin{bmatrix} \cos\omega & 0 & -\sin\omega \\ 0 & 1 & 0 \\ \sin\omega & 0 & \cos\omega \end{bmatrix} \begin{bmatrix} x' \\ y' \\ z' \end{bmatrix} = \boldsymbol{R}_3 \begin{bmatrix} x' \\ y' \\ z' \end{bmatrix} \qquad (2.33)$$

于是通过式(2.31)～式(2.33)便可以得到旋转矩阵 $\boldsymbol{R}_c$：

$$\boldsymbol{R}_c = \boldsymbol{R}_1 \boldsymbol{R}_2 \boldsymbol{R}_3 \qquad (2.34)$$

根据上述转化原理，点 P 在摄像机坐标系中的坐标可以表示为式(2.29)。

② 像素坐标系与图像坐标系之间的转换。

像素坐标系可以实时反映出像素在摄像机芯片中的排列状况，如图 2.42 所示，像素坐标系的两坐标轴与图像平面的两边平行，且左上角为像素坐标系的原点。以图像平面的中心点为原点建立图像坐标系。从图 2.42 中可以看出，像素坐标系的两轴分别与图像坐标系中的两轴平行，因此，像素坐标系和图像坐标系可以通过旋转和平移完成两者之间的相互转换。

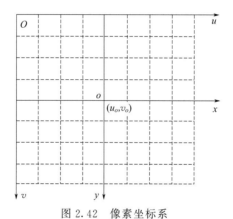

图 2.42　像素坐标系

像素坐标系与图像坐标系之间的关系如图 2.43 所示。

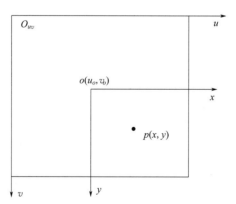

图 2.43　像素坐标系与图像坐标系之间的关系

在像素坐标系中设图像坐标系的原点为 (u_o, v_o)，将每个像素点在图像坐标系两轴方向上的尺寸分别定义为：d_x、d_y（由成像单元的大小和间距决定）。因此，若图像坐标系中存在一像素点 p 的坐标为 (x, y)，则在像素坐标系可以得到像素点 p 的坐标 (u, v)：

$$\begin{cases} u = \dfrac{x}{d_x} + u_o \\ v = \dfrac{y}{d_y} + v_o \end{cases} \tag{2.35}$$

将式(2.35)转换为如式(2.36)所示的矩阵形式：

$$\begin{bmatrix} u \\ v \\ 1 \end{bmatrix} = \begin{bmatrix} \dfrac{1}{d_x} & 0 & u_o \\ 0 & \dfrac{1}{d_y} & v_o \\ 0 & 0 & 1 \end{bmatrix} \begin{bmatrix} x \\ y \\ 1 \end{bmatrix} \tag{2.36}$$

③ 摄像机坐标系与图像坐标系之间的转换。

摄像机坐标系到图像坐标系的转换可以用小孔成像模型实现成像表示，如图 2.44 所示。

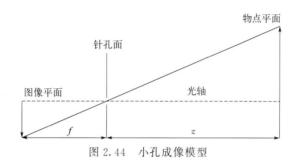

图 2.44　小孔成像模型

将像点和物点放到同一侧进行考虑，摄像头成像模型如图 2.45 所示。

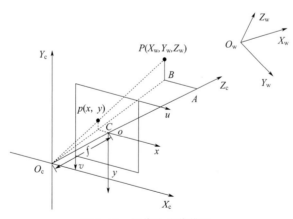

图 2.45　摄像头成像模型

由图 2.45 所示的摄像头成像模型，可以得到物点和像点的变换关系。

根据相似三角形可以得到：

$$\begin{cases} \triangle ABO_c \backsim \triangle oCO_c \\ \triangle PBO_c \backsim \triangle pCO_c \end{cases} \tag{2.37}$$

即有：

$$\frac{AB}{oC} = \frac{AO_c}{oO_c} = \frac{PB}{pC} = \frac{X_c}{x} = \frac{Z_c}{f} = \frac{Y_c}{y} \tag{2.38}$$

可以得到：

$$x = f\frac{X_c}{Z_c}, \quad y = f\frac{Y_c}{Z_c} \tag{2.39}$$

因此，可以得到：

$$Z_c \begin{bmatrix} x \\ y \\ 1 \end{bmatrix} = \begin{bmatrix} f & 0 & 0 & 0 \\ 0 & f & 0 & 0 \\ 0 & 0 & 1 & 0 \end{bmatrix} \begin{bmatrix} X_c \\ Y_c \\ Z_c \\ 1 \end{bmatrix} \tag{2.40}$$

若不考虑摄像机的镜头畸变，由式（2.39）与式（2.40）可以得到摄像头的内参数矩阵：

$$\begin{bmatrix} f/d_x & 0 & u_o \\ 0 & f/d_y & v_o \\ 0 & 0 & 1 \end{bmatrix} = \begin{bmatrix} f_x & 0 & u_o \\ 0 & f_y & v_o \\ 0 & 0 & 1 \end{bmatrix} \tag{2.41}$$

④ 世界坐标系与像素坐标系的转换。

综上所述，在镜头不发生畸变的情况下，可以得到世界坐标系中物点与像素坐标系中像点之间的转换关系：

$$Z_c \begin{bmatrix} u \\ v \\ 1 \end{bmatrix} = \begin{bmatrix} \dfrac{1}{d_x} & 0 & u_o \\ 0 & \dfrac{1}{d_x} & v_o \\ 0 & 0 & 1 \end{bmatrix} \begin{bmatrix} f & 0 & 0 & 0 \\ 0 & f & 0 & 0 \\ 0 & 0 & 1 & 0 \end{bmatrix} \begin{bmatrix} \boldsymbol{R}_c & \boldsymbol{T}_c \\ \boldsymbol{0} & 1 \end{bmatrix} \begin{bmatrix} X_w \\ Y_w \\ Z_w \\ 1 \end{bmatrix} \tag{2.42}$$

$$= \begin{bmatrix} f_x & 0 & u_o & 0 \\ 0 & f_y & v_o & 0 \\ 0 & 0 & 1 & 0 \end{bmatrix} \begin{bmatrix} \boldsymbol{R}_c & \boldsymbol{T}_c \\ \boldsymbol{0} & 1 \end{bmatrix} \begin{bmatrix} X_w \\ Y_w \\ Z_w \\ 1 \end{bmatrix}$$

式中，摄像头的内部参数为 $\begin{bmatrix} f_x & 0 & u_o & 0 \\ 0 & f_y & v_o & 0 \\ 0 & 0 & 1 & 0 \end{bmatrix}$；摄像头的外部参数为

$\begin{bmatrix} \boldsymbol{R}_c & \boldsymbol{T}_c \\ \boldsymbol{0} & 1 \end{bmatrix}$。因此，摄像头的内外参数是可以通过摄像头的标定获取的。

（2）摄像头的参数标定

利用摄像头拍摄出不同角度下的棋盘格图像。本节选择 20 张棋盘格图像，基于 MATLAB Camera Calibrator 模块完成摄像头的标定，其标定流程如图 2.46 所示。

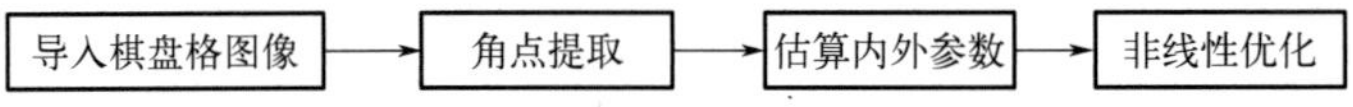

导入棋盘格图像 → 角点提取 → 估算内外参数 → 非线性优化

图 2.46　标定流程

如图 2.46 所示，首先将 20 张棋盘格图像导入 Camera Calibrator 应用模块；其次，提取标定板的角点信息，如图 2.47 所示；然后，根据角点信息，在理想状态下估计摄像头的内外参数值；最后，用非线性优化方法计算出摄像头的内外参数值。

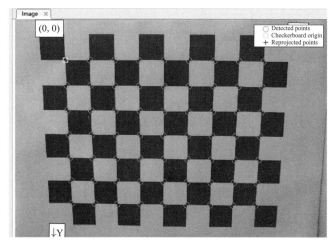

图 2.47　提取棋盘格标定板的角点

单击棋盘即可完成对摄像头的标定，标定结果如图 2.48 所示，其中摄像头标定后的外参数模型如图 2.48(a) 所示，通过外参数模型可以查看图像相对于摄像头的具体位置，以此来判断数据的匹配是否达到了期望效果。摄像头标定的参数误差如图 2.48(b) 所示，通过参数误差可以对摄像头标定的精度进行分析，以此来判定对摄像头的数据采集结果是否有影响。

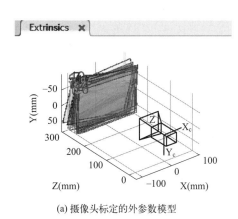

(a) 摄像头标定的外参数模型

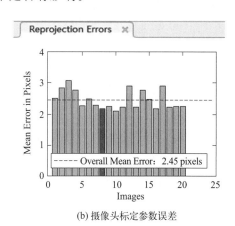

(b) 摄像头标定参数误差

图 2.48　标定结果

从图 2.48(b) 所示的摄像头标定参数误差条形图可以看出，摄像头标定后参数投影误差的平均值均在 2.45px 以下，可以很好地保证摄像头精度。

以某一摄像头的参数为例：焦距 $f=35\mathrm{mm}$，分辨率为 $4256\mathrm{px}\times2832\mathrm{px}$，尺寸为 $36.0\mathrm{mm}\times23.9\mathrm{mm}$。根据摄像头的标定过程输出摄像头的内外参数值，如表 2.10 所示。

参数	参数值	参数	参数值
u_o	2128	d_y	0.00844
v_o	1416	f_x	4137.8
d_x	0.00846	f_y	4147.3

表 2.10 摄像头的内外参数值　　　　　　单位：mm

即摄像头的内部参数矩阵为：

$$\begin{bmatrix} f_x & 0 & u_o & 0 \\ 0 & f_y & v_o & 0 \\ 0 & 0 & 1 & 0 \end{bmatrix} = \begin{bmatrix} 4137.8 & 0 & 2128 & 0 \\ 0 & 4147.3 & 1416 & 0 \\ 0 & 0 & 1 & 0 \end{bmatrix} \tag{2.43}$$

摄像头的旋转矩阵和平移矢量为：

$$\boldsymbol{R}_c = \begin{bmatrix} -0.6289 & -0.6617 & -0.4081 \\ 0.7671 & -0.4429 & -0.4642 \\ 0.1264 & -0.6050 & 0.7861 \end{bmatrix}, \quad \boldsymbol{T}_c = \begin{bmatrix} -1.6456 \\ -2.6545 \\ -0.0321 \end{bmatrix} \tag{2.44}$$

因此，结合摄像头的成像原理和标定过程，在求解摄像头内外参数的过程中，可以看出在世界坐标系中的任一坐标点都能通过摄像头的成像模型在图像坐标系中找到与其相对应的像素点。

2.3.3 激光雷达校准

为了保证在封闭环境下可以获得更为全面的距离信息，本节拟在车辆的前后两个位置分别放置一个 360° 的激光雷达。在激光雷达传感器采集数据的过程中，由于车辆颠簸、安装角度、地面坡度等问题，激光雷达坐标系相对于地面不是水平的，从而影响后续对点云的分割处理。因此，对激光雷达的校准是必要的。

(1) 激光雷达的测距原理

激光测距雷达可分为脉冲激光式和连续波相位式两类[41]。其中，脉冲激光测距雷达在智能车上的应用较为广泛。脉冲激光测距雷达是将间隔小于 50ns 的一个或一列光脉冲发送到目标点进行距离测量的。因此，目标距离是根据光脉冲从发射点到目标点，再由目标点返回到接收机的时间计算出来的。假设发射点到目标点距离为 d，光脉冲在两点之间的往返时间为 t，空气中光的传播速度为 c，则有：

$$d = \frac{ct}{2} \tag{2.45}$$

脉冲激光测距雷达是通过计算一段时间内进入计数器的钟频脉冲数来完成距离测量的。当有 n 个两钟频脉冲之间的时间间隔为 τ 的钟频脉冲进入计数器时，则根据钟频脉冲的振荡频率 $f = 1/\tau$，目标距离 d 可以表示为：

$$d = \frac{cn\tau}{2} = \frac{cn}{2f} = ln \tag{2.46}$$

式中，l 用于表示钟频脉冲的基准距离，且 $l = c/2f$，因此，只要得到进入计数器的钟频脉冲数 n，便可计算出目标距离 d。

（2）激光雷达的参数校准

激光雷达的参数校准通常由两个部分组成，即内部参数矩阵的校准（标定）和外部参数矩阵的校准（标定）。外部参数矩阵的校准是通过世界坐标系与激光雷达坐标系的转换进行的，激光雷达和世界坐标系的示意图如图 2.49 所示。内部参数包括水平偏移角、垂直偏移角、测量距离精度、垂直偏移因子和水平偏移因子，通常内部参数均已经被固定和校正。因此，激光雷达校准的重点是寻找外部参数矩阵，即激光雷达的坐标点在经过一定的旋转和平移后，便可以在世界坐标系中找到相对应的点。

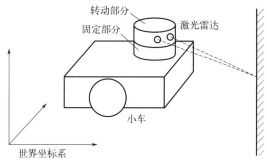

图 2.49　激光雷达和世界坐标系的示意图

激光雷达坐标系通过式(2.47) 便可转换到世界坐标系上：

$$\begin{bmatrix} X_{\mathrm{w}} \\ Y_{\mathrm{w}} \\ Z_{\mathrm{w}} \end{bmatrix} = \boldsymbol{R}_1 \begin{bmatrix} X_1 \\ Y_1 \\ Z_1 \end{bmatrix} + \boldsymbol{T}_1 \tag{2.47}$$

式中，$(X_{\mathrm{w}}, Y_{\mathrm{w}}, Z_{\mathrm{w}})$ 表示世界坐标系中的点；(X_1, Y_1, Z_1) 是激光雷达坐标系中的坐标；$\boldsymbol{R}_1$ 和 $\boldsymbol{T}_1$ 分别为 3×3 的旋转矩阵和 3×1 的平移矢量，可以用式(2.48) 表示：

$$\boldsymbol{R}_1 = \begin{bmatrix} a_{11} & a_{12} & a_{13} \\ b_{11} & b_{12} & b_{13} \\ c_{11} & c_{12} & c_{13} \end{bmatrix}, \quad \boldsymbol{T}_1 = \begin{bmatrix} t_{l1} \\ t_{l2} \\ t_{l3} \end{bmatrix} \tag{2.48}$$

将式(2.48) 代入式(2.47)，便可以得到：

$$\begin{bmatrix} X_{\mathrm{w}} \\ Y_{\mathrm{w}} \\ Z_{\mathrm{w}} \end{bmatrix} = \begin{bmatrix} a_{11}X_1 + a_{12}Y_1 + a_{13}Z_1 + t_{l1} \\ b_{11}X_1 + b_{12}Y_1 + b_{13}Z_1 + t_{l2} \\ c_{11}X_1 + c_{12}Y_1 + c_{13}Z_1 + t_{l3} \end{bmatrix} \tag{2.49}$$

将两坐标系中的数据代入式(2.49)，并利用 MATLAB 软件进行线性拟合，便可求解出相关的参数矩阵。

连续读取激光雷达点云文件，选择点云密集的一帧进行标定。在校准对象上选取几个点并在激光雷达坐标中进行定位，其中，在确定边中点时，首先获取整个边的数据，然后取边 X 坐标值的中值，同时根据 X 和 Y 的坐标排除误差较大的点，最后取平均值作为对应的点值。选取 6 个点进行校准，不同点在激光雷达坐标系和世界坐标系下的对应数据如表 2.11 所示。

表 2.11 点在激光雷达坐标系和世界坐标系下的对应数据   单位：m

点序号	激光雷达坐标(X_1,Y_1,Z_1)	世界坐标(X_w,Y_w,Z_w)
1	(0.1300,0.2490,0.0247)	(0.5850,1.1700,0.1980)
2	(0.1225,0.6230,0.0555)	(0.3300,2.9250,0)
3	(0.1110,0.2556,0.2435)	(0.3900,1.1700,0.1980)
4	(0.0044,0.4010,−0.0315)	(−0.1075,2.9250,0)
5	(−0.0929,0.4953,−0.0088)	(−0.5850,2.3400,0)
6	(0.1650,0.6255,0.0566)	(0.7080,2.9250,0)

将表 2.11 中的 6 个点对应的坐标代入式（2.49），并基于校准点进行误差分析，得到的旋转矩阵和平移矢量如式（2.50）和式（2.51）所示，激光雷达校正点误差如表 2.12 所示。

$$\boldsymbol{R}_1 = \begin{bmatrix} a_{11} & a_{12} & a_{13} \\ b_{11} & b_{12} & b_{13} \\ c_{11} & c_{12} & c_{13} \end{bmatrix} = \begin{bmatrix} 5.0427 & -0.3176 & -0.5164 \\ -0.1277 & 4.7292 & -0.2356 \\ 0.2517 & -0.5282 & 0.0125 \end{bmatrix} \quad (2.50)$$

$$\boldsymbol{T}_1 = \begin{bmatrix} t_{l1} \\ t_{l2} \\ t_{l3} \end{bmatrix} = \begin{bmatrix} 0.0303 \\ 0.0194 \\ 0.2977 \end{bmatrix} \quad (2.51)$$

表 2.12 激光雷达校正点误差   单位：m

参数	点 1	点 2	点 3	点 4	点 5	点 6
X_w 测量值	0.5850	0.3300	0.3900	−0.1075	−0.5850	0.7080
X_w 标定值	0.5940	0.4215	0.3831	−0.1225	−0.5909	0.6345
误差｜ΔX	0.0090	0.0915	0.0069	0.0164	0.0055	0.0735
Y_w 测量值	1.1700	2.9250	1.1700	2.9250	2.3400	2.9250
Y_w 标定值	1.1746	2.9370	1.1566	2.8685	2.3755	2.9431
误差｜ΔY	0.0046	0.0120	0.0134	0.0565	0.0355	0.0181
Z_w 测量值	0.1980	0	0.1980	0	0	0
Z_w 标定值	0.1992	0.0002	0.1937	−0.0190	0.0126	0.0095
误差｜ΔZ	0.0012	0.0002	0.0043	0.0190	0.0126	0.0095

从表 2.12 中可以看出，激光校正点的误差大都控制在 5cm 以内，在车辆行驶过程中，这个数量级的误差对障碍物的定位影响较小。虽然校正后的激光雷达传感器数据还是存在一定的误差，但在实际场景应用中具有良好的可操作性和便携性，因此，标定后的激光雷达传感器数据具有很好的鲁棒性。

2.3.4 摄像头和激光雷达的时空统一

摄像头和激光雷达传感器的联合标定是保证数据采集准确性的基础。本节主要是围绕图像和激光雷达信息融合展开研究的，完成两个传感器数据的时空配准。首先，完成摄像头成像的坐标转换，并在 MATLAB Camera Calibrator 模块中完成摄像头的标定；然后，完成激光雷达坐标系和世界坐标系之间的转换；最后，完成图像数据和激光雷达数据在空间和时间上的统一。

为了保证目标数据采集的一致性，需要完成两个传感器在时间和空间上的同步，进而实现数据在空间和时间上的统一，获得更为精准的测量信息，为后续数据的融合处理奠定基础。

（1）摄像头和激光雷达的联合标定

基于摄像头和激光雷达的标定结果，可以得到世界坐标系与像素坐标系之间的相对关系，以及激光雷达坐标系与世界坐标系之间的相对关系。若将车辆坐标系定义为世界坐标系，则可以得到激光雷达坐标系与像素坐标系之间的相对关系，因此，本节将世界坐标系作为两个传感器坐标之间信息传递的桥梁，完成两个传感器在空间领域上的数据统一。根据激光雷达的标定结果可知，激光雷达绕 X_1 轴、Y_1 轴和 Z_1 轴的旋转角度几乎为 $0°$，因此，在空间同步模型中只需考虑激光雷达的平移矩阵。基于世界坐标系中的某一客观点 $P(X_w, Y_w, Z_w)$，实现空间统一的具体公式如下：

$$Z_c \begin{bmatrix} u \\ v \\ 1 \end{bmatrix} = \begin{bmatrix} f_x & 0 & u_o & 0 \\ 0 & f_y & v_o & 0 \\ 0 & 0 & 1 & 0 \end{bmatrix} \begin{bmatrix} \boldsymbol{R} & \boldsymbol{T} \\ \boldsymbol{0} & 1 \end{bmatrix} \begin{bmatrix} X_1 \\ Y_1 \\ Z_1 \\ 1 \end{bmatrix} \tag{2.52}$$

式中，$\boldsymbol{R}$ 为空间同步模型中的旋转矩阵且 $\boldsymbol{R} = \boldsymbol{R}_c + \boldsymbol{R}_1$；$\boldsymbol{T}$ 为空间同步模型中的平移矩阵且 $\boldsymbol{T} = \boldsymbol{T}_1 + \boldsymbol{T}_c$。

（2）摄像头和激光雷达的时间统一

本节选用采样频率为 15Hz 的摄像头、采样频率为 30Hz 的激光雷达传感器完成数据的采集。因每个传感器的数据采集原理和采样频率不同，若两个传感器在某一时刻同时对一目标点开始采样，则一段时间后两者采集的目标点数据将不具有同一性。因此，两个传感器需要完成在时间上的同步，以确保采集的数据具有一致性，同时保证检测结果的准确性。

本节基于匀速运动的智能车平台进行实验，选用内插外推法[42]完成摄像头和激光雷达的时间统一。因两个传感器采样频率的不同，本节选择激光雷达数据向图像数据配准的方式进行配准。基于两个传感器采集的 10 组不同点数据，采用内插外推法完成两组数据的时间配准，表 2.13 所示为配准前、后的激光雷达数据和摄像头图像数据，图 2.50 所示为两个传感器时间配准前、后的仿真结果。

表 2.13　配准前、后的两个传感器数据　　　　　　　　单位：cm

点序号	配准前的激光雷达数据	图像数据	配准后的激光雷达数据
1	9.2465	11.624	15.398
2	17.598	23.595	26.264
3	25.882	43.973	42.445

点序号	配准前的激光雷达数据	图像数据	配准后的激光雷达数据
4	30.016	54.963	53.984
5	40.424	70.655	72.104
6	48.476	84.468	84.744
7	53.984	98.043	98.18
8	62.516	109.99	110.88
9	74.165	124.11	124.13
10	79.737	139.25	141.11

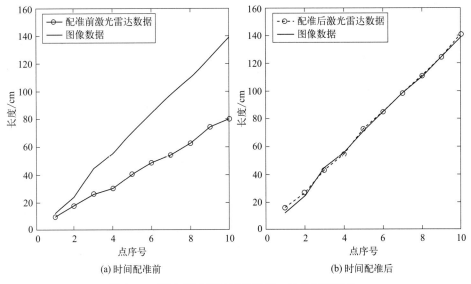

图 2.50　两个传感器时间配准前、后的仿真结果

　　从图 2.50 中可以看出，采用内插外推法完成了激光雷达数据向图像数据的配准，保证了目标数据的一致性，为后续两个传感器的信息融合奠定了基础。因此，采用内插外推法完成多个传感器数据在时间上的同步，可以很好地保证数据采集的实时性，且计算成本低，应用范围较广泛。

2.3.5　数据预处理

（1）图像预处理

　　在摄像头采集图像的过程中，光源和噪声等外部环境不确定因素的干扰，会影响图像中的目标特征。为了更有效地识别图像中的目标特征，需要删掉图像中的噪声，从而降低目标检测的复杂度。在理想状态下，本节采用交互式提取算法，以用户评价角度为出发点提取图像感兴趣区域。感兴趣区域的提取效果如图 2.51 所示。

　　从图 2.51 中可以看出，用户通过人机界面选择图像感兴趣区域的方法，不管图像中目标特征的边界是复杂还是简单，都可以高精度地完成感兴趣区域的提取。

（2）激光雷达数据预处理

本节采用的是"思岚科技"的 RPLIDAR-A2 激光雷达，在信息采集过程中，将激光雷达固定在车辆的确定位置，以激光雷达的正前、正后方向为 Y 轴，顺时针转向为正，获得激光雷达周边 360° 的距离信息数据组，其中一帧激光雷达数据的原始图像如图 2.52 所示。

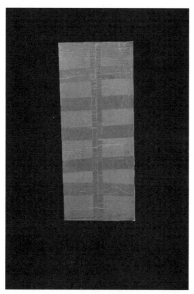

图 2.51　感兴趣区域的提取效果

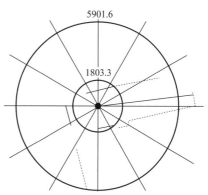

图 2.52　激光雷达数据的原始图像

激光雷达采集的障碍物距离信息是以极半径 R 和角度 θ 构成的极坐标 (R, θ) 数据，此数据仅针对障碍物与车辆的垂直距离进行分析[43]。为了具体表示障碍物的水平和垂直距离，需要将障碍物的激光雷达极坐标系转换为直角坐标系。图 2.53 显示了激光雷达的极坐标和直角坐标之间的几何关系。

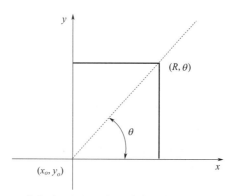

图 2.53　激光雷达的极坐标和直角坐标之间的几何关系

设激光雷达在某一时刻的中心位置为 (x_c, y_c)，则极坐标下的距离信息到直角坐标系的转换可以通过式（2.53）完成，得到的直角坐标目标值可以表示为：

$$\begin{cases} x = x_o + R\cos\theta \\ y = y_o + R\sin\theta \end{cases} \tag{2.53}$$

2.3.6　基于卡尔曼滤波算法的信息融合

（1）卡尔曼滤波算法原理

卡尔曼滤波算法是一种时域方法，它是把状态空间的概念引入到随机估计理论中，将信号过程视为白噪声下线性系统的输出，用状态方程描述这种输入-输出关系，估计过程利用系统状态方程、观测方程、系统过程噪声和观测噪声的统计特性形成的滤波算法[44]。

本节系统在 k 时刻的状态量用 x_k 表示，控制量用 u_k 表示，则令线性系统在 k 时刻的状态方程为：

$$x_k = Ax_{k-1} + Bu_{k-1} + \omega_{k-1} \tag{2.54}$$

式中，A 是系统的状态转移矩阵；B 是系统的控制矩阵；ω_{k-1} 是系统在 $k-1$ 时刻的过程噪声。

系统在 k 时刻的观测量用 z_k 表示，观测噪声用 v_k 表示，则系统在 k 时刻的状态方程所对应的观测方程为：

$$z_k = Hx_k + v_k \tag{2.55}$$

式中，H 表示系统的观测矩阵。

假设 ω 和 v 相互独立且服从高斯分布（也称正态分布），则有：

$$\begin{cases} P(w) \sim N(0, Q) \\ P(v) \sim N(0, R) \end{cases} \tag{2.56}$$

式中，Q 表示过程噪声为 w 的协方差矩阵；R 表示观测噪声为 v 的协方差矩阵。

假设 $\hat{x}'_k$、$\hat{z}_k$、$\hat{x}_k$ 分别表示系统在 k 时刻的预测值、测量预测值和估计值，则有：

$$\hat{x}'_k = A\hat{x}_{k-1} + Bu_{k-1} \tag{2.57}$$

更新协方差：

$$P'_k = AP_kA^{\mathrm{T}} + Q \tag{2.58}$$

计算卡尔曼增益：

$$K_k = P'_kH^{\mathrm{T}}(HP_kH^{\mathrm{T}} + R)^{-1} \tag{2.59}$$

计算当前系统状态的最优解，即估计值为：

$$\hat{x}_k = \hat{x}'_k + K_k(\hat{z}_k - H\hat{x}'_k) \tag{2.60}$$

更新 k 时刻的协方差：

$$P_k = (I - K_kH)P'_k \tag{2.61}$$

在摄像头和激光雷达进行数据采集的过程中，环境变化、设备自身的缺点等不确定因素的干扰，会影响数据的精度和鲁棒性，而卡尔曼滤波算法可以很好地根据多个有效数据过滤掉无效和误差较大的数据，保证数据的精度。

（2）基于卡尔曼滤波算法的信息融合仿真实验

本节以 119cm 的距离作为数据采集的期望点，在数据采集过程中分别左右移动两个传感器，同时记录下测量点到期望点的真实距离。在处理器为 Intel i5-6500 的 PC（个人计算机）上基于 MATLAB 软件完成基于卡尔曼滤波算法的图像和激光雷达数据融合的仿真实验验证，基于卡尔曼滤波算法的融合效果如图 2.54 所示，融合后误差如图 2.55 所示。

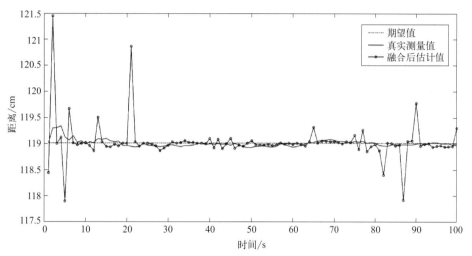

图 2.54　基于卡尔曼滤波算法的融合效果

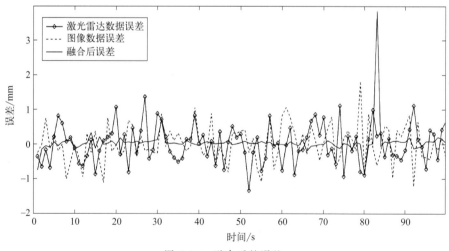

图 2.55　融合后的误差

从图 2.54 中可以看出，卡尔曼滤波算法可以实现两个传感器在多点位置的数据融合，使得融合结果更接近于真实值，但在融合的过程中会出现异常点，且在该点会造成数据发散，影响融合结果。如图 2.55 所示，融合后的数据误差大部分都在 0 值附近上下浮动，但异常点的存在会造成估计值与真实值的偏差越来越大，影响期望的融合结果，因此，基于卡尔曼滤波算法的信息融合结果不能保证目标信息的准确性，且易受环境噪声的影响。

2.3.7　基于改进自适应加权法的信息融合

(1) 自适应加权平均法

设有 n 个相互独立的传感器，对某一固定参数同时进行测量，$x_i(k)$ 表示传感器 $i(1 \leqslant i \leqslant n)$ 在 k 时刻的测量值，$\varepsilon_i(k)$ 表示传感器 i 在 k 时刻的测量误差值，则传感器 i 在 k 时刻的测量方程可以表示为：

$$x_i(k) = z_i(k) + \varepsilon_i(k) \tag{2.62}$$

式中，$z_i(k)$ 表示某一固定参数在 k 时刻相对于传感器 i 的测量估计值。

若将 n 个传感器数据进行融合，且传感器 i 的权值为 ω_i，则融合结果为：

$$R(k) = \sum_{i=1}^{n} \omega_i x_i(k) \tag{2.63}$$

式中，$R(k)$ 为 n 个传感器数据在 k 时刻共同融合的结果；权值 ω_i 是传感器 i 的均方差，$\sum_{i=1}^{n} \omega_i = 1$。

假设 $\widehat{R}$ 表示被测量参数待估计的真实值，是通过计算数据的平均值获得的，R 表示 n 部传感器数据的融合结果，则加权融合的估计总均方差可以表示为：

$$\sigma^2 = E((R - \widehat{R})^2) = E\left(\left(\sum_{i=1}^{n} \omega_i x_i - \widehat{R}\right)^2\right) \tag{2.64}$$

$$= \sum_{i=1}^{n} \omega_i^2 E((x_i - \widehat{R})^2) = \sum_{i=1}^{n} \omega_i^2 \sigma_i^2$$

式中，x_i 表示传感器 i 的测量估计值；σ_i^2 表示传感器 i 的均方差。

从式(2.64)可以看出，最优权值的求解问题，即是有约束条件的多元函数的求解问题。因此，可以通过拉格朗日乘子法对问题进行求解，则最优权值为：

$$\omega_i^* = \left(\frac{1}{\sigma_i^2}\right) \bigg/ \sum_{j=1}^{n} \left(\frac{1}{\sigma_j^2}\right) \tag{2.65}$$

在式(2.65)所示的最优权值下，此时的 σ^2 为最小值：

$$\sigma_{\min}^2 = 1 \bigg/ \sum_{j=1}^{n} \left(\frac{1}{\sigma_j^2}\right) \tag{2.66}$$

则此时最优的融合结果为：

$$R^*(k) = \sum_{i=1}^{n} x_i(k) \omega_i^* = \sum_{i=1}^{n} x_i(k)\left(\frac{1}{\sigma_i^2}\right) \bigg/ \sum_{j=1}^{n} \left(\frac{1}{\sigma_j^2}\right) \tag{2.67}$$

自适应加权平均法是通过一组测量值进行平均处理，得到被测量参数待估计的真实值 $\widehat{R}$ 的。而在实际的车辆行驶过程中，传感器的测量值会受到外界环境的干扰，进而影响数据的测量精度，因此，采用取平均值作为估计值的方法会对融合系统的测量值造成很大的偏差。

（2）改进自适应加权法

由于传感器数量有限，仅依靠平均多个传感器数据的方法，会将测量噪声放大并影响数据的后续处理；同时考虑到传感器数据经卡尔曼滤波算法滤波后，更接近于真实测量值。因此，本节采用滤波后的数据值替代各个传感器原始数据的平均值，对自适应加权平均法进行改进，进而提出改进自适应加权法，保证融合结果的准确性和鲁棒性。

传感器数据经卡尔曼滤波算法滤波处理后，得到测量数据的最优估计值 $\hat{x}$，则传感器 i 在 k 时刻的测量方程可以表示为：

$$x_i(k) = \hat{x}_i(k) \tag{2.68}$$

将每个传感器经滤波处理后的测量值 x 进行融合，即可以获得准确的障碍物信息。

因此，为了更好地利用传感器数据，同时保证数据的有效性和精确性，本节采用如式（2.69）所示的改进自适应加权法完成数据的融合处理。

$$O_\lambda = \begin{cases} R_\lambda, & \lambda = -180,\cdots,-41,41,\cdots,180 \\ K_\lambda, & \lambda = -40,\cdots,0,\cdots,40 \bigcap D_\lambda \gg Q \\ \omega_\lambda R_\lambda + (1-\omega_\lambda)K_\lambda, & \lambda = -40,\cdots,0,\cdots,40 \bigcap D_\lambda \leqslant Q \end{cases} \tag{2.69}$$

式中，R_λ 表示滤波后的激光雷达数据；K_λ 表示滤波后的图像数据；O_λ 表示加权后输出的数据值；λ 表示传感器角度；ω_λ 是通过均方差计算出来的权重值；D_λ 表示两个传感器滤波数据的差值绝对值，$D_\lambda = |K_\lambda - R_\lambda|$；$Q$ 表示预先设置的阈值，由摄像头和激光雷达数据的误差之和决定。通过对比 Q 与 D_λ 的大小，输出两个传感器的融合结果：若 $D_\lambda \leqslant Q$，则表示两个传感器描述的是同一目标点信息；若 $D_\lambda \gg Q$，则此时的目标障碍物位于激光雷达传感器的盲区内，只需要输出摄像头采集的目标障碍物数据即可，因此，该情况下激光雷达传感器的权值系数 $\omega_\lambda = 0$，输出的数据融合结果 $O_\lambda = K_\lambda$。

两个传感器对环境中同一目标点信息进行采集时，会产生不同的距离数据。距离障碍物较近的时候，摄像头采集的数据精度比激光雷达的精度高，所占的权值系数较大；反之，则激光雷达所占的权值系数较大。在不同环境下，对两个传感器的数据进行加权融合的时候，这种策略可以保证精确度高的传感器始终占据主导地位，另一传感器起辅助作用。因此，为了确定哪个传感器起主导作用，需要根据两个传感器测量的距离差计算出差值绝对值 D，并将 D 与预先设置的阈值 Q 进行比较。若 D 大于 Q，则认为车辆遇到的障碍物为不规则物体，优先采用图像数据进行输出；若 D 小于或等于 Q，则根据传感器的权值输出融合结果。

因传感器的精度不能确定，若分别设 $\delta_{\min}^2$ 和 $\delta_{\max}^2$ 为传感器的最低精度和最高精度，则有：

$$E(\hat{X}^2) = 1 \bigg/ \sum_{i=1}^n (1/\delta_i^2) = \left[1/\delta_{\max}^2 + 1/\delta_{\min}^2 + \sum_{i=1}^{n-2}(1/\delta_i^2) \right]^{-1} < \delta_{\min}^2 \tag{2.70}$$

从式（2.70）中可以看出，传感器融合后的总均方差小于融合前的每个传感器的均方差，因此，利用改进自适应加权法融合后得出的数据精度更高，鲁棒性更好。

（3）数据的滤波处理

因传感器设备自身的问题，采集的数据存在精度有高有低等不稳定问题，且由于环境噪声的存在，传感器采集的数据中可能存在无效数据；而数据经卡尔曼滤波算法滤波处理后，可以过滤掉不稳定和无效数据，使得目标点的距离信息更加准确，误差更小，从而保证数据的准确性和鲁棒性，为后续数据的融合处理奠定基础。因此，采用卡尔曼滤波算法分别对图像数据和激光雷达数据进行滤波处理，激光雷达数据的滤波效果如图 2.56 所示，图像数据的滤波效果如图 2.57 所示。

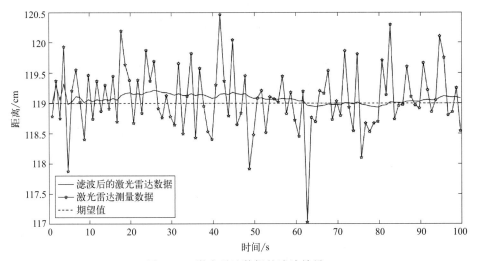

图 2.56　激光雷达数据的滤波效果

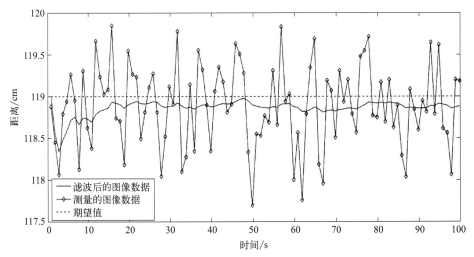

图 2.57　图像数据的滤波效果

从图 2.56 和图 2.57 中可以看出，激光雷达的测量数据和摄像头采集的图像数据都在期望距离值上下波动且不稳定，而经卡尔曼滤波算法滤波后的数据波动变化明显变缓，且更接近期望距离值，改善了数据的鲁棒性和准确性。因此，使用卡尔曼滤波算法对传感器的原始数据进行滤波处理，可以改善数据的精确性和鲁棒性。

（4）基于改进自适应加权法的信息融合仿真实验

在处理器为 Intel i5-6500 的 PC 上基于 MATLAB 软件进行仿真实验，验证基于改进自适应加权法融合图像和激光雷达数据的可行性和鲁棒性。图 2.58 所示为基于改进自适应加权法的信息融合效果，融合后的误差如图 2.59 所示。

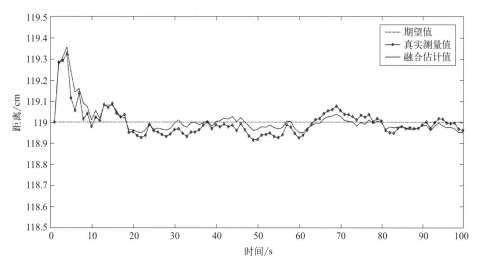

图 2.58　基于改进自适应加权法的信息融合效果

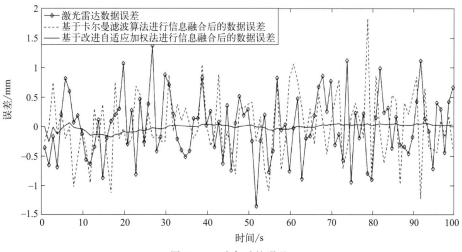

图 2.59　融合后的误差

对比图 2.58 和图 2.54 可以看出，改进自适应加权法和卡尔曼滤波算法都可以完成两个传感器数据的融合，但卡尔曼滤波算法在数据融合过程中易出现异常点，造成数据发散，影响融合结果。而本节提出的改进自适应加权法，其融合结果更接近于真实测量值，达到了数据融合的目的。基于卡尔曼滤波算法进行信息融合后的误差值波动范围较大，而基于改进自适应加权法进行信息融合后的数据误差值在 0 值附近存在极小的波动。因此，改进自适应加权法可以提供精准的目标融合数据信息，且不会因为单个传感器的缺陷而影响整个感知系统的准确性。为了更好地验证算法的优越性，将本节提出的改进自适应加权法与自适应加权平均法的融合结果进行仿真对比，其融合结果对比如图 2.60所示。

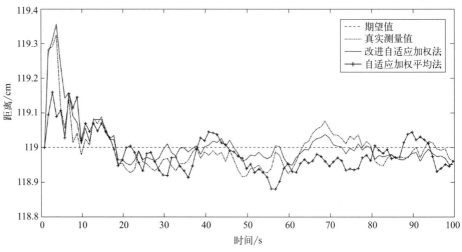

图 2.60　自适应加权法的融合效果对比

从图 2.60 中可以看出，基于自适应加权平均法的融合结果总体上接近期望值，但初期的融合结果与真实测量值相差较大，且有些时刻的融合结果会远离真实测量值，影响数据的准确性。同时，对比分析改进自适应加权法、自适应加权平均法和卡尔曼滤波算法在 1～50s、51～100s 和 1～100s 时间段内的融合数据方差，如表 2.14 所示。

表 2.14　三种算法的融合数据方差

算法	平均值	1～50s	51～100s	1～100s
改进自适应加权法	119.004	0.004	0.001	0.003
自适应加权平均法	118.986	0.009	0.001	0.005
卡尔曼滤波算法	120	0.011	0.004	0.0075

从表 2.14 中可以看出，本节提出的改进自适应加权法的融合数据的方差较小，且平均值接近于真实测量值，数据的波动变化较小。因此，再次验证了改进自适应加权法的优越性和可行性。

2.3.8　试验验证与分析

为了测试本节提出的改进自适应加权法的优越性和鲁棒性，同时验证两个传感器的融合效果相对于单一传感器的优越性，本节选用配置一个摄像机且前后分别放置 RPLIDAR-A2 激光雷达的 ROS 智能车作为试验平台。搭建封闭的迷宫型环境，分别在车辆前、后、左、右位置放置不同的障碍物，根据障碍物个数的不同，本节分两个试验环境进行验证与分析。试验环境一如图 2.61 所示，主要涉及 4 个障碍物，且都均匀地分布在车辆的前、后、左、右位置。

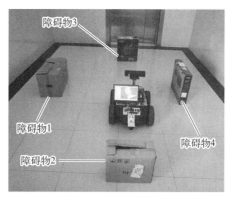

图 2.61　试验环境一

如图 2.61 所示，试验环境一主要是对均匀分布在车辆周围的障碍物进行检测，从而验证本节提出的改进自适应加权法的优越性，同时检验单一传感器和两个传感器基于不同融合算法的检测效果。单一传感器的检测结果如图 2.62 所示，两个传感器基于不同融合算法的检测效果如图 2.63 所示。

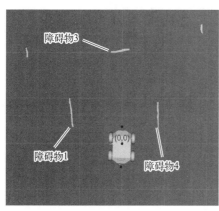

(a) 基于图像的检测结果　　　　　　　(b) 基于激光雷达的检测结果

图 2.62　单一传感器的检测结果（试验环境一）

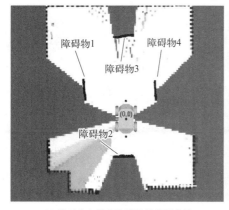

(a) 基于卡尔曼滤波算法的检测结果　　　(b) 基于改进自适应加权法的检测结果

图 2.63　两个传感器基于不同融合算法的检测效果（试验环境一）

从图 2.62(a) 所示的基于图像的检测结果可以看出，由于障碍物 2 在车辆的后方，不在摄像头测量的视角内，因此，摄像头只能实现对障碍物 1、3、4 的检测。从图 2.62(b) 所示的基于激光雷达的检测结果可以看出，由于激光雷达是进行 360°全方位扫描的，因此，4 个障碍物都可以被很好地检测出来，但在实际检测过程中不能保证障碍物信息的全面性。

从图 2.63(a) 所示的基于卡尔曼滤波算法的检测结果可以看出，该算法可以很好地完成 4 个障碍物的检测，但卡尔曼滤波算法因自身在数据融合处理方面存在滤波发散的问题，不能完整地完成对障碍物长度的检测，且干扰的像素点较多，从而影响后续车辆的安全避障。从图 2.63(b) 所示的基于改进自适应加权法的检测结果可以看出，本节提出的融合算法完全解决了图 2.63(a) 中的问题，虽存在一些干扰像素点，但都距离障碍物较远，不会影响对地图的构建，可以实现后续车辆的安全避障。

试验环境二如图 2.64 所示，主要是在试验环境一的基础上添加一个障碍物。

图 2.64　试验环境二

如图 2.64 所示，试验环境二主要是在试验环境一的基础上添加一个距离某个障碍物较近的障碍物，检验距离较近的两个障碍物是否会对融合算法的检测结果造成一定的影响。单一传感器的检测结果如图 2.65 所示，两个传感器基于

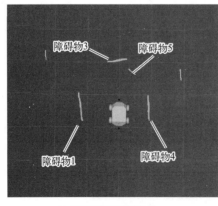

(a) 基于图像的检测结果

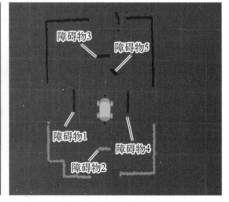

(b) 基于激光雷达的检测结果

图 2.65　单一传感器的检测结果（试验环境二）

不同融合算法的检测效果如图 2.66 所示。

从图 2.65(a) 所示的基于图像的检测结果可以看出，摄像头检测实现的结果和图 2.62(a) 的结果一样，不能实现对障碍物 2 的检测。从图 2.65(b) 所示的基于激光雷达的检测结果可以看出，5 个障碍物都可以被很好地检测出来，且效果较好，但同样在实际检测过程中不能保证障碍物信息的全面性。

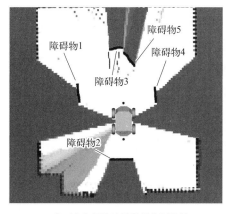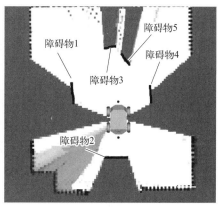

(a) 基于卡尔曼滤波算法的检测结果　　　　　(b) 基于改进自适应加权法的检测结果

图 2.66　两个传感器基于不同融合算法的检测效果（试验环境二）

从图 2.66(a) 所示的基于卡尔曼滤波算法的检测结果可以看出，该融合算法可以完成 5 个障碍物的检测，但会因障碍物 3 和 5 的距离较近，影响检测结果，且在一定程度上拉长了障碍物 5 的长度，使其更接近于障碍物 3，进而影响后续地图的构建。从图 2.66(b) 所示的基于改进自适应加权法的检测结果可以看出，本节提出的融合算法可以很好地识别障碍物的长度，且不会因为两个障碍物距离较近而出现错误的检测结果。

参 考 文 献

[1] 鞠乾翱，应忍冬，蒋乐天. 基于机器视觉的快速车道线识别 [J]. 计算机应用研究，2013，30（5）：1544-1550.

[2] 王琦，宋伟东，王竞雪. 基于 Hough 变换的直线提取方法及改进 [J]. 测绘与空间地理信息，2019，42（6）：214-217，221.

[3] Mammeri A，Boukerche A，Tang Z Z. A real-time lane marking localization，tracking and communication system [J]. Computer Communications，2016，73：132-143.

[4] Umar O，Sertan K. Lane detection by estimating and using restricted search space in Hough domain [J]. Procedia Computer Science，2017，120：148-155.

[5] Tian Y J，Cui W，Li X G，et al. A robust lane detection method based on vanishing point estimation [J]. Procedia Computer Science，2018，131：354-360.

[6] Sahar M，Majid S. Design and FPGA implementation of dual-stage lane detection，based on Hough transform and localized stripe features [J]. Microprocessors and Microsystems，2019，64：12-22.

[7] Poh-Ping E，Hossen J，Imaduddin F，et al. Vision-based lane departure warning framework [J]. Heliyon，2019，5（8）：2405-2423.

[8] Zhang X Z，Zhu X L. Autonomous path tracking control of intelligent electric vehicles based on lane detection and optimal preview method [J]. Expert Systems with Applications，2019，121：38-48.

[9] 何鹏，高峰，魏厚敏. 基于 Catmull-Rom 样条曲线的弯曲车道线检测研究 [J]. 汽车工程学报，

2015，5（4）：276-281.

[10] 姜泽，董昱. 基于 Hough 变换和 Catmull-Rom 样条曲线的钢轨检测算法 [J]. 图学学报，2018，39（6）：1078-1083.

[11] 屈贤，余烽，赵悦. 基于双曲线模型的车道线检测算法 [J]. 湖北汽车工业学院学报，2018，32（1）：52-55.

[12] Niu J W，Lu J，Xu M L，et al. Robust lane detection using two-stage feature extraction with curve fitting [J]. Pattern Recognition，2016，59：225-233.

[13] 郭碧，董昱. 基于分段曲线模型的铁路轨道检测算法 [J]. 铁道科学与工程学报，2017，14（2）：355-363.

[14] 王晓锦，王增才，赵磊. 基于消失点检测与分段直线模型的车道线识别 [J]. 机电一体化，2017，23（5）：41-46.

[15] Kluge K. Extracting road curvature and orientation from image edge points without perceptual grouping into feature [C]//Proceedings of the Intelligent Vehicles'94 Symposium. France，Paris：Institute of Electrical and Electronics Engineers（IEEE），1994：109-114.

[16] 王科平，杨艺，费树岷. 雾霾图像清晰化算法综述 [J]. 智能系统学报，2023，18（02）：217-230.

[17] Zhang H，Patel V M. Densely Connected Pyramid Dehazing Network [C]// 2018 IEEE/CVF Conference on Computer Vision and Pattern Recognition，Salt Lake City，UT，USA，2018：3194-3203.

[18] Land E H. The retinex [J]. American Scientist，1964，52（2）：247-264.

[19] Petro A B，Sbert C，Morel J M. Multiscale retinex [J]. Image Processing on Line，2014，4：71-88.

[20] Nayar S K，Narasimhan S G. Vision in bad weather [C]//Proceedings of the Seventh IEEE International Conference on Computer Vision，1999，2：820-827.

[21] 杨勇，邱根莹，黄淑英，等. 基于改进大气散射模型的单幅图像去雾方法 [J]. 北京航空航天大学学报，2022，48（08）：1364-1375.

[22] 陈黎黎，国红军. 基于大气散射模型的无人机航拍图像快速去雾算法 [J]. 兵器装备工程学报，2022，43（10）：234-240.

[23] Li B Y，Peng X L，Wang Z Y，et al. AOD-net：all-in-one dehazing network [C]// 2017 IEEE International Conference on Computer Vision，Venice，Italy，2017：4780-4788.

[24] 张骞，陈紫强，姜弘岳，等. 改进 AOD-Net 的轻量级图像去雾算法 [J]. 实验室研究与探索，2022，41（07）：18-22.

[25] 李旺，杨金宝，孙婷，等. 基于 Retinex 的多尺度单幅图像去雾网络 [J]. 青岛大学学报（自然科学版），2022，35（04）：26-32.

[26] 吴向平，高庆庆，黄少伟，等. 基于景深信息的自适应 Retinex 图像去雾算法 [J]. 激光与光电子学进展，2023，60（12）：160-169.

[27] 林英. 基于小波变化的同态滤波法去雾图像处理 [J]. 龙岩学院学报，2018，26（6）：32-36.

[28] 李竹林，车雯雯，钱梦杭，等. 一种改进的直方图均衡化图像去雾算法 [J]. 河南科学，2021，39（01）：1-6.

[29] Zhou B，Luo Y，Yang M，et al. An improved adaptive detail enhancement algorithm for infrared images based on guided image filter [J]. Journal of Modern Optics，2019，66（1）：33-46.

[30] Das S D，Dutta S. Fast deep multi-patch hierarchical network for nonhomogeneous image dehazing [C]// Proceedings of the IEEE/CVF Conference on Computer Vision and Pattern Recognition Workshops，2020：482-483.

[31] Wang K，Yang Y，Li B，et al. Uneven Image Dehazing by Heterogeneous Twin Network [J]. IEEE Access，2020，8：118485-118496.

[32] Raj N B，Venketeswaran N. Single image haze removal using a generative adversarial network [C]//

2020 International Conference on Wireless Communications Signal Processing and Networking (WiSPNET)，2020：37-42.

［33］ Liu Y，Zhao G. Pad-net：A perception-aided single image dehazing network ［J］. arXiv preprint，arXiv，2018，1805：1-8.

［34］ Wang P，Chen P，et al. Understanding convolution for semantic segmentation ［C］// 2018 IEEE Winter Conference on Applications of Computer Vision（WACV），2018：1451-1460.

［35］ Cho Y G，Jeong J，Kim A. Model-assisted multiband fusion for single image enhancement and applications to robot vision ［J］. IEEE Robotics and Automation Letters，2018，3（4）：2822-2829.

［36］ 李游，龙伟迪，魏绍东. 基于深度学习的红外光热成像无人机巡检技术应用 ［J］. 单片机与嵌入式系统应用，2022，22（01）：13-16.

［37］ 王鹏飞，黄汉明，王梦琪. 改进 YOLOv5 的复杂道路目标检测算法 ［J］. 计算机工程与应用，2022，58（17）：81-92.

［38］ Li H L，Li J，Wei H B，et al. Slim-neck by GSConv：A better design paradigm of detector architectures for autonomous vehicles ［J］. arXiv，2022：2206.02424.

［39］ 孙力帆. 多传感器信息融合理论技术及应用 ［M］. 北京：中国原子能出版社，2019.

［40］ 苏军平. 多传感器信息融合关键技术研究 ［D］. 西安：西安电子科技大学，2018.

［41］ 戴永江. 激光雷达原理 ［M］. 北京：国防工业出版社，2002.

［42］ 程冠旻. 基于视觉与雷达的智能汽车横向避障策略研究 ［D］. 长沙：湖南大学，2018.

［43］ 鲜敏，马勇，郑翔. 激光传感器的机器人障碍物检测研究 ［J］. 激光杂志，2017，38（09）：61-64.

［44］ 黄小平，王岩. 卡尔曼滤波原理及应用 ［M］. 北京：电子工业出版社，2015.

第
3
章

基于改进算法的
智能车辆轨迹规划

近年来，随着科技的进步以及环境的变化，智能交通系统（intelligent transportation systems，ITS）被各国广泛研究。智能车辆作为其中的重要组成部分，其良好发展将会有效促进智能交通体系建设。

3.1 改进的 RRT 算法

本节在满足前面关于车辆轨迹规划要求的前提下，对基础 RRT 算法做出改进，改进主要包括：目标偏向采样、采样区域限制、几何碰撞检测。首先在算法的随机点采样过程中使用目标偏向策略，在随机树扩展时以一定的概率将目标点 X_{goal} 作为随机点 X_{rand}，使随机树向着目标方向扩展；然后根据车辆的运动学约束条件对采样范围进行设定，将采样区域限制在车辆转向系统可以实现的前方扇形区域；最后，考虑车辆和障碍物的几何尺寸，扩展时进行碰撞检测，使规划的轨迹能够满足车辆安全跟踪行驶的要求。本章改进的 RRT 算法流程如图 3.1 所示。

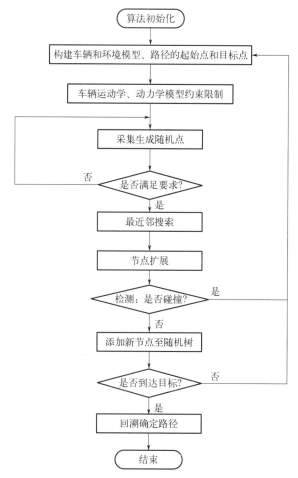

图 3.1 改进的 RRT 算法流程

3.1.1 扩展目标偏移

RRT算法的特点在于对空间的随机搜索，这样的搜索规划有巨大优势，但是同样带来了RRT算法的缺点：在算法得到轨迹解之前，随机树搜索完全是随机的，随机树经常扩展到一些离目标很远的地方，也就是扩展到离我们期待的目标区域较远的无用区域，算法效率不高。为了提高算法的效率，本章采用扩展目标偏向策略，令随机树的搜索并不完全随机，而是由人为引导随机点生成，扩展时以一定的概率将随机点 X_{rand} 设置为目标点 X_{goal}。为了保持随机树对未知空间的扩展能力，概率 P 通常不宜选择得过大，通常为 $0.05\sim0.1$，本章使用 $P=0.1$。基础RRT算法与概率 $P=0.1$ 的目标偏向RRT算法生成的轨迹对比如图3.2所示。对比图3.2(a)和（b）可知，基于目标偏向的RRT算法比基础RRT算法生成的轨迹距离变短且采样点减少，提高了算法搜索效率。

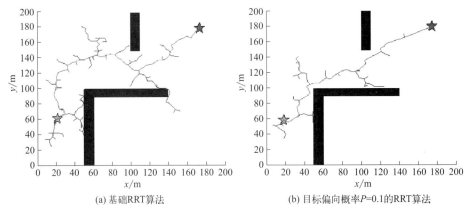

(a) 基础RRT算法　　　　　　　(b) 目标偏向概率P=0.1的RRT算法

图 3.2　目标偏向对比

3.1.2 随机点扩展优化

随机点扩展优化（random search optimization）是一种优化算法，用于寻找某个目标函数的最优解。该算法的基本思想是通过随机选取候选解，不断迭代寻找更优的解。

轮毂电机智能车辆轨迹规划中，考虑运动学模型可使规划的轨迹切实可行。同时，轮毂电机智能车辆在低速良好路面进行轨迹跟踪时，可以忽略车辆动力学对跟踪稳定性的影响，基于运动学模型设计的低速轨迹跟踪控制器具备可靠的控制性能。所以，在轮毂电机智能车辆轨迹规划和跟踪控制中，本节采用简化的轮毂电机智能车辆运动学模型，模型如图3.3所示。

运动学模型假设了车辆转向过程中车辆质心侧偏角保持不变。图3.3中，建立的惯性坐标系为 $O\text{-}XY$，P 表示瞬时转动中心，L 表示轴距，R 表示后轮转向半径，(X_r, Y_r) 表示后轴轴心坐标，v_r 表示车辆后轴中心速度，φ 和 δ_f 分别表示车辆航向角和前轮转角。

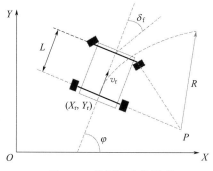

图 3.3　车辆运动学模型

由图 3.3 可知，后轴轴心的速度为：

$$v_r = \dot{X}_r \cos\varphi + \dot{Y}_r \sin\varphi \tag{3.1}$$

前后轴运动学约束为：

$$\begin{cases} \dot{X}_r \sin(\varphi + \delta_f) - \dot{Y}_r \cos(\varphi + \delta_f) = 0 \\ \dot{X}_r \sin\varphi - \dot{Y}_r \cos\varphi = 0 \end{cases} \tag{3.2}$$

联立式（3.1）和式（3.2）可得：

$$\begin{cases} \dot{X}_r = v_r \cos\varphi \\ \dot{Y}_r = v_r \sin\varphi \end{cases} \tag{3.3}$$

(X_f, Y_f) 表示前轴轴心坐标，由前后轮几何关系可得：

$$\begin{cases} X_f = X_r + L\cos\varphi \\ Y_f = Y_r + L\sin\varphi \end{cases} \tag{3.4}$$

将式（3.3）和式（3.4）代入式（3.2），得出车辆横摆角速度为：

$$\omega = (v_r / L)\tan\delta_f \tag{3.5}$$

由得出的横摆角速度 ω 和车速 v_r 可得出转向半径 R 和前轮转角 δ_f：

$$\begin{cases} R = v_r / \omega \\ \delta_f = \arctan(L/R) \end{cases} \tag{3.6}$$

由以上方程可得到车辆运动学模型：

$$\begin{cases} \dot{X}_r = v_r \cos\varphi \\ \dot{Y}_r = v_r \sin\varphi \\ \dot{\varphi} = (v_r / L)\tan\delta_f \end{cases} \tag{3.7}$$

该模型可进一步表示为一般形式：

$$\dot{\boldsymbol{\xi}}_{\mathrm{kin}} = f_{\mathrm{kin}}(\boldsymbol{\xi}_{\mathrm{kin}}, \boldsymbol{u}_{\mathrm{kin}}) \tag{3.8}$$

式中，状态量 $\boldsymbol{\xi}_{\mathrm{kin}} = [X_{\mathrm{r}}, Y_{\mathrm{r}}, \varphi]^{\mathrm{T}}$；控制量 $\boldsymbol{u}_{\mathrm{kin}} = [v_{\mathrm{r}}, \delta_{\mathrm{f}}]^{\mathrm{T}}$。

根据上述车辆运动学方程，可推导车辆模型的运动微分方程为：

$$\dot{X}_{\mathrm{r}} = v_{\mathrm{r}} \cos\varphi \Rightarrow X_{\mathrm{r}(t+\mathrm{d}t)} = X_{\mathrm{r}t} + v_{\mathrm{r}} \cos\varphi \mathrm{d}t \tag{3.9}$$

$$\dot{Y}_{\mathrm{r}} = v_{\mathrm{r}} \sin\varphi \Rightarrow Y_{\mathrm{r}(t+\mathrm{d}t)} = Y_{\mathrm{r}t} + v_{\mathrm{r}} \sin\varphi \mathrm{d}t \tag{3.10}$$

$$\dot{\varphi} = \omega \Rightarrow \varphi_{t+\mathrm{d}t} = \varphi_t + (v_{\mathrm{r}}/L) \tan\varphi \mathrm{d}t \tag{3.11}$$

式中，$(X_{\mathrm{r}t}, Y_{\mathrm{r}t})$ 表示 t 时刻后轴轴心坐标。基于上述运动学模型，得出基于轨迹规划的可行路径，如图 3.4 所示。根据图 3.4，车辆的可行路径将随机点 X_{rand} 的选取限制在车辆的可行区域内。如图 3.5 所示，随机点 X_{rand} 产生在车辆可行区域，采样节点区域的中心线 X 轴正方向等于车辆行驶方向，可行区域边界为 L_1 和 L_2，车辆的转向角度范围设定为 $-40° \sim 40°$，且随机点与树节点距离大于一个搜索步长 d，即限制后的搜索区域在车辆前方可行扇形并大于步长 d 的范围内，即图中阴影部分。

判断随机点 X_{rand} 是否有效，可根据最近树节点 X_{near} 与父节点（此处取路径的起点 X_{init}）连线及最近树节点 X_{near} 与随机点 X_{rand} 连线的斜率求得。图 3.5 中，父节点坐标为 $(x_{\mathrm{i1}}, y_{\mathrm{i1}})$，最近树节点 X_{near} 坐标为 $(x_{\mathrm{n1}}, y_{\mathrm{n1}})$，随机点 X_{rand} 坐标为 $(x_{\mathrm{r1}}, y_{\mathrm{r2}})$，$k_1$ 为点 X_{near} 与点 X_{init} 两点连线的斜率，k_2 为点 X_{near} 与点 X_{rand} 两点连线的斜率。k_1、k_2 和两者的夹角 β 分别为：

$$k_1 = (y_{\mathrm{n1}} - y_{\mathrm{i1}})/(x_{\mathrm{n1}} - x_{\mathrm{i1}}) \tag{3.12}$$

$$k_2 = (y_{\mathrm{r1}} - y_{\mathrm{n1}})/(x_{\mathrm{r1}} - x_{\mathrm{n1}}) \tag{3.13}$$

$$\beta = \arctan[(k_1 - k_2)/(1 + k_1 k_2)] \tag{3.14}$$

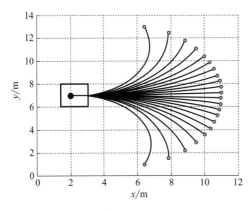

图 3.4　车辆可行路径示意图

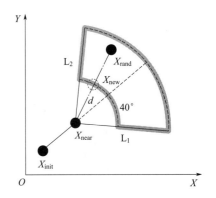

图 3.5　随机点扩展优化

若 β 的值小于 $\delta_{max}=40°$，则 δ_{max} 生成的随机点有效。即扩展约束条件为：

$$\beta<\delta_{max} \tag{3.15}$$

3.1.3　碰撞检测

在基于改进的 RRT 方法进行轨迹规划时，考虑车辆和障碍物的几何尺寸，二者被转化为矩形，接着运用分离轴进行矩形相交检测，进而完成车辆-障碍物碰撞检测。分离轴的原理是：首先凸多边形被投影到一条向量轴上，然后对凸多边形在轴上的投影进行计算判断，如果投影不重叠，证明多边形之间无碰撞发生，否则产生碰撞。

如图 3.6 所示，两个矩形在全局坐标系 xOy 中，矩形 A 和 B 分别代表车辆和障碍物，A_o 和 B_o 分别是两个矩形中心点，同时也是各局部坐标系原点；矩形 A 的长度为 L_a，宽度为 W_a；矩形 B 的长度为 L_b，宽度为 W_b；T 为点 A_o 和 B_o 之间的距离；在局部坐标系下，矩形 A 单位向量是 A_x、A_y，矩形 B 单位向量是 B_x 和 B_y；在全局坐标系下，α_0 为航向角，φ_0 为矩形中心连线与 x 轴的夹角。

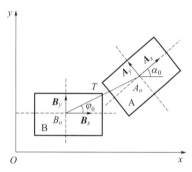

图 3.6　分离轴定理示意图

分离轴有四个，分别为矩形 A、B 局部坐标系的 x、y 轴，对四条分离轴上的投影进行如下计算：

条件 1，投影轴为矩形 A 局部坐标系的 x 轴线：

$$T\,|\cos\varphi_0|>\frac{L_a}{2}\,|\cos\alpha_0|+\frac{W_a}{2}\,|\sin\alpha_0| \tag{3.16}$$

条件 2，投影轴为矩形 A 局部坐标系的 y 轴线：

$$T\,|\sin\varphi_0|>\frac{L_a}{2}\,|\sin\alpha_0|+\frac{W_a}{2}\,|\cos\alpha_0| \tag{3.17}$$

条件 3，投影轴为矩形 B 局部坐标系的 x 轴线：

$$T\,|\cos(\varphi_0-\alpha_0)|>\frac{L_b}{2}\,|\cos\alpha_0|+\frac{W_b}{2}\,|\sin\alpha_0| \tag{3.18}$$

条件 4，投影轴为矩形 B 局部坐标系的 y 轴线：

$$T\,|\sin(\varphi_0-\alpha_0)|>\frac{L_b}{2}\,|\sin\alpha_0|+\frac{W_b}{2}\,|\cos\alpha_0| \tag{3.19}$$

若计算结果同时满足以上条件，可判断两矩形无碰撞发生。

3.2 改进的遗传算法

3.2.1 构建车辆模型

由于我们研究的是轨迹规划而不是路径规划，所以要考虑车辆的速度。智能车简化动力学模型[1]如图 3.7 所示，该模型具有车辆纵向运动、横向运动和横摆运动 3 个自由度。图中，F_{lf}、F_{lr} 分别为前后轮的纵向力；F_{sf}、F_{sr} 分别为前后轮的轮胎侧向力；v、v_x、v_y 分别为车辆速度、纵向速度、横向速度；β、ψ、ω 分别为车身侧滑角、横摆角和横摆速度；δ_f 为前轮的转向输入角；l_f 为重心到前轴的距离；l_r 为重心到后轴的距离。车辆动力学模型如式（3.20）所示，其中，纵向速度 v、车身侧滑角 β 和横摆速度 ω 为 3 个状态变量。

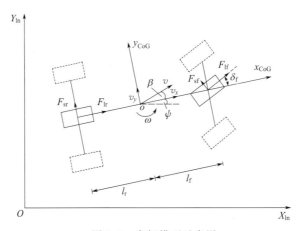

图 3.7　车辆模型示意图

$$
\begin{cases}
\dot{v} = \dfrac{\cos\beta}{m}\left(F_{lf}\cos\delta_f - F_{sf}\sin\delta_f + F_{lr} - C_{air}A_L\,\dfrac{\rho}{2}v^2\right) + \dfrac{\sin\beta}{m}(F_{sf}\cos\delta_f + F_{lf}\sin\delta_f + F_{sr}) \\[2mm]
\dot{\beta} = \dfrac{\cos\beta}{mv}(F_{sf}\cos\delta_f + F_{lf}\sin\delta_f + F_{sr}) - \dfrac{\sin\beta}{mv}\left(F_{lf}\cos\delta_f - F_{sf}\sin\delta_f + F_{lr} - C_{air}A_L\,\dfrac{\rho}{2}v^2\right) - \omega \\[2mm]
\dot{\omega} = \dfrac{1}{I_Z}(F_{lf}l_f\sin\delta_f + F_{sf}l_f\cos\delta_f - F_{sr}l_r)
\end{cases}
$$

$$(3.20)$$

式中，m、I_Z 分别为车辆总质量、横摆惯性；C_{air} 为空气阻力系数；A_L 为迎风面积；ρ 为空气密度。

3.2.2 基于 B 样条曲线的轨迹参数化

需要注意的是，B 样条曲线的拟合算法和参数化方法可以根据实际需求进行调整和优化。例如，在实时控制和路径跟踪中，需要选择合适的参数化方法和插值算法，以保证机器人可以快速响应和运动。生成的轨迹是参数化的。轨迹的一系列数据点是已知的，样条曲线需要通过每个数据点，这些都需要寻找相关的控制点来确定 B 样条曲线的形状。假设已知的数据点序列为 $\{P_1, P_2, \cdots, P_M\}$，第 i 条曲线段记为 Q_i，根据 B 样条曲线端点的性质，数据点与控制点的关系如式（3.21）所示：

$$Q_{i-1}(1) = Q_i(0) = P_i = \frac{1}{6}(V_{i-1} + 4V_i + V_{i+1}), i = 1, 2, \cdots, M \quad (3.21)$$

通过不同的边界条件确定 $M+2$ 个控制点 $V_0, V_1, \cdots, V_M, V_{M+1}$，每个相邻顶点由一条 B 样条曲线连接，轨迹可标记为 T_{lk}，其中，l 是字符串的长度，k 是变量。由于轨迹的形状是经过 IGA（免疫遗传算法）优化的，所以轨迹被标记为 T_{lk}，它可以由 $M-1$ 条 B 样条曲线组成。假设第 i 条 B 样条曲线连接 P_i 和 P_{i+1}，则 B 样条曲线由四个控制顶点 V_{i-1}、V_i、V_{i+1} 和 V_{i+2} 决定。设四个控制顶点的坐标为 $V_{i-1}(x_{i-1}, y_{i-1})$、$V_i(x_i, y_i)$、$V_{i+1}(x_{i+1}, y_{i+1})$ 和 $V_{i+2}(x_{i+2}, y_{i+2})$，第 i 条 B 样条曲线如式（3.22）[2]：

$$Q_i(\mu) = \begin{bmatrix} \frac{1}{6} & -\frac{1}{2} & \frac{1}{2} & -\frac{1}{6} \\ \frac{2}{3} & 0 & -1 & \frac{1}{2} \\ \frac{1}{6} & \frac{1}{2} & \frac{1}{2} & -\frac{1}{2} \\ 0 & 0 & 0 & \frac{1}{6} \end{bmatrix} \begin{bmatrix} 1 \\ \mu \\ \mu^2 \\ \mu^3 \end{bmatrix} \begin{bmatrix} V_{i-1} \\ V_i \\ V_{i+1} \\ V_{i+2} \end{bmatrix}^{\mathrm{T}} \quad (3.22)$$

根据参数 $\mu \in [0,1]$，我们可以得到第 i 段曲线任意点的 x 坐标和 y 坐标。

$$\begin{cases} x_i(\mu) = \begin{bmatrix} \frac{1}{6} & -\frac{1}{2} & \frac{1}{2} & -\frac{1}{6} \\ \frac{2}{3} & 0 & -1 & \frac{1}{2} \\ \frac{1}{6} & \frac{1}{2} & \frac{1}{2} & -\frac{1}{2} \\ 0 & 0 & 0 & \frac{1}{6} \end{bmatrix} \begin{bmatrix} 1 \\ \mu \\ \mu^2 \\ \mu^3 \end{bmatrix} \begin{bmatrix} x_{i-1} \\ x_i \\ x_{i+1} \\ x_{i+2} \end{bmatrix}^{\mathrm{T}} \\ \\ y_i(\mu) = \begin{bmatrix} \frac{1}{6} & -\frac{1}{2} & \frac{1}{2} & -\frac{1}{6} \\ \frac{2}{3} & 0 & -1 & \frac{1}{2} \\ \frac{1}{6} & \frac{1}{2} & \frac{1}{2} & -\frac{1}{2} \\ 0 & 0 & 0 & \frac{1}{6} \end{bmatrix} \begin{bmatrix} 1 \\ \mu \\ \mu^2 \\ \mu^3 \end{bmatrix} \begin{bmatrix} y_{i-1} \\ y_i \\ y_{i+1} \\ y_{i+2} \end{bmatrix}^{\mathrm{T}} \end{cases} \quad (3.23)$$

式中，$2 \leqslant i \leqslant M-2$；$0 \leqslant \mu \leqslant 1$。

3.2.3 基于 IGA 的轨迹优化方法

在 3.2.2 节中，我们已经用 B 样条曲线对轨迹进行了参数化，接下来的工作是利用 IGA 对参数化后的轨迹进行优化，使轨迹满足动态约束。首先建立轨迹优化数学模型，然后确定优化参数、目标函数和约束条件。IGA 轨迹优化流程如图 3.8 所示。

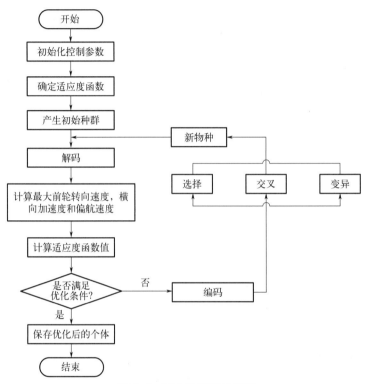

图 3.8 IGA 轨迹优化流程

首先，开始运行 IGA 执行的轨迹优化程序，初始化控制参数；确定适应度函数后，生成初始种群。然后，初始种群进行解码。之后，计算最大前轮转向速度、横向加速度和横摆角速度。最后，计算适应度函数值，判断该值是否满足优化条件。如果适应度函数值不能满足优化条件，则重新对种群进行编码，然后进行选择、交叉和变异产生新"物种"，并对新物种进行再次解码。当适应度函数值满足优化条件时，优化后的个体将被保存。

(1) 确定优化参数

B 样条曲线轨迹的形状由控制顶点决定。控制顶点由每段 B 样条曲线的起点和终点数据点 $(x_i(t), y_i(t))$、对应位置的车速 u_i、车辆的加速度 a_i、相邻数据点之间的时间间隔确定。因此，我们需要优化五个参数，即 $(x_i(t), y_i(t))$、u_i、a_i、$t_i(i=1,2,\cdots,n)$，以便生成最佳驾驶轨迹。

(2) 建立目标函数

由于在车路系统中只考虑了车辆的动力学特性，因此只需要考虑开环的客观定量评价指标。利用几种典型的开环和单向指标对生成的轨迹操纵稳定性指标进行优化。目标函数如下[3,4]：

$$
\begin{cases}
E_T = \sqrt{\dfrac{w_1 E_\gamma^2 + w_2 E_{a_y}^2 + w_3 E_{\dot{\beta}}^2 + w_4 L_{G_{a_y}^{-1}}^2}{w_1 + w_2 + w_3 + w_4}} \\[2ex]
E_\gamma = \displaystyle\int_0^{t_f} \left(1 - \dfrac{\gamma}{\delta_{sw} G_\gamma}\right)^2 \mathrm{d}t \\[2ex]
E_{a_y} = \displaystyle\int_0^{t_f} \left(1 - \dfrac{a_y}{\delta_{sw} G_{a_y}}\right)^2 \mathrm{d}t \\[2ex]
E_{\dot{\beta}} = \displaystyle\int_0^{t_f} \left(1 - \dfrac{\dot{\beta}}{\delta_{sw} G_\gamma}\right)^2 \mathrm{d}t \\[2ex]
L_{G_{a_y}^{-1}} = \displaystyle\int_0^{t_f} \left(1 - \dfrac{\delta_{sws}}{a_{y_s}}\right)^2 \mathrm{d}t = \int_0^{t_f} \left(1 - \dfrac{1}{G_{a_y}}\right)^2 \mathrm{d}t
\end{cases}
\tag{3.24}
$$

式中，E_T 为车辆操纵稳定性开环综合评价指标；E_γ 为横摆角速度总方差指标；E_{a_y} 为横向加速度总方差指标；$E_{\dot{\beta}}$ 为质心侧倾角速度总方差指标；$L_{G_{a_y}^{-1}}$ 为车辆达到单位横向加速度时的方向盘转动量；$w_1 \sim w_4$ 为权重因子，为 E_T 各单项评价指标的影响系数；γ 为横摆角速度；δ_{sw} 为方向盘转角；a_y 为横向加速度；G_{a_y} 为横向加速度稳态增益；$\dot{\beta}$ 为车辆质心侧滑角速度；G_γ 为横摆角速度稳态增益；δ_{sws} 为方向盘转角稳态值；a_{y_s} 为横向加速度稳态值。$\dfrac{\gamma}{\delta_{sw}}$、$\dfrac{a_y}{\delta_{sw}}$ 和 $\dfrac{\dot{\beta}}{\delta_{sw}}$ 分别为方向盘转角阶跃输入条件下不同参数 γ、a_y 和 $\dot{\beta}$ 的阶跃响应。

横向加速度 a_y、横摆角速度 γ 和质心侧滑角 β 是影响车辆操纵稳定性的重要参数。当质心侧滑角 β 较小时，β、γ 和 a_y 的关系为：

$$
a_y = v(\gamma + \dot{\beta}) = v\gamma + v\dot{\beta}
\tag{3.25}
$$

从公式中可以看出，横向加速度 a_y 会受到 γ 和 $\dot{\beta}$ 的影响。其中，γ 是有效部分，对 a_y 起主导作用；$\dot{\beta}$ 对 a_y 的稳定性有干扰作用[5]。由于 β 的值迅速变为零，$v\dot{\beta}$ 的值相对较小，并且迅速变为零。但是，在某些稳态条件下 β 的值不为零，在较长时间内总方差可能会较大。因此，我们将质心侧滑角速度的总方差指标作为单一评价指标。

车辆必须具有足够大的横向加速度才能完成车辆的转向运动，但如果横向加速度过大，则无法满足车辆的转向稳定性要求。因此，我们将横向加速度作为单一评价指标。

为了保持运行的稳定性，车辆需要具有一定的 a_y 和 γ。但在瞬态响应中，γ 值可能不稳定，因此我们采用 γ 总方差指标作为单一的评价指标。

根据车辆在匀速下的转向运动，车辆必须具有足够大的横向加速度才能准确地对应驾驶员的转向指令。如果我们想获得更大的横向加速度，则对驾驶员而言转弯动量更大，从而驾驶员的繁忙程度也更大。驾驶员转弯动量越小，繁忙程度越低。因此，我们将车辆实现单位横向加速度的方向盘转动量作为单一评价指标。该评价指标反映了驾驶员的忙碌程度。

上述综合评价采用加权均方根值而不是简单的加权平均值，主要原因是加权均方根值比加权平均值更准确，单一不安全要素难以被其他要素替代。

真实权重因子 w_{ei} 的取值由式(3.26)确定：

$$w_{ei} = \frac{w_i}{s_{th}^4} \tag{3.26}$$

式中，s_{th} 为个体评价指标的归一化阈值；w_i 为理论权重因子。因此可以通过调整标准阈值权值来选取真实权值因子 w_{ei}，所有的理论权值因子 w_i 均可为 1[6]。

(3) 确定约束条件

假设车辆的动力学模型为质量小于或等于 2.5t 的客车或货车，则轨迹特征值的动力学约束为：

$$|a_y| \leqslant a_{ymax}, |\gamma| \leqslant \gamma_{max}, |\theta| \leqslant \theta_{max} \tag{3.27}$$

式中，a_y 为横向加速度；γ 为横摆速度；θ 为前轮转角。

3.2.4 全局优化

(1) 与 IGA 相关的问题

IGA 代表"隐式网格算法"（implicit grid algorithm），这是一种用于模拟流体、声波和其他物理现象的数值方法。该算法使用有限差分法来解决偏微分方程，以求解物理系统的行为。

① 编码和解码。

由于二进制编码具有编码和解码简单，选择、交叉和变异操作易于实现等优点，因此，我们选择定长染色体来探索搜索空间。字符串 L_{ij} 是长度为 L_{ij} 的二进制字符串，该二进制字符串可以表示群体中的个体。B 样条曲线的形状由每个轨迹段的参数决定，包括轨迹起点和终点的位置 $(x_{ij}, y_{ij})(i=l, l+1, \cdots, M; j=l, l+1, \cdots, N)$、数据点的速度 $u_{ij}(i=l, l+1, \cdots, M; j=l, l+1, \cdots, N)$、加速度 $a_{ij}(i=l, l+1, \cdots, M; j=l, l+1, \cdots, N)$ 和每段轨迹的运行时间 $t_i(i=0, 1, \cdots, M)$。编码可以确定轨迹形状的参数，这是使用遗传算法优化轨迹的基础，大约需要编码 $4MN+M+1$ 个参数。根据各参数的精度要求，字符串的长度 L_{ij} 是不同的。选择每个字符串的长度 L_{ij} 对每个参数进行编码，以满足精度要求。长度为 L_{ij} 的二进制字符串的总数为 $2^{L_{ij}}$，假设参数值的范围为 $[U_{min}, U_{max}]$，由于存在 $2^{L_{ij}} - 1$ 个二进制字符串表示 $[U_{max}, U_{min}]$ 参数，因此编码精度为 $\frac{U_{max} - U_{min}}{2^{L_{ij}} - 1}$。

② 产生初始种群。

在每个相邻数据点的位置、速度、加速度和间隔时间之间随机产生一定数量的个体。

③ 选择种群个体适应度函数。

在通过步骤①和步骤②产生字符串的种群和相对种群后，需要计算每个轨迹的适应度函数值。选择基于最大适应度函数，因此选择适应度函数：

$$F_x = 1/E_T \tag{3.28}$$

④ 适应度转换。

为了在初始阶段保持遗传多样性，在进化过程中增加遗传进展的有效性，采用自适应线性适应度：

$$F'(k) = cF(k) + d \tag{3.29}$$

可得

$$
\begin{cases}
c = \dfrac{F'_m(k)F_{avg}(k) - F_{avg}(k)}{F_{avgmax}} \\[3mm]
d = \dfrac{F_{avg}(k)F_{max}(k) - F^2_{avg}(k)F'_m(k)}{F_{avgmax}} \\[3mm]
F'_m(k) = F_m(k) + \dfrac{k}{n_g}
\end{cases}
\tag{3.30}
$$

式中，$F'(k)$ 是由 $F(k)$ 得到的第 k 代适应度尺度；n_g 是总代数；$F'_m(k)$ 是适应度的乘积；$F_{max}(k) = F'_m(k)F_{avg}(k)$，其中，$F_{max}(k)$ 和 $F_{avg}(k)$ 是种群的最大适应度和平均适应度；$F_m(k)$ 为初始适应度的乘积，其值为 1.1~1.3。由式（3.30）可以看出，适应度的值在 $F_m(k)$ 和 $F_m(k)+1$ 之间变化，这使得产生最佳结果的效率逐渐增加，以适应进化的进程。

⑤ 选择。

为了避免选择误差和过早收敛的倾向，采用了灵活的选择方法，选择规则为分段函数，具体情况如下：

$$
\begin{cases}
m_e = 1, & m_{min} \leqslant m_c \leqslant m_{mid} \\
m_e = 2, & m_{mid} < m_c \leqslant m_{mid} + 1 \\
m_e = 3, & m_c > m_{mid} + 1
\end{cases}
\tag{3.31}
$$

式中，m_e 是该字符串被选中时的实际选中数值；m_c 是该字符串被选中时计算出的选中数值，$m_c = F_x \sqrt{F_x}$；m_{mid} 是该字符串被选中时的中间选中数值；m_{min} 是该字符串被选中时的最小选中数值。m_{min} 的值在 0~0.5 之间，m_{mid} 的值在 1.5~2 之间。

⑥ 交叉。

假设全局优化的字符串是 F^*，字符串 F^* 中的每个基因称为有效基因，交叉是主要的搜索工具，它可以组合出一对互补字符串，通过交叉搜索所有的字符串空间，不损失有用基因的种群可以表示为一对互补字符串。

⑦ 突变。

突变是为了防止有效基因的丢失。采用二进制编码时，有效基因为 1 或 0，当每个有效基因位置的 0 或 1 数目低于有效基因的下一级时，将平均适应度较低的基因归为稀有基因，直到满足有效基因的最小边界值。所有这些都可以有效地防止基因的丢失。

⑧ 控制参数选择。

在进化过程中，种群规模 n_p 保持不变，n_p 的选择影响算法的运行效率和最终的优化结果。如果 n_p 值过小，算法难以收敛；如果 n_p 值过大，计算量过大，收敛速度变慢。在该方法中，$n_p = 100$；交叉概率 p_c 和变异概率 p_m 的值也影响算法的收敛，$p_c = 0.6$，p_m 的值应采用自适应选择的方法来确定。如果 p_m 的值增加，种群有陷入局部最优的趋势；如果 p_m 值减小，种群将分散在解空间中。

⑨ 全局收敛方法。

全局收敛性和计算最优性是遗传算法的重要理论，基于模式定理的全局收敛性不是很好。为了获得更好的全局收敛性，我们使用马尔可夫链来分析遗传算法的全局收敛性。为了使算法全局收敛，采用了精英选择的方法：设 λ_i^* 是具有最佳适应度 F_k^* 的马尔可夫链状态，若 $F_{k+1} > F_k^*$，$\lambda_{k+1}^* = \lambda_{k+1}$，则 $F_{k+1}^* = F_{k+1}$，这种操作称为精英选择（elitist selection）。具有精英选择的 GA（遗传算法）称为 IGA。

（2）IGA 全局收敛性的证明

IGA 的全局收敛性证明如下。

令 ϕ 是所有长度为 l 的二进制串 s_i 的集合；字符串空间 ϕ 的尺寸为 $|\phi| = 2$。令 Λ 为规模为 n 的所有种群的集合，种群空间的维数为：

$$|\Lambda| = 2^{ln} \tag{3.32}$$

式中，$|\Lambda|$ 表示求集合 Λ 基数的运算，即 $\mathrm{card}(\Lambda)$。当比例复制操作完成时，s_i 的复制概率为：

$$P(s_i) = \frac{f(s_i)}{\sum\limits_{j=1}^{n} f(s_i)} \tag{3.33}$$

式中，$f(s_i)$ 为字符串 s_i 的适应度。s_i 和 s_j 之间的汉明距离定义为：

$$H(s_i, s_j) = \sum_{k=1}^{l} |g_{ik} - g_{jk}| \tag{3.34}$$

式中，g_{ik} 为字符串 s_i 的第 k 个基因。

在进行突变时，$H(s_i, s_j) = 0$ 的概率为：

$$P(H(s_i, s_j) = 0) = p_m^{H(s_i, s_j)} (1 - p_m)^{1 - H(s_i, s_j)} \tag{3.35}$$

式中，$p_m \in (0,1)$，为突变概率；$P(H(s_i, s_j) = 0) > 0$。

定义 1：设 $X = \{X_k, k = 1, 2, \cdots\}$，是定义在概率空间 (Ω, F, P) 中的离散参数的随机过程。其中，Ω 是一个非空集合；F 是样本空间 Ω 的幂级的一个非空子集；P 为概率。X 的状态空间 S 是极限集合。如果 X 具有如下的马尔可夫特性，那么，X 称为有限马尔可夫链：

根据随机非负整数 k 和随机状态 $i_0, i_1, \cdots, i_{k-1} \in S$，只有 $P(X_0 = i_0, X_1 = i_1, \cdots, X_k = i_k) > 0$ 时，式（3.36）被满足。

$$P(X_{k+1} = i_{k+1} | X_0 = i_0, X_1 = i_1, \cdots, X_k = i_k) = P(X_{k+1} = i_{k+1} | x_k = i_k) \tag{3.36}$$

当 X 在时间为 k，状态为 i 的条件下，通过 m 步转移时，条件概率 $p(X_{k+m}=j|X_k=i)$ 称为 X 的 m 步转移概率，记为 $p_{ij}(k,k+m)$。如果对所有的 i，$j \in S$，$p_{ij}(k,k+1)$ 与时间 k 无关，则马尔可夫链是时间齐次的，条件概率可简单记为 p_{ij}。矩阵 $\boldsymbol{P}$ 的行和列由 p_{ij} 组成，因此 $\boldsymbol{P}=[p_{ij}]$。矩阵 $\boldsymbol{P}$ 称为转移概率矩阵。齐次有限马尔可夫链的长期行为由初始分布和转移概率决定。

定义 2：假设 $\boldsymbol{A}$ 是一个方阵，则

① 对于所有的 i，j，$a_{ij}>0$，记为 $\boldsymbol{A}>\boldsymbol{0}$，矩阵 $\boldsymbol{A}$ 是严格正矩阵；

② 若矩阵 $\boldsymbol{A} \geqslant \boldsymbol{0}$，假设 $k \in \boldsymbol{N}$，则 $\boldsymbol{A}^k>\boldsymbol{0}$，则矩阵 $\boldsymbol{A}$ 是正则矩阵；

③ 当矩阵 $\boldsymbol{A} \geqslant \boldsymbol{0}$ 时，对于所有的 i，$\sum\limits_{j=1}^{n} a_{ij}=1$，矩阵 $\boldsymbol{A}$ 是随机的。

定理 1（马尔可夫链的基本极限定理）：设 $\boldsymbol{P}$ 为正则齐次马尔可夫链的随机转移矩阵，则

① 存在一个概率向量 $\overline{\boldsymbol{p}}^{\mathrm{T}}>\boldsymbol{0}$，则 $\overline{\boldsymbol{p}}^{\mathrm{T}} \boldsymbol{P}=\overline{\boldsymbol{p}}^{\mathrm{T}}$。

② 根据任意初始状态 i（对应的初始概率向量为 e_i^{T}），建立公式 $\lim\limits_{k \to \infty} e_i^{\mathrm{T}} \boldsymbol{P}^k=\overline{\boldsymbol{p}}^{\mathrm{T}}$。

③ 存在一个极限概率矩阵 $\lim\limits_{k \to \infty} \boldsymbol{P}^k=\overline{\boldsymbol{p}}$，其中，$\overline{\boldsymbol{p}}$ 是 $n \times n$ 随机矩阵，每一行等于 $\overline{\boldsymbol{p}}$。

马尔可夫链的基本极限定理表明，未来概率与初始状态无关，这是分析收敛性定理的基础。

使用齐次有限马尔可夫链描述遗传算法，状态空间为种群空间 Λ，$|\Lambda|=2^{ln}$。Λ 是一个元素 λ_i 的种群，它包含 n 个字符串，长度为 l。$\lambda_i=s_i^j,j \in [1,n]$，种群空间的概率变化是由复制、交换和变异 3 个泛型操作引起的。它们的影响用概率矩阵 $\boldsymbol{R}$、$\boldsymbol{C}$ 和 $\boldsymbol{M}$ 来描述，遗传算法的马尔可夫链概率矩阵 $\boldsymbol{P}=\boldsymbol{RCM}$。

引理 1：复制操作的概率矩阵 $\boldsymbol{R}$ 是随机的。

证明：比例复制操作的作用是把与适应度相关的概率 [式(3.36)] 映射到自身和其他状态，由于对所有 $i \in [0,2^{ln}]$，$\sum\limits_{j=1}^{2^{ln}} r_{ij}=1$，因此 $\boldsymbol{R}$ 是随机矩阵。

引理 2：交换操作概率矩阵 $\boldsymbol{C}$，其交换概率 $P_c \in [0,1]$ 是随机的。

证明：交换操作的功能是根据一定的概率映射 λ_i，对于所有 $i \in [0,2^{ln}]$，$\sum\limits_{j=1}^{2^{ln}} C_{ij}=1$。当然，$C_{ij}$ 的概率总是大于零，因此 $\boldsymbol{C}$ 是随机矩阵。

引理 3：突变概率为 $P_m \in (0,1)$ 的突变操作概率矩阵 $\boldsymbol{C}$ 为严格正的随机矩阵。

证明：种群状态 λ_i 与 λ_j 之间的汉明距离如式(3.37)所示。

$$H(\lambda_i, \lambda_j)=\sum_{a=1}^{n}\left(\sum_{b=1}^{l}|g_{iab}-g_{jab}|\right) \tag{3.37}$$

式中，g_{iab} 代表适应度函数。$H(\lambda_i, \lambda_j)=0$ 的概率为：

$$m_{ij}=P(H(\lambda_i, \lambda_j)=0)=p_m^{H(\lambda_i, \lambda_j)}(1-p_m)^{ln-H(\lambda_i, \lambda_j)}>0 \tag{3.38}$$

所以矩阵 M 是严格正矩阵。

定理 2：遗传算法的转移矩阵是规则的。

证明：由引理 1 和引理 2 可知，R 和 C 是随机矩阵，所以 RC 也是随机矩阵。令 $A = RC$，因为 M 是严格正矩阵，所以对于所有 $i, j \in [1, 2^{ln}]$，有：

$$p_{ij} = \sum_{k=1}^{2^{ln}} a_{ik} m_{kj} < \infty \tag{3.39}$$

因此，$P > 0$。

推导 1：遗传算法构成的马尔可夫链是遍历的。

证明：从定理 2 中可以看出 GA 的转移矩阵是正则的。由定理 1 还可以看出 $\lim\limits_{k \to \infty} P^k = \overline{p}$，对于任意状态 i，条件概率如下：

$$f_{ii} = P(\bigcup_{m=1}^{\infty} X_m = i \mid X_0 = i) = 1 \tag{3.40}$$

状态 i 的平均周转时间如下：

$$\sum_{k=1}^{\infty} k f_{ii}^k < \infty \tag{3.41}$$

因此，状态 i 是遍历的。

推论 1 表明，无论总体的初始分布如何，马尔可夫链的任何状态都只有一个大于零的极限分布，如果从任何状态开始，我们可以在有限的时间内到达任意状态 j。当然，如果 $k \to \infty$，GA 可以遍历整个状态空间，但这并不意味着 GA 可以收敛到最优解。为了得到遗传算法的全局收敛性结论，首先定义了遗传算法的全局收敛性概念。

定义 3：假设种群在时间 k 和状态 λ_i 的全局最大适应度值为 F_k，$F_k = \max\{f(s_{ikj}) \mid j \in [1, n]\}$。假设全局最优适应度值为 F^*，$F^* = \max\{f(s^j) \mid j \in [1, 2^l]\}$，当且仅当满足式（3.42）的条件时，GA 是全局收敛的。

$$\lim_{k \to \infty} P(F_k = F^*) = 1 \tag{3.42}$$

定理 3：GA 不是全局收敛的。

证明：假设 λ_i 是一个满足 $F_k < F^*$ 的随机状态，p_{ik} 是 GA 在时间为 k 时的概率。由于状态空间 Λ 满足 $2^{ln-l} > 1$，因此有：

$$P(F_k < F^*) \geqslant p_{ik} \tag{3.43}$$

显然，满足条件 $F_k = F^*$ 的状态概率为：

$$P(F_k = F^*) \leqslant 1 - p_{ik} \tag{3.44}$$

由定理 1 和定理 2 可知 $\lim\limits_{k \to \infty} p_{ik} > 0$，所以可得：

$$\lim_{k \to \infty} P(F_k = F^*) \leqslant 1 - \lim_{k \to \infty} p_{ik} < 1 \tag{3.45}$$

式（3.45）不能满足式（3.43），因此 GA 不是全局收敛的。

由推导 1 和定理 3 可知，遗传算法能够找到全局最优解，但即使 $k \to \infty$，也不能保证每次都收敛到全局最优解。遗传算法具有全空间搜索能力，但不能实现全局收敛，其原因是遗传算法找到的最优解不能保持最优。

定理 4：IGA 是全局收敛的。

证明：假设 Λ_0 是满足 $F_0 = F^*$ 的状态集合，则转移矩阵 P 可扩展如下。

$$P' = \begin{bmatrix} Q & 0 \\ T & P \end{bmatrix} = \begin{bmatrix} 1 & 0 \\ T & P \end{bmatrix} \tag{3.46}$$

式中，Q 是 P' 中的一个外层类，是 Λ_0 的转移矩阵，Q 只有一个元素 1，是自引力，这与精英选择的概念是一致的。假设 λ_i 是随机态，P 是转移类。由推导 1 可知，无论初始分布如何，λ_i 经过有限步后均可到达 Λ_0，也就是说，λ_i 可到达闭类，可知：

$$\lim_{k \to \infty} P(F_k = F_0 = F^*) = 1 \tag{3.47}$$

因此，IGA 具有全局收敛性。

(3) 参数优化的基本步骤

满足车辆动力学约束的参数优化基本步骤如下：

步骤 1：选择数据点的个数 M，并对参数进行编码。

步骤 2：根据目标函数［式(3.24)］和约束条件［式 (3.26)］定义适应度函数 F_x。

步骤 3：定义遗传算法的控制参数，如种群规模 n_p、代数 n_g、交叉概率 p_c 和变异概率 p_m。

步骤 4：让代数 $k = 1$，随机产生一个二进制字符串种群，即

$$P^k = \{s_l^k \mid l = 1, 2, \cdots, n_p\}$$

步骤 5：让字符串的长度 $l = 1$。

步骤 6：将每个二进制字符串 s_l^k 解码为参数。$P_l^k = \{x_{ikl}^k, y_{ikl}^k, v_{ikl}^k, a_{ikl}^k, T_{il}^k \mid i = 1, 2, \cdots, M; j = 1, 2, \cdots, N\}$。

步骤 7：使用 3.2.2 节中介绍的 B 样条曲线参数化方法生成轨迹 $T_l^k = \{T_{ijl}^k \mid i = 0, 1, \cdots, M; j = 1, 2, \cdots, N\}$。

步骤 8：根据轨迹 T_l^k 计算最大前轮角度、横向加速度和横摆速度。

步骤 9：根据式(3.27) s_l^k 计算字符串的适应度 F_l^k。

步骤 10：设置字符串长度 $l = l + 1$，执行步骤 6，直至 $l = n_p$。

步骤 11：利用本章提出的精英选择算法，如果 $F_{k+1} > F_k^*$，则 $\lambda_{k+1}^* = \lambda_{k+1}$，$F_{k+1}^* = F_{k+1}$。

步骤 12：对种群 P^k 进行统计，得到平均适应度 F_{avg}^k、最大适应度 F_{max}^k、最小适应度 F_{min}^k，然后根据式(3.29) 对种群适应度规模进行新的统计。

步骤 13：估计适应度值是否满足优化条件。如果适应度函数值不能满足优化条件，则执行步骤 14。如果适应度函数值能够满足优化条件，则执行步骤 15。

步骤 14：设 $k=k+1$，产生一个新的种群 P^{k+1}，使用灵活的繁殖方法和繁殖规则［如式(3.31)］，也使用交叉和变异操作，然后返回步骤 5，直到 $k=k_g$。

步骤 15：得到最优轨迹 $T^*(t),t\in[0,t_f^*]$。

如果每个参数都用长度为 1 的基因编码，则使用 M 和 N 表示的空间尺度为：

$$S_R \in \{2^{(2MN+M+1)}\} \tag{3.48}$$

语句空间规模呈指数级增长，因此运动规划问题的复杂度随着 M 和 N 的增长呈指数级增长。基于 GA 的优化方法被广泛应用，因为该算法不仅在理论上，而且在实践应用中已经被证明是非常有效的，当其他方法失败时，GA 可以有效地找到全局最优解。

3.2.5　模拟结果与分析

本节使用仿真的方法来验证上面的算法。仿真软件为 MATLAB，仿真工况为高速行驶工况。利用仿真软件分别对基于 GA 和 IGA 的轨迹优化进行仿真。所用遗传算法是一种传统的遗传算法，没有进行精英选择。IGA 是一种改进的遗传算法，在 IGA 中进行精英选择。更清楚地说，在使用 GA 优化参数的过程中，该过程不包括步骤 11 "使用本章提出的保持最优算法，如果 $F_{k+1}>F_k^*$，则 $\lambda_{k+1}^*=\lambda_{k+1}$，$F_{k+1}^*=F_{k+1}$" 这一参数优化的基本步骤。约束条件是：$|\gamma_{\max_i}|\leqslant 10°/s$，$|\theta_{\max_i}|\leqslant 2°$，$|a_{y_{\max_i}}|\leqslant 0.4g,i=1,2$。

基于 B 样条曲线的轨迹参数化需要 5 个参数：数据点的位置 (x_i,y_i)、速度 u_i、加速度 a_i 和时间间隔 t_i。利用优化方法对参数进行优化，优化后的参数值对比如表 3.1 所示。

表 3.1　优化参数

编号	GA 优化值				IGA 优化值			
	数据点 $(x_i,y_i)/m$	加速度 a_i/g	时间间隔 t_i/s	目标函数 E_{Ti}	数据点 $(x_{yi},y_{yi})/m$	加速度 a_{yi}/g	时间间隔 t_{yi}/s	目标函数 E_{Tyi}
1	$(0,0)$	-0.016	0	0	$(0,0)$	-0.016	0	0
2	$(20,27.35)$	0.038	0.711	1.543	$(20,34.97)$	0.025	0.729	1.639
3	$(40,55.32)$	0.004	0.701	2.152	$(40,60.08)$	0.004	0.713	1.979
4	$(60,74.7)$	0.002	0.715	2.855	$(60,79.29)$	0.001	0.716	1.581
5	$(80,91)$	0.001	0.716	2.698	$(80,93.95)$	0.002	0.728	2.305
6	$(100,103.26)$	0.002	0.725	3.685	$(100,105.71)$	-0.0004	0.723	2.397
7	$(120,115.3)$	-0.0013	0.712	1.947	$(120,116.48)$	-0.0008	0.708	1.521
8	$(140,125.32)$	-0.0009	0.702	2.252	$(140,126.00)$	0	0.715	2.026
9	$(160,134.6)$	0.0006	0.712	1.621	$(160,135.00)$	-0.0005	0.730	2.853

编号	GA 优化值				IGA 优化值			
	数据点 (x_i,y_i)/m	加速度 a_i/g	时间间隔 t_i/s	目标函数 E_{Ti}	数据点 (x_{yi},y_{yi})/m	加速度 a_{yi}/g	时间间隔 t_{yi}/s	目标函数 E_{Tyi}
10	(180,144.5)	0.0002	0.721	1.932	(180,143.09)	0.0008	0.721	1.673
11	(200,150)	0.0001	0.717	2.353	(200,150)	−0.0002	0.715	2.482

图 3.9～图 3.13 显示了行驶轨迹、纵向/横向加速度、横摆角速度和前轮转向角的随时间变化曲线。分别通过 GA 和 IGA 优化得到优化参数的最大值。优化后的横向加速度、横摆角速度和前轮转角的最大值和限值如表 3.2 所示。分别经过 GA 和 IGA 优化后的数据点位置、数据点速度、加速度、时间间隔和目标函数值如表 3.1 所示。由表 3.1 可知，优化后轨迹的行驶时间可以减少 0.01s。由表 3.2 可以看出，经过 GA 优化后，$|a_{y\max}|=0.61g$，$|\gamma_{\max}|=13.04°/s$，$|\theta_{\max}|=2.11°$，这些参数都不能满足车辆的动力学约束条件。经过 IGA 优化后，$|a_{y\max}|=0.35g$，$|a_{y\max i}|\leqslant0.40g$，$|\gamma_{\max}|=9.82°/s$，$|\gamma_{\max i}|\leqslant10°/s$，$|\theta_{\max}|=1.75°$，$|\theta_{\max i}|\leqslant2°$。此外，纵向速度 v_x、横向速度 v_y、纵向加速度 a_x 和横向加速度 a_y 的变化曲线表明，IGA 优化后的车辆速度和加速度峰值均低于 GA 优化后的值。图 3.9～图 3.13 仿真结果表明，IGA 优化后的车辆轨迹、纵向速度 v_x、横向速度 v_y、纵向加速度 a_x 和横向加速度 a_y 的变化曲线比 GA 优化后的曲线更加光滑。这表明，车辆沿着优化后的轨迹行驶可以获得更好的操纵稳定性。IGA 是正确、可行且有效的。

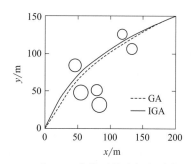

图 3.9　GA 和 IGA 优化后的车辆行驶轨迹示意图

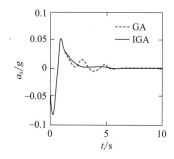

图 3.10　GA 和 IGA 优化后的纵向加速度曲线

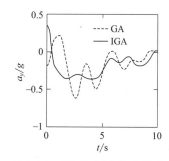

图 3.11　GA 和 IGA 优化后的横向加速度曲线

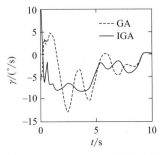

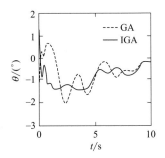

图 3.12　GA 和 IGA 优化后的
横摆角速度曲线

图 3.13　GA 和 IGA 优化后的
前轮转角曲线

表 3.2　优化参数

优化的参数	GA	IGA	极限值
$\left\| a_{y\max} \right\| / g$	0.61	0.35	0.40
$\left\| \gamma_{\max} \right\| / (°/s)$	13.04	9.82	10
$\left\| \theta_{\max} \right\| / (°)$	2.11	1.75	2

3.3　改进的 A* 算法

3.3.1　改进的 A* 算法研究

本节针对智能驾驶全局路径规划的最优路径和规划效率，提出了一种基于改进 A* 算法的全局动态路径规划方法。首先，改进了传统 A* 算法的启发式函数，提高了全局路径规划的效率；其次，采用路径优化策略，使全局路径更加平滑；然后，将该方法与动态窗口方法相结合，提高了智能车辆动态避障的实时性；最后，通过仿真实验和实车试验验证了改进 A* 算法的全局动态路径规划方法。在仿真分析中，将改进的 A* 算法与传统的 A* 算法相比，本节方法的路径距离缩短了 2.5%～3.0%，效率提高了 10.3%～13.6%，生成的路径更加平滑。在实际车辆测试中，车辆可以实时避开动态障碍物。因此，本节提出的方法可以应用于智能汽车平台，路径规划效率高，动态避障实时性好。

传统的 A* 算法是一种启发式搜索算法，它不断扩展节点，计算每个节点的值。在最后可以找到一个最小值的路径。启发式函数的使用可以大大提高搜索效率。传统 A* 算法的公式如下：

$$f(n) = g(n) + h(n)$$

式中，$f(n)$ 为初始节点到目标节点的估计值；$g(n)$ 为初始节点到状态 n 节点的实际值；$h(n)$ 为状态 n 节点到目标节点的估计值。

$h(n)$ 的选择直接影响算法的性能。只有当 $h(n)$ 的值更接近状态 n 节点到目标节点的实际代价值时，才能保证最优路径，提高算法的效率。因此，本节算法做了以下改进。

（1）改进的启发式函数 $h(n)$

启发式函数 $h(n)$ 是 A^* 算法中用来评估从节点 n 到目标节点的代价的估计函数。它对 A^* 算法的性能有很大的影响，因此改进启发式函数 $h(n)$ 是提高 A^* 算法效率的关键之一。

以下是一些改进启发式函数 $h(n)$ 的方法：①启发式函数 $h(n)$ 的设计应该尽可能贴近真实的代价，以更准确地估计从节点 n 到目标节点的代价；②启发式函数 $h(n)$ 应该保证是可行的，即 $h(n)$ 不应高估从节点 n 到目标节点的代价，否则 A^* 算法不能保证得到最优解；③启发式函数 $h(n)$ 可以通过引入一些领域知识来进行改进，如地图中节点的物理距离、障碍物的数量等；④启发式函数 $h(n)$ 可以通过采用经验学习等机器学习方法来进行改进，通过学习大量的训练数据，构建出更加精确的启发式函数；⑤启发式函数 $h(n)$ 可以采用基于局部搜索的方法进行改进，如加权 A^* 算法、局部搜索等方法。需要注意的是，在设计改进启发式函数 $h(n)$ 时，需要考虑问题的特点和具体场景，并结合实际应用场景进行优化。

设 $d(n)$ 为状态 n 的节点到目标节点的实际值。当启发式函数 $h(n)$ 的选择不同时，会出现以下三种情况：

① 当 $h(n)>d(n)$ 时，A^* 算法的搜索范围较小，扩展节点相对较少。因此，算法的效率很高，但结果并不是最优路径。

② 当 $h(n)<d(n)$ 时，A^* 算法的搜索范围较大，扩展节点数量较多。因此，该算法的效率较低，但结果可以得到最优路径。

③ 当 $h(n)=d(n)$ 时，这是最理想的选择，A^* 算法将严格按照最短路径进行搜索。因此，A^* 算法的搜索效率最高。

在传统的 A^* 算法中，启发式函数 $h(n)$ 通常采用欧氏距离[7] $h_1(n)$、曼哈顿距离[8] $h_2(n)$ 或切比雪夫距离 $h_3(n)$：

$$h_1(n)=\sqrt{(M_x-G_x)^2+(M_y-G_y)^2} \tag{3.49}$$
$$h_2(n)=D\times(|M_x-G_x|+|M_y-G_y|) \tag{3.50}$$
$$h_3(n)=D\times\max(|M_x-G_x|,|M_y-G_y|) \tag{3.51}$$

式中，(M_x,M_y) 为当前节点的坐标值；(G_x,G_y) 为目标节点的坐标值；D 为智能车移动一个网格的实际代价值。

为了使启发式函数更接近实际值 $d(n)$，利用曼哈顿距离和切比雪夫距离设计了新的启发式函数。然后对启发式函数动态加权：

$$\begin{aligned}h(n)=&D\times(|M_x-G_x|+|M_y-G_y|)\\&-2\times\min(|M_x-G_x|,|M_y-G_y|)\\&+\sqrt{2}\times\min(|M_x-G_x|,|M_y-G_y|)\end{aligned}$$

$$f(n)=g(n)+[1+k(n)]h(n)$$

$$k(n)=\begin{cases}1-\dfrac{m(n)}{R}, & \dfrac{m(n)}{R}>K\\[2mm]1-K, & \dfrac{m(n)}{R}\leqslant K\end{cases}$$

式中，$m(n)$ 为搜索深度；R 为期望路径长度；K 为常数。

（2）轨迹优化策略

传统的 A^* 算法是根据栅格来扩展节点的，这就包含了较多的折点与冗余的节点，不利于智能车的行驶。为了解决这些问题，本章提出了一种路径的优化策略。

① 寻找冗余的节点并删除。假设 A^* 算法规划出的路径为 $\{M_k \mid k=1,2,\cdots,n\}$，首先从路径规划的第二个节点 M_2 开始，判断 M_2 的子节点 M_3 与其父节点 M_1 是否处于同一直线上，如果处于同一直线上，则 M_2 为冗余节点并删除，更新路径列表；然后依次检查下一节点与其子节点和父节点是否处于同一直线上，删除冗余节点，更新路径列表，最终遍历所有节点，得到一个包含起始点、转折点和目标点的点集。

② 寻找多余的转折点并删除。假设 A^* 算法规划出的路径为 $\{M_k \mid k=1,2,\cdots,n\}$，经过①的优化，除起始点 M_1 与目标点 M_n 外，其余节点均为转折点。首先连接节点 M_1、M_3，如果直线 M_1M_3 不经过障碍物且与最近障碍物的距离大于设定的安全距离，那么 M_2 为多余转折点，将 M_2 删除并更新路径列表；然后连接 M_1、$M_k (k=4,5,\cdots,n)$，重复以上检查步骤，直到 M_1M_k 经过障碍物或与最近障碍物距离小于安全距离，连接节点 M_1、M_{k-1}，节点 M_{k-2} 为多余转折点，删除并更新路径列表，连接节点 M_2、$M_k (k-4,5,\cdots,n)$；重复以上检查步骤，直至遍历所有节点。

3.3.2　动态窗口法

动态窗口法可使智能车在动态环境中有良好的动态避障能力。动态窗口法主要是在速度（线速度 v 与角速度 ω）空间中对多组速度进行采样，并模拟智能车下一时间间隔内的轨迹；在得到多组轨迹后，根据评价函数对多组轨迹进行评价[9]，智能车将选取最优的轨迹所对应的速度进行下一步的行驶。

（1）车辆运动学模型

动态窗口法[10] 是在一段时间间隔内不断地模拟智能车的运动轨迹，因此，需要知道智能车的运动学模型[11]。本章假设智能车的运动轨迹是由圆弧组成的，圆弧轨迹用 (v_t, ω_t) 表示。运动学模型如图 3.14 所示。

在惯性坐标系下得到的运动学公式如式（3.52）、式（3.53）、式（3.54）所示：

$$\dot{x} = v\cos(\theta_t) \tag{3.52}$$

$$\dot{y} = v\sin(\theta_t) \tag{3.53}$$

$$\dot{\theta}_t = v\frac{\tan\phi}{L} \tag{3.54}$$

式中，$\dot{x}$，$\dot{y}$ 为智能车速度在坐标轴上的投影；v 为智能车车速；θ_t 为 t 时刻姿态角度；$\dot{\theta}_t$ 为 t 时刻姿态角速度；L 为智能车轴距；ϕ 为前轮转角。

在实际应用中，考虑到智能车的全向运动以及世界坐标系的转换，此时得

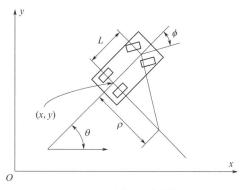

图 3.14　车辆运动学模型

到新的运动学公式为：

$$x_t = x_{t-1} + v_x \Delta t \cos(\theta_t) - v_x \Delta t \sin(\theta_t) \tag{3.55}$$

$$y_t = y_{t-1} + v_y \Delta t \sin(\theta_t) + v_y \Delta t \cos(\theta_t) \tag{3.56}$$

$$\theta_t = \theta_{t-1} + \omega \Delta t \tag{3.57}$$

（2）高速采样设计

建立好智能车的运动学模型，那么就可以根据其速度来推算出轨迹。因此，根据动态窗口法对速度群进行采样，然后模拟出多条轨迹，根据评价函数选出最优的轨迹。但是在速度空间中存在着无穷多组速度，为使速度采样可以被更好地控制，必须根据智能车自身的限制与环境空间的限制将速度群限制在一定的控制范围内。

① 智能车自身的线速度与角速度限制范围为：

$$V = \{(v,\omega) \mid v \in [V_{\min}, V_{\max}], \omega \in [W_{\min}, W_{\max}]\} \tag{3.58}$$

② 智能车由电机驱动，当动态窗口法采集筛选出合适的速度（线速度与角速度）轨迹时，电机必须经过一定的时间间隔才能使智能车达到相应的速度，而且由于受电机转矩的影响，这种速度在一个动态范围内：

$$V_d = \{(v,\omega) \mid v \in [v_c - \dot{v}_b \Delta t, v_c + \dot{v}_a \Delta t] \bigcap \omega \in [\omega_c - \dot{\omega}_b \Delta t, \omega_c + \dot{\omega}_a \Delta t]\} \tag{3.59}$$

式中，v_c、ω_c 分别是智能车的当前线速度与角速度；$\dot{v}_a$ 和 $\dot{v}_b$ 分别为线速度的最大加速度与最大减速度；$\dot{\omega}_a$ 和 $\dot{\omega}_b$ 分别为角速度的最大加速度与最大减速度。

③ 在智能车运行过程中，当检测到障碍物出现在安全距离内时，智能车需要减速甚至停车，因此需要对速度（线速度与角速度）进一步限制，公式如式（3.60）所示：

$$V_a = \{(v,\omega) \mid v \leqslant \sqrt{2 \times \text{distance}(v,\omega) \times \dot{v}_b} \bigcap \omega \leqslant \sqrt{2 \times \text{distance}(v,\omega) \times \dot{\omega}_b}\} \tag{3.60}$$

式中，$\text{distance}(v,\omega)$ 是智能车当前位置与最近障碍物之间的距离。

（3）动态窗口评价函数的设计

根据动态窗口法，想要从最终规划出的多种轨迹中挑选出一条最优的轨迹，就需要合适的评价函数。而设计评价函数的优先准则是让智能车以最短的轨迹避开障碍物并且朝目标前进，公式如下：

$$G(v,\omega)=\sigma\big[\alpha\,\mathrm{nor\_head}(v,\omega)+\beta\,\mathrm{nor\_dist}(v,\omega)+\gamma\,\mathrm{nor\_velocity}(v,\omega)\big]$$

(3.61)

$$\mathrm{nor\_head}(v_i,\omega_i)=\dfrac{\mathrm{head}(v_i,\omega_i)}{\sum\limits_{i=1}^{n}\mathrm{head}(v_i,\omega_i)}$$

(3.62)

$$\mathrm{nor\_dist}(v_i,\omega_i)=\dfrac{\mathrm{dist}(v_i,\omega_i)}{\sum\limits_{i=1}^{n}\mathrm{dist}(v_i,\omega_i)}$$

(3.63)

$$\mathrm{nor\_velocity}(v_i,\omega_i)=\dfrac{\mathrm{velocity}(v_i,\omega_i)}{\sum\limits_{i=1}^{n}\mathrm{velocity}(v_i,\omega_i)}$$

(3.64)

式中，α、β 和 γ 均为评价函数的系数，需要根据实际情况调整；σ 表示归一化；$\mathrm{head}(v_i,\omega_i)$ 为机器人在 i 时刻的采样速度；$\mathrm{dist}(v_i,\omega_i)$ 为机器人在 i 时刻的轨迹与最近障碍物的距离；$\mathrm{velocity}(v_i,\omega_i)$ 为机器人在 i 时刻的速度。

(4) 算法基本步骤

算法的流程如图 3.15 所示。

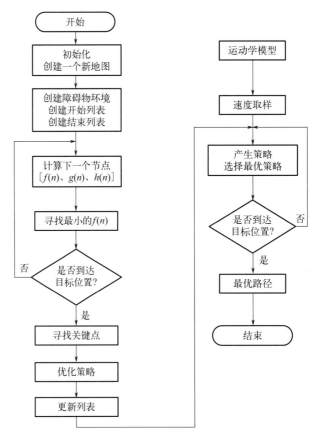

图 3.15　算法的流程

步骤 1：初始化地图，利用改进的 A* 算法进行全局路径规划；

步骤 2：对规划出的路径进行策略优化；

步骤 3：建立运动学模型，对速度群进行采样；

步骤 4：根据规划出的全局路径与下一时刻速度模拟的多条轨迹，利用评价函数选出最优轨迹；

步骤 5：建立最优路径。

3.3.3 仿真实验与分析

为了验证本节设计的融合算法的有效性，使用 MATLAB 进行仿真实验，搭建网格地图场景（20m×20m，网格间距 1m），同时放置七个不同形状与大小的静态障碍物、两个动态障碍物。在仿真实验搭建的网格地图中，起始点坐标为（1.5m，1.5m），目标点坐标为（19.5m，19.5m）。

（1）改进的启发式函数的仿真实验

传统的 A* 算法扩展的冗余节点多，搜索的范围大，降低了算法的效率，本节对 A* 算法进行了改进，减小了搜索的范围，提高了算法的效率。实验效果如图 3.16～图 3.18 所示，图中，深灰色为最终路径，浅灰色为除最优路径外的搜索区域。

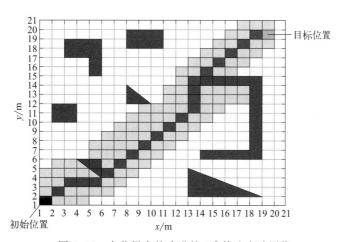

图 3.16　本节提出的改进的 A* 算法实验图像

使用本节提出的改进的 A* 算法的实验图像如图 3.16 所示，其中搜索区域面积共计 128m²，路径长度为 28.38m，时间为 0.040s；使用传统 A* 算法的实验图像如图 3.17 所示，其中搜索区域面积共计 180m²，路径长度为 28.38m，时间为 0.050s；使用曼哈顿距离与欧氏距离改进的 A* 算法（简称"改进的 A* 算法 1"）实验图像如图 3.18 所示，其中搜索区域面积共计 166m²，路径长度为 28.38m，时间为 0.045s。

详细数据如表 3.3 所示。

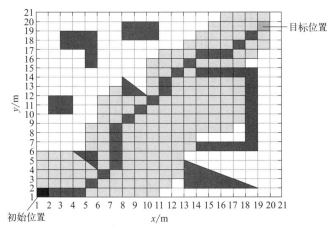

图 3.17　传统 A* 算法实验图像

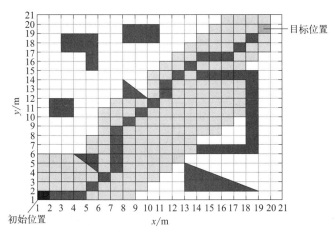

图 3.18　改进的 A* 算法 1 实验图像

表 3.3　仿真数据统计 1

名称	本节提出的改进的 A* 算法	传统 A* 算法	改进的 A* 算法 1
搜索区域面积/m²	128	180	166
路径长度/m	28.38	28.38	28.38
时间/s	0.040	0.050	0.045

从以上数据可以得出，本节提出的改进的 A* 算法在保证最优路径的前提下，相比传统 A* 算法，搜索区域面积降低 28.9%，效率提升 20.0%；相比使用曼哈顿距离与欧氏距离改进的 A* 算法，搜索区域面积降低 22.9%，效率提升了 11.1%。

（2）静态全局路径规划

在静态仿真环境中，智能车将根据五种算法进行仿真实验对比，这五种算法分别是：传统 A* 算法，使用曼哈顿距离与欧氏距离改进的 A* 算法，使用曼哈顿距离与欧氏距离改进的 A* 算法和动态窗口法的融合算法，本节提出的改进的 A* 算法，以及本节提出的改进的 A* 算法和动态窗口法的融合算法。本节的仿真实验是在相同的环境下进行，智能车的最高速度与加速度等均相同。

工况一：传统 A^* 算法的实验图像如图 3.19 所示，图中每一个圆代表一个节点，各种多边形为障碍环境。根据仿真实验结果，此算法多余节点与折点较多，最优路径节点个数为 24 个，转折点个数为 7 个，共扩展 180 个节点，搜索路径长度为 28.38m，时间为 0.050s。

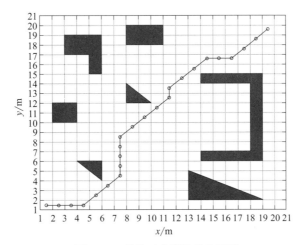

图 3.19　传统 A^* 算法实验图像

工况二：改进的 A^* 算法 1 的实验图像如图 3.20 中黑色线所示，图中每一个圆代表一个节点，各种多边形为障碍环境。根据仿真实验结果，此算法最优路径节点个数为 4 个，转折点个数为 2 个，共扩展 166 个节点，搜索路径长度为 27.50m，时间为 0.045s。

工况三：改进的 A^* 算法 1 和动态窗口法的实验图像如图 3.20 中灰色线所示，图中每一个圆代表一个节点，各种多边形为障碍环境。根据仿真实验结果，此算法规划出的轨迹平滑，最优路径长度为 28.56m，时间为 51.31s。

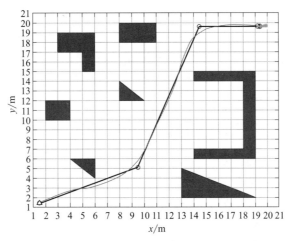

图 3.20　静态下改进的 A^* 算法 1 实验图像

工况四：本节提出的改进的 A^* 算法的实验图像如图 3.21 中黑色线所示，

图中每一个圆代表一个节点，各种多边形为障碍环境。根据仿真实验结果，此算法最优路径节点个数为 4 个，转折点个数为 2 个，共扩展 128 个节点，此算法最优路径长度为 26.99m，时间为 0.04s。

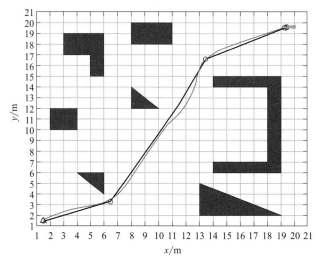

图 3.21　静态下本节提出的改进的 A* 算法实验图像

工况五：本节提出的改进的 A* 算法和动态窗口法的实验图像如图 3.21 中灰色线所示，图中每一个圆代表一个节点，各种多边形为障碍环境。根据仿真实验结果，此算法规划出的路径平滑，最优路径长度为 27.13m，时间为 46.69s。

详细数据统计如表 3.4、表 3.5 所示。

表 3.4　仿真数据统计 2

名称	节点数 /个	折点数 /个	搜索节点数 /个	路径长度 /m	时间 /s
工况一（静态）	24	7	180	28.38	0.050
工况二（静态）	4	2	166	27.50	0.045
工况四（静态）	4	2	128	26.99	0.040

表 3.5　仿真数据统计 3

名称	工况三（静态）	工况五（静态）	工况六（动态）	工况七（动态）	工况八（动态）
路径长度/m	28.56	27.13	29.63	29.48	28.74
时间/s	51.31	46.69	54.77	52.75	47.30

（3）动态全局路径规划

工况六：传统 A* 算法和动态窗口法的实验图像如图 3.22～图 3.25 所示，图中显示了不同时刻的动态障碍物避障情况，各种多边形为障碍环境。根据仿真实验结果，此算法最优路径长度为 29.63m，总时间为 54.77s。

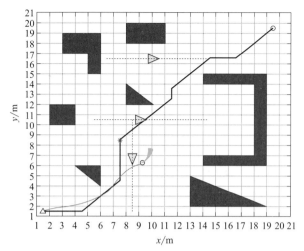

图 3.22　传统的算法避障 1

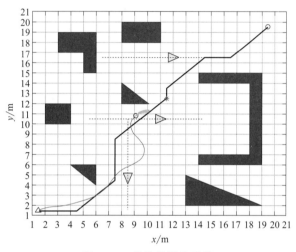

图 3.23　传统的算法避障 2

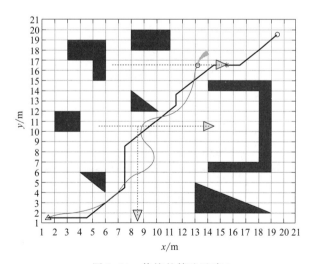

图 3.24　传统的算法避障 3

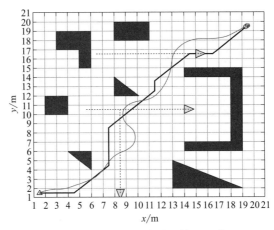

图 3.25　动态下传统的算法避障

工况七：改进的 A^* 算法 1 和动态窗口法的实验图像如图 3.26～图 3.29 所示，图中显示了不同时刻的动态障碍物避障情况，各种多边形为障碍环境。根据仿真实验结果，此算法最优路径长度为 29.48m，总时间为 52.75s。

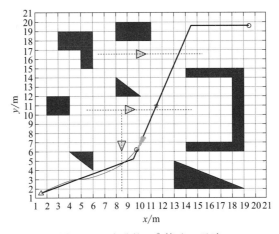

图 3.26　改进的 A^* 算法 1 避障 1

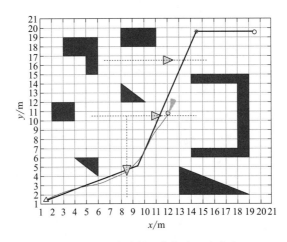

图 3.27　改进的 A^* 算法 1 避障 2

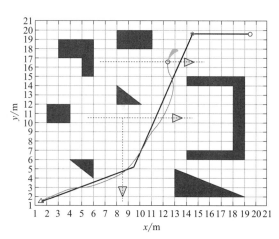

图 3.28　改进的 A* 算法 1 避障 3

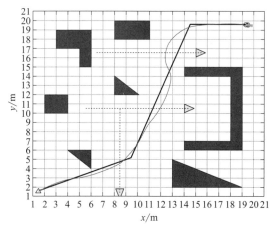

图 3.29　动态下改进的 A* 算法 1 避障

　　工况八：使用本节提出的改进的 A* 算法和动态窗口法的实验图像如图 3.30～图 3.33 所示，图中显示了不同时刻的动态障碍物避障情况，各种多边形为障碍环境。根据仿真实验结果，此算法最优路径长度为 28.74m，总时间为 47.30s。

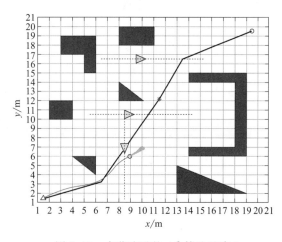

图 3.30　本节改进的 A* 算法避障 1

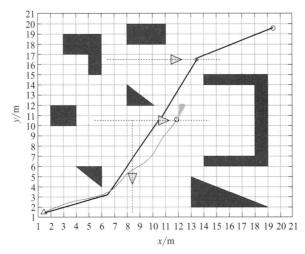

图 3.31　本节改进的 A* 算法避障 2

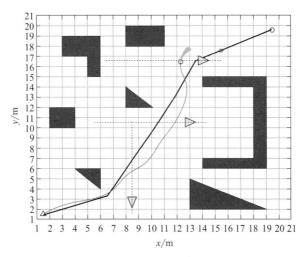

图 3.32　本节改进的 A* 算法避障 3

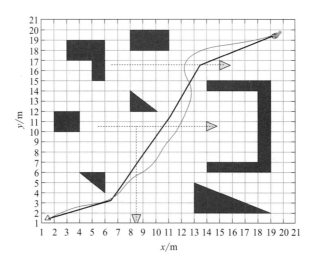

图 3.33　动态下本节改进的 A* 算法避障

详细数据统计如表 3.5 所示。

（4）总结

在静态障碍环境下，使用本节提出的改进的 A* 算法和动态窗口法的融合算法，相比于改进的 A* 算法 1 和动态窗口法的融合算法，在路径距离上缩短了 5.0%，在时间上降低了 9.0%。因此，使用本节提出的算法效率更高，规划出的路径更平滑，有利于智能车的行驶。

在动态障碍环境下，使用本节提出的改进的 A* 算法和动态窗口法的融合算法，相比于改进的 A* 算法 1 和动态窗口法的融合算法，在路径距离上缩短了 2.5%，在时间上降低了 10.3%；相比于传统的 A* 算法和动态窗口法的融合算法，得到的路径距离缩短了 3.0%，在时间上降低了 13.6%。

由表 3.3～表 3.5 和图 3.33 可以得出，使用本节提出的改进的 A* 算法和动态窗口法的融合算法，在保证最优路径的前提下提高了效率，而且得到的路径更加平滑，更有利于智能车的行驶。

（5）实车试验

本节使用基于 Linux 系统的无人双头驾驶试验车验证改进的 A* 路径规划算法，该平台支持完全的自主开发，搭载了 16 线激光雷达、毫米波雷达、双目视觉模块、GPS 定位模块等设备，具有室内外高精度定位、自动导航循迹等功能。

静态障碍为纸箱，动态障碍为试验人员。为保证安全，试验车配备一名驾驶员负责紧急情况处置。共进行了两组实车试验，分别为低速试验（最高车速设置为 5km/h）和高速试验（最高车速设置为 30km/h）。

图 3.34 为双目视觉模块显示的图像，图中显示了障碍环境。图 3.35 为激光雷达的图像，包含障碍的位置。图 3.36 为静态避障轨迹图，图中红色轨迹为全局路径规划的轨迹和局部路径规划的轨迹，黄色为障碍物，蓝色为试验车实际轨迹，静态障碍为宽度较大的纸箱，所以避障范围也大。图 3.37 和图 3.38 为动态避障轨迹图，其中红色轨迹为全局路径规划的轨迹和局部路径规划的轨迹，黄色为障碍物，蓝色为实验车实际轨迹，动态障碍为实验人员。图 3.39～图 3.41 为在低速状态下实车试验时拍摄的避障图。

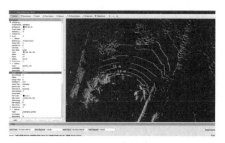

图 3.34　双目视觉图像　　　　图 3.35　激光雷达图像（见书后彩插）

从实车试验可以看出，车辆可以实时避开动态障碍。实车试验结果表明，本节提出的算法动态避障的实时性好，并且具有良好的稳定性。

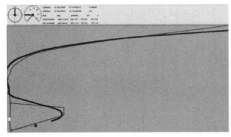

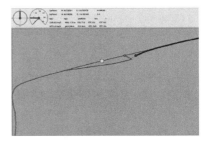

图 3.36　静态避障轨迹图（见书后彩插）　　　图 3.37　动态避障轨迹 1（见书后彩插）

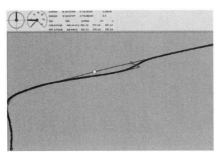

图 3.38　动态避障轨迹 2（见书后彩插）　　　图 3.39　静态避障图

图 3.40　动态避障图 1　　　　　　　　　图 3.41　动态避障图 2

参考文献

[1] Liu L. Nonlinear Analysis and Control Strategy Evaluation on the Stability of Vehicle 3-DOF Planar Motion [D]. Changchun：Jilin University，2010.

[2] Sezimária F P，Valder S J. Optimal trajectory planning of robot manipulators in the presence of moving obstacles [J]. Mechanism and Machine Theory，2000，35（8）：1079-1094.

[3] Zhao Y Q，Guo K H. A Research on Active Safety Evaluation of Vehicle [J]. Automobile Engineering，2001，23（1）：1-4，52.

[4] Li B，Yu F. Design of a vehicle lateral stability control system via a fuzzy logic control approach [J]. Proceedings of the Institution of Mechanical Engineers，Part D：Journal of Automobile Engineering，2010，224：313-326.

[5] Park S -O，Lee M C，Kim J. Trajectory planning with collision avoidance for redundant robots using jacobian and artificial potential field-based real-time inverse kinematics [J]. International Journal of

Control，Automation and Systems，2020，18（8）：2095-2107.

［6］　Srinivas M，Patnaik L M. Adaptive Probabilities of Crossover and Mutation in Genetic Algorithms ［J］. IEEE Transactions on Systems，Man and Cybernetics，1994，24（2）：657-667.

［7］　Elizondo-Leal J C. The exact euclidean distance transform：A new algorithm for universal path planning ［J］. International Journal of Advanced Robotic Systems，2013，10（6）：1-10.

［8］　Liu W，Zhang W. A quantum protocol for secure manhattan distance computation ［J］. IEEE Access，2020，8：16456-16461.

［9］　Ren H B，Chen S Z，Yang L，et al. Optimal Path Planning and Speed Control Integration Strategy for UGVs in Static and Dynamic Environments ［J］. IEEE Transactions on Vehicular Technology，2020，69（10）：10619-10629.

［10］　Chang L，Shan L，Jiang C，et al. Reinforcement based mobile robot path planning with improved dynamic window approach in unknown environment ［J］. Autonomous Robots，2020，45：51-76.

［11］　Jiang L，Huang H Y，Ding Z H. Path planning for intelligent robots based on deep Q-learning with experience replay and heuristic knowledge ［J］. IEEE/CAA Journal of Automatica Sinica，2020，7（4）：1179-1189.

第
4
章

基于ACT-R认知模型的车辆主动避障系统轨迹规划方法研究

4.1　ACT-R认知框架

ACT-R 是一种认知架构。它是一种抽象层次的大脑结构理论，解释了大脑如何实现人类认知。它由一组独立的模块组成，这些模块从环境中获取信息，处理信息，并执行电机动作，以促进特定的目标的实现。ACT-R 的模块化结构如图 4.1 所示。

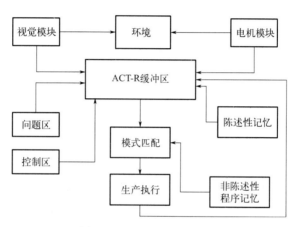

图 4.1　ACT-R 的模块化结构

ACT-R 的认知部分由三个模块组成。这三个模块分别是基本模块、缓冲模块和模式匹配模块。基本模块有两种：记忆模块和视觉-运动模块。记忆模块主要包括陈述性记忆模块、程序性记忆模块和目标栈。视觉-运动模块包括视觉模块和运动模块，为 ACT-R 提供在电脑显示器上模拟视觉注意力转移到物体上并通过键盘和鼠标手动交互的能力。

4.2　基于 ACT-R 的轨迹规划方法框架结构

驾驶员在驾驶车辆时的行为特性可以用一些情感语言来描述，如谨慎地、细心地、缓慢地和粗心地等。当 ACT-R 认知模型与驾驶员一起工作时，能够接收和处理由驾驶员反馈的语言符号信息，并估计轨迹需要的改变量来满足驾驶员的需要；当 ACT-R 单独工作时，能够对生成轨迹进行自我评价，对生成轨迹的特征值和相关的约束条件进行比较，判断估计轨迹的特征值是否满足约束条件。如果满足要求，则将生成的轨迹返回给驾驶员；如果不符合要求，ACT-R 可以做出类人的决策，决定轨迹特征值以及权重值的改变量。

以 ACT-R 认知模型为核心的轨迹规划方法框架结构如图 4.2 所示。首先由初始化模块对轨迹规划问题 P_0 进行初始化，然后由轨迹规划模块生成轨迹，并将轨迹特征 C_i 提取出来传送到估计模块，估计模块判断是否所有的轨迹特征

C_i 满足约束条件 $\boldsymbol{R}_{ei}$。如果满足约束条件，轨迹符合要求，解决方案 X 由返回模块返回给行为决策系统；如果不满足约束条件，则调用权重调整模块对权重进行调整，然后将调整后的权重集 W_{i+1} 提供给轨迹规划模块重新进行轨迹规划，此循环重复进行，最终找到合适的解决方案 X 提供给控制器。

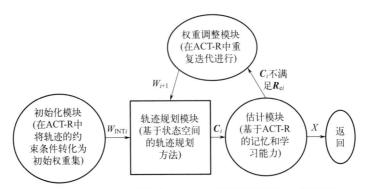

图 4.2　以 ACT-R 认知模型为核心的轨迹规划方法框架结构

4.3　ACT-R 认知模型的建模方法

基于 ACT-R 认知模型的轨迹规划方法流程如图 4.3 所示。首先，轨迹规划问题由初始化模块初始化，由轨迹规划模块生成轨迹，并将轨迹的特征值发送到估计模块进行评估。接着，估计模块可以判断轨迹的特征值是否满足约束，约束包括硬约束 H_{ard}（例如，"$u > 30\mathrm{m/s}$"）和软约束 S_{oft}，软约束包括副词约束（例如，"快速地"）和数值约束（例如，"$100\mathrm{km/h} \leqslant u_{avg} \leqslant 160\mathrm{km/h}$"）。如果轨迹和轨迹的特征值满足约束条件，则解法 $X = \{J_n, R_{en}, t_n, x_n, u_n\}$ 被返回给行为决策系统，其中，J_n 和 R_{en} 分别概括了求解成本和特征约束，集合 $\{t_n, x_n, u_n\}$ 指定要执行的全状态轨迹。如果轨迹和轨迹特征值不能满足约束条件，则需要分析约束条件的性质。如果不满足硬约束 H_{ard}，则调用权重调整模块来调整权重，并且生成新的权重 W_{i+1}。估计模块需要检测权重调整历史集合 $\{P_{Ri}\}$，如果新权重 W_{i+1} 不在权重调整历史集合 $\{P_{Ri}\}$ 中，则权重调整成功；如果新权重 W_{i+1} 在权重调整历史集合 $\{P_{Ri}\}$ 中，则权重调整失败。调整过程在轨迹特征值满足硬约束时结束。用 T_B 代表满足硬约束条件而不满足软约束条件的轨迹，T_S 代表生成的轨迹。满足硬约束但不能满足软约束的轨迹 T_B 被保存，以确保满足硬约束的轨迹能够被输出。然后进行第二个循环，对已经保存的轨迹 T_B 的特征值进行调整，调整后的新权重值由估计模块评估，估计模块将判断轨迹的特征值是否满足所有的约束条件：如果满足所有的约束条件，则输出成功解 X；如果仅满足硬约束 H_{ard}，则输出解 X；如果不能满足硬约束 H_{ard}，则将轨迹 T_S 与轨迹 T_B 进行比较。如果轨迹 T_S 比轨迹 T_B 更能满足约束条件，那么在内存中 T_B 将被 T_S 取代。

我们可以通过误差向量的计算来确定哪条轨迹更好，误差范围较小的是最

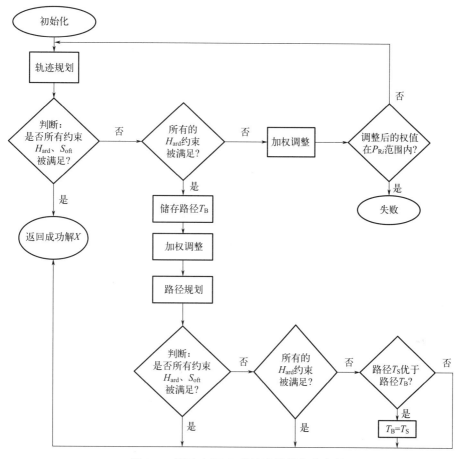

图 4.3　基于 ACT-R 的轨迹规划方法流程

优轨迹，第 i 次迭代的误差向量为 $\boldsymbol{E}_i^j$，第 j 次轨迹特性为：

$$\boldsymbol{E}_i^j = \begin{cases} \boldsymbol{C}_i^j - \boldsymbol{R}_{ej}, (\boldsymbol{C}_i^j \triangledown \boldsymbol{R}_{ej}) \\ \boldsymbol{0}, (\boldsymbol{C}_i^j \circ \boldsymbol{R}_{ej}) \end{cases} \tag{4.1}$$

　　式中，$\boldsymbol{C}_i^j$ 为第 i 次迭代的第 j 次轨迹特征值；$\boldsymbol{R}_{ej}$ 为第 j 次轨迹特征值的约束条件；$\circ$ 表示轨迹特征满足相关的约束条件；$\triangledown$ 表示轨迹特征不满足相关约束条件。根据轨迹规划的第 i 次迭代，将第 j 个轨迹特征值与第 j 个约束条件进行比较。如果较小的约束条件不能满足，则 $\boldsymbol{E}_i^j$ 的值为负；如果较大的约束条件不能满足，则 $\boldsymbol{E}_i^j$ 的值为正。如果约束条件 $\boldsymbol{R}_{ej}$ 是数值范围，则数值范围的边界值将用于计算，$\boldsymbol{E}_i^j$ 的值可以决定权重调整的方向。

4.3.1　ACT-R 初始化行为建模

　　轨迹规划模块根据不同的行驶环境，用基于状态空间的轨迹规划方法规划出轨迹。在具有约束条件的多目标评价函数的求解上，用 BVP4C 求解器来求解边界值问题，虽然 BVP4C 求解器可以计算终端时间自由的问题，但是需要合理的初始估计值；如果初始估计值不合理，求解器返回的求解结果就会不收敛。所以，需要对轨迹的初始权重集 W_{INT} 进行估计。ACT-R 初始化模块以 ACT-R 认知模型为核心，将驾驶员提供的车辆行驶区域范围、目标和约束条件等信息进行编码，转换成轨迹生成所需要的信息和初始权重集 W_{INT}；如果没有约束条件，权重值设定为默认权重集 $W_{Default}$。

硬约束条件的处理方法与软约束条件的上下限处理方法一样。对软约束条件中的数值约束条件用符号语言进行描述，如 "30m/s$<u<$40m/s"，可以描述为 "最高速度高一些"，然后根据处理副词约束条件的方法进行处理。

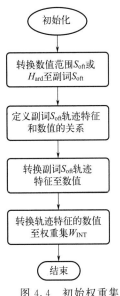

图 4.4　初始权重集 W_{INT} 的确定方法流程

初始权重集 W_{INT} 的确定方法流程如图 4.4 所示。初始化过程如下：首先，将软约束 S_{oft}（如：100km/h$\leqslant$ $u_{avg}\leqslant$160km/h）或硬约束 H_{ard}（如：$u>$20m/s）的数值约束转化为副词 S_{oft}（如：快速地）；其次，定义轨迹特征（即 u_{max}、u_{avg} 和 a_{max}）和副词软约束 S_{oft} 的关系，例如，约束条件 "缓慢地" 涉及 "低" 的最高行驶速度 u_{max} 和 "低" 的平均行驶速度 u_{avg}；然后，根据轨迹特征与数值的关系定义（见表 4.1），"较高" 的最大速度和 "较高" 的平均速度的描述可以用某个数值范围来表示，例如，"高" 的最大速度的范围是 [100,120]；最后，根据权重调整规则（表 4.2），轨迹特征的数值范围对应于权重的数值范围，例如，W_3/W_1 的数值范围为 (0.25,0.5)，即对应于最大速度的数值范围 [80,100]。所有的过程都可以调用 ACT-R 的程序知识模块，具体的产生式规则集 Z 形式为 "if$<$condition$>$then$<$action$>$"，例如，"if0$\leqslant W_3/$ $W_1\leqslant$0.125 then 100km/h$\leqslant u_{avg}\leqslant$160km/h"，具体产生式规则集 Z 如表 4.2 所示。因此，约束条件 S_{oft} 和 H_{ard} 可以转化为初始权重集 W_{INT}。如果约束条件不存在，那么权重值 $W_{Default}$ 被认为是默认权重集。

表 4.1　ACT-R 权重调整模型的轨迹特征描述性知识

描述	u_{avg} /(km/h)	u_{max} /(km/h)	a_{max} /(m/s²)	L_{IM}/m	d_{min}/m	U/kg	t_f/s
非常低	[0,15]	[0,20]	[0,0.05]	[0,1]	[0,1]	[0,0.01]	[0,1]
低	(15,30]	(20,40]	(0.05,0.1]	(1,2]	(1,1.5]	(0.01,0.1]	(1,5]
较低	(30,50]	(40,60]	(0.1,0.5]	(2,3]	(1.5,2]	(0.1,0.5]	(5,10]
中等	(50,65]	(60,80]	(0.5,1]	(3,4]	(2,2.5]	(0.5,1]	(10,20]
较高	(65,85]	(80,100]	(1,2]	(4,5]	(2.5,3]	(1,2]	(20,50]
高	(85,100]	(100,120]	(2,3]	(5,6]	(3,4]	(2,5]	(50,100]
非常高	(100,160]	(120,180]	(3,10]	(6,100]	(4,50]	(5,20]	(100,1000]

注：L_{IM} 是补偿函数为零时，车辆至障碍物边缘的距离值；d_{min} 是至障碍物的最短距离；U 是燃油消耗量；t_f 是运行时间。

表 4.2　ACT-R 权重调整模型的程序性知识

IF		THEN						
描述	W_3/W_1	u_{avg} /(km/h)	$u_{\max}$ /(km/h)	$a_{\max}$ /(m/s²)	L_{IM}/m	$d_{\min}/m$	U/kg	t_{f}/s
非常低	$[0,0.125]$	$(100,160)$	$(120,180)$	$(3,10)$	$[0,1)$	$[0,1)$	$(5,20)$	$[0,1)$
低	$(0.125,0.25]$	$(85,100]$	$(100,120]$	$(2,3]$	$(1,2)$	$(1,1.5)$	$(2,5]$	$(1,5)$
较低	$(0.25,0.5]$	$(65,85]$	$(80,100]$	$(1,2]$	$(2,3)$	$(1.5,2)$	$(1,2]$	$(5,10)$
中等	$(0.5,1]$	$(50,65]$	$(60,80]$	$(0.5,1]$	$(3,4)$	$(2,2.5]$	$(0.5,1]$	$(10,20)$
较高	$(1,2]$	$(30,50]$	$(40,60]$	$(0.1,0.5]$	$(4,5)$	$(2.5,3)$	$(0.1,0.5]$	$(20,50)$
高	$(2,4]$	$(15,30]$	$(20,40]$	$(0.05,0.1]$	$(5,6)$	$(3,4)$	$(0.01,0.1]$	$(50,100)$
非常高	$(4,8]$	$[0,15]$	$[0,20]$	$[0,0.05]$	$(6,100)$	$(4,50)$	$[0,0.01]$	$(100,1000)$

4.3.2　轨迹规划模块

轨迹规划模块将初始权重 W_{INT} 作为输入，并且将其作为成本函数项。轨迹规划模块可以返回一个完整的状态轨迹，包括位置、速度和运行时间的控制输入。由于我们使用的轨迹规划方法基于人类的认知行为特征，而人类驾驶员非常适合线性系统的控制，但没有很好的非线性系统的控制，所以本节中的车辆模型被认为是一个简单的二维线性动态模型：

$$\begin{bmatrix} \dot{x}(t) \\ \ddot{x}(t) \end{bmatrix} = \begin{bmatrix} 0 & 1 \\ 0 & -c_{\text{s}}/m \end{bmatrix} \begin{bmatrix} x(t) \\ \dot{x}(t) \end{bmatrix} + \begin{bmatrix} 0 \\ u(t)/m \end{bmatrix} \tag{4.2}$$

式中，m 是物体质量；c_{s} 是摩擦系数；$u(t)$ 是控制输入变量；$x(t)$ 是状态向量；$\dot{x}(t)$ 是车辆的速度向量；$\ddot{x}(t)$ 是车辆的加速度向量。

设 $\dot{x}(t)=x_1(t)$，可得：

$$\dot{x}_1(t) = \frac{c_{\text{s}}}{m}x_1(t) + \frac{u(t)}{m} \tag{4.3}$$

轨迹生成模块运用最优控制方法进行轨迹规划，其目的是求出可用的控制输入变量 $u(t)^*$，使得如式(4.3)所示的微分方程描述的系统能够沿着可行的能够最小化评价函数［式(4.4)］的轨迹 $x(t)^*$ 进行循迹行驶。

$$J(u) = \int_{t_0}^{t_{\text{f}}} g(x_1(t), \dot{x}_1(t), t)\text{d}t \tag{4.4}$$

式中，t 是驾驶时间；$x_1(t)$ 是状态向量；$\dot{x}_1(t)$ 是它的导数；$u(t)$ 是控制输入；t_0 和 t_{f} 分别是车辆的起始时间和结束时间。根据所有的 $t \in [t_0, t_{\text{f}}]$，固定的起点和终点的状态条件，边界条件为：

$$x_0(t_0) = \boldsymbol{x}_0, \quad x_1(t_{\text{f}}) = \boldsymbol{x}_{\text{f}} \tag{4.5}$$

式中，x_0 和 x_f 分别是在时间 t_0 和 t_f 时的车辆位置。

最优控制方法中，对包括三个因素的评价函数进行优化，三个因素为：耗能量、时间和到障碍物的最短距离。式(4.4)的评价函数可以用式(4.6)表示，权重向量 $\boldsymbol{W}_i = [W_1, W_2, W_3, W_{IM}]$，各评价指标说明如下：

$$J = \int_{t_0}^{t_f} \left[W_1 + W_2 \sum_{i \in \{0\}} b_i(r_i) + W_3 u^2(t) \right] dt \tag{4.6}$$

式中，W_1 是行驶时间权重，因为评价函数 J 是时间段 $[t_0, t_f]$ 中的积分形式，所以我们需要一个常数 W_1 来优化时间；W_3 为燃油消耗量的权重；$u^2(t)$ 表示燃油消耗量，$u(t)$ 为控制量；W_2 为到障碍物最短距离的权重，增加项 $W_2 \sum_{i \in \{0\}} b_i(r_i)$ 以保持车辆远离障碍物；$b_i(r_i)$ 是补偿函数，当车辆行驶到障碍物中心 i 附近时，补偿函数值增大，相反，当车辆行驶远离障碍物时，补偿函数值减小；r_i 是车辆与障碍物中心 i 之间的距离。补偿函数 $b_i(r_i)$ 的值是障碍物中心上的最大值 M_{AX}，在与障碍物中心相距 R_i 的障碍物边界处达到固定值 K，并在距离障碍物边缘 L_{IM} 处减小到零，这些约束和函数的平滑度条件如式(4.7)所示。选择满足这些约束的三阶多项式函数 $b_i(r_i)$，并且 $b_i(r_i)$ 的值仅在 $r_i < L_{IM}$ 时才有意义，如式(4.8)所示。

$$\begin{cases} b_i(0) = M_{AX}, \quad b_i(R_i) = k \\ b_i'(R_i)_{left} = b_i'(R_i)_{right}, \quad b_i''(R_i)_{left} = b_i''(R_i)_{right} \\ b_i(L_{IM}) = 0, \quad b_i'(L_{IM}) = 0, \quad b_i''(L_{IM}) = 0 \end{cases} \tag{4.7}$$

$$b_i(r_i) = \begin{cases} K(c_1 r_i^3 + c_2 r_i^2 + c_3 r_i + c_4), & r_i \leqslant R_i \\ K(c_5 r_i^3 + c_6 r_i^2 + c_7 r_i + c_8), & R_i < r_i \leqslant R_i + L_{IM} \\ 0, r_i > R_i + L_{IM} \end{cases} \tag{4.8}$$

式中，M_{AX} 和 K 的值可以通过实验得到，当车辆接触障碍物时，$b_i(r_i)$ 的值等于 K；系数 $c_i(i = 1, 2, \cdots, 8)$ 可以通过求解两个三阶方程及其一阶和二阶导数以满足式(4.7)的所有平滑度约束来找到。

因此，当边界条件给定时，式(4.6)可以变为求解积分常数的问题。用MATLAB 中的 BVP4C2 作为数字求解器来求解，能够生成完整的轨迹。本方法将系统动力学模型与评价函数联系起来，这样确保只有考虑系统动力学的轨迹才是可行的。

生成轨迹之后，需要将轨迹特征 C_i 提取出来，传给估计模块进行估计。轨迹特征是整条轨迹的数字属性，即对所有轨迹特征进行量化。特征提取是一种计算程序，将生成轨迹作为输入，从轨迹中提取有用的轨迹特征值作为对轨迹的估计。例如，运行过程中的运行时间、燃油消耗量、最高速度和最大加速度等是典型的轨迹特征。有些轨迹特征是整条轨迹特征值的平均值或者百分比值，有些轨迹特征是约束条件 R_e 的最大值和最小值。例如，平坦时间是速度、加速度和转动速度的波动不超过整个范围 1% 的时间周期，这是对轨迹特征给出数值近似值，并估计速度不变的程度。

轨迹的主要约束条件又可以分为数值约束条件和语言描述的约束条件。数值约束条件包括硬约束条件 H_{ard} 和软约束条件 S_{oft}，数值约束条件一般是有上下限的数值范围，即：硬约束条件是特征值大于或者小于某一固定值，软约束条件是特征值在两个数值中间。用语言描述的约束条件主要是软约束条件，如"快速地"或者"缓慢地"等描述性语言。应用这些描述性语言，需要把不同的描述性语言转换成为 ACT-R 能够识别的语言符号，这些描述性语言通过定义与轨迹特征之间的对应关系进行应用，如"快速地"对应"高的"最大车速和"高的"最大加速度。

4.3.3　ACT-R 的估计行为模型

估计模块是 ACT-R 认知模型的核心部分[1]，它决定选择使用哪种产生式规则。根据估计行为模型，一些参数的值需要用描述性的知识来表达。例如，不同的轨迹特征值 $\{C_i\} = \{C_1, C_2, C_3, \cdots\}$，每个 C_i 由不同的轨迹特征描述，如 u_{max}、u_{avg}、a_{max} 等，$\{C_i\} = \{u_{max} = 100\text{km/h}, u_{avg} = 50\text{km/h}, a_{max} = 6\text{m/s}^2\}$；约束集 $\{R_{ei}\} = \{R_{e1}, R_{e2}, R_{e3}, \cdots\}$，每个 R_{ei} 由硬约束 H_{ard} 和软约束 S_{oft} 描述，如 $R_{e1} = \{H_{ard} = [u_{max} < 110\text{km/h}], S_{oft} = [\text{快速地}]\}$；权重集定义为 $\{W_1, W_2, W_3, L_{IM}\}$，$W_{i+1}$ 是具有与 W_i 相同形式的调整权重集，如 $W_i = \{1, 1, 3.6, 5\}$；历史权重集 $\{P_{Ri}\} = \{P_{R1}, P_{R2}, P_{R3}, \cdots\}$ 中每个 P_{Ri} 由动作集 A_i 和轨迹规划状态 S_i 描述；对于轨迹规划问题，动作集 A_i 定义为 $\{$初始化，轨迹规划，评价，权重调整$\}$，轨迹规划状态 S_i 定义为待执行的全状态轨迹 $\{t_n, x_n, u_n\}$。所有的参数都可以用描述性语言来描述。决策过程可以用程序性知识表示，即产生式规则。ACT-R 估计模块的程序性知识如表 4.3 所示。

表 4.3　ACT-R 估计模块程序性知识

IF	THEN
C_i 满足约束集 R_e	返回正确的权重信息 W_i
C_i 不满足约束集 R_e	W_i 为权重调整后的值 W_{i+1}
$W_{i+1} \notin \{P_{Ri}\}$	返回正确的权重值 W_{i+1}
$W_{i+1} \in \{P_{Ri}\}$	返回错误的权重值 W_{i+1}

在估计模块的模式匹配过程中，给出当前目标的"描述性知识"，并通过冲突解决的方法选择一个"产生式规则"与当前目标匹配。与产生式规则相关联的子符号（即数值）信息用于确定选择要使用的产生式规则。在模型运行期间，每个产生式规则的成功和失败次数由模块记录。此外，估计模块记录了执行规则和实际实现目标（或失败）后所花费的努力（如时间）。这些信息被用来根据经验估计每个产生式规则的成功概率 P_i 和平均成本 L_i：

$$P_i = \frac{S_{uccesses i}}{S_{uccesses i} + F_{ailures i}} \tag{4.9}$$

$$L_i = \frac{E_{\text{ffort}si}}{S_{\text{uccesses}i} + F_{\text{ailures}i}} \qquad (4.10)$$

式中，$S_{\text{uccesses}i}$ 是成功的次数；$F_{\text{ailures}i}$ 是失败的次数；$E_{\text{ffort}si}$ 是所有成本的总和，与第 i 代规则之前的测试相关：

$$E_{\text{ffort}si} = \sum_{j=0}^{k} c_{ij}$$

式中，$k = S_{\text{uccesses}i} + F_{\text{ailures}i}$，是规则 i 之前的测试次数。当目标完成后，针对一个产生式规则，估计模块会更新产生式规则的成功数或失败数。例如，如果成本是以时间单位来衡量的，那么可用式(4.10)计算探索特定决策轨迹的平均时间。通过这种方法，估计模块获得规则的概率和成本。

ACT-R 采用数值方法来解决这个问题。每个产生式规则在 ACT-R 中都有一个期望回报 N_i。当几个产生式规则在冲突集中竞争时，ACT-R 通过式(4.11)计算它们的期望回报：

$$N_i = P_i F - L_i + \zeta(\sigma^2) \qquad (4.11)$$

式中，F 为目标值；$\zeta(\sigma^2)$ 是取自均值为零、方差为 σ^2 的正态分布的随机数。最后根据期望回报的最大化选择式(4.12)的规则：

$$i = \arg\max N_i \qquad (4.12)$$

估计模块的流程如图 4.5 所示，图中 W_{ADJ} 为调整后的权重集。将特征提取模块提取的所有特征 $\{C_i\}$ 与初始化模块生成的约束集 $\{R_{ei}\}$ 进行比较：当所有特征 C_i 都在 $\{R_{ei}\}$ 范围内时，新的权重值 $W_{i+1} = W_i$，并返回成功的 W_{i+1}；当 C_i 不在 $\{R_{ei}\}$ 范围内时，为了满足约束集 $\{R_{ei}\}$ 的要求，估计模块需要调用权重调整模块调整轨迹权重值。当轨迹特征值 C_i 与约束集 $\{R_{ei}\}$ 比较时，估计模块将新权重 W_{i+1} 与历史权重集 $\{P_{Ri}\}$ 比较。如果新权重 W_{i+1} 在集合 $\{P_{Ri}\}$ 中，则权重调整结果错误；如果没有新的权重值，则原始权重值 W_i 是正确的。如果新的权重值 W_{i+1} 不在设置的 $\{P_{Ri}\}$ 中，则 $W_{i+1} = W_i$ 并返回成功的 W_{i+1}。由于 ACT-R 模型的记忆和学习能力，它能够记住先前无效的选择，避免无效的迭代循环。

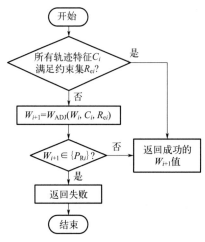

图 4.5 估计模块流程

当估计模块调用权重调整模块时，需要确定权重调整模块的输入参数，包括未满足的约束条件、实际轨迹特征值与极限值之间的差值以及如何调整以更容易满足极限要求。决策系统可能会对计划的轨迹施加不相容的约束。此时，估计模块应通知一个决策系统不可能满足其要求。根据冲突解决方法，估计模块可以智能地判断哪种约束更容易满足，哪种轨迹更接近决策系统的要求。一旦估计模块找到满足所有约束条件的轨迹，返回模块就将轨迹返回给决策系统。

4.3.4 ACT-R 权重调整行为建模

在基于状态空间的轨迹规划方法中，已经得出了不同行驶环境中轨迹特征值和权重值之间的关系式以及权重调整的方法。该方法能够通过调整权重来调整轨迹的特征值，使其满足约束条件，但生成的轨迹并不一定符合人的行为特性。权重调整模块的目标是针对车辆行驶的环境以及约束条件来调整权重，以使得规划的轨迹更符合人的行为特性。例如，燃油消耗量的权重和与障碍物之间最短距离的权重比较大，车辆可以缓慢行驶，避免迅速加速，并绕开障碍物远一些；如果完成时间权重很高，车辆会快速行驶，以高的行驶速度和与障碍物之间近的距离避开障碍物行驶。可以用描述人的情感语言对轨迹的特点进行命名，如细心地、冒失地等。

权重比 W_3/W_1 的值都是以 2 为底的指数形式，如 2^{-3}、2^{-2}、2^{-1}、2^0、2^1、2^2、2^3，并没有用非常精确的值，因为人的认知行为特性是一种模糊行为，数值的精确性不会影响算法的结果。用语言符号"非常低"和"非常高"等对权重比值 W_3/W_1 和轨迹特征进行合理的分类定义，相关权重比值 W_3/W_1 和轨迹特征值的描述性知识分别如表 4.4 和表 4.1 所示。

表 4.4 ACT-R 权重调整模型的权重比值描述性知识

描述性知识	W_3/W_1
非常低	$[0, 0.125]$
低	$(0.125, 0.25]$
较低	$(0.25, 0.5]$
中等	$(0.5, 1]$
较高	$(1, 2]$
高	$(2, 4]$
非常高	$(4, 8]$

为了将权重比值 W_3/W_1 与轨迹特征值联系起来，可以参考文献 [2]。对于与时间有关的特性（如速度、加速度、耗能量），特征值与时间项权重（W_3/W_1）之间的权重调整关系如下：

$$C_t = q_1 (W_3/W_4)^{-\lambda} \tag{4.13}$$

式中，指数 $-\lambda$ 在一定范围内近似为常数；常数系数 q_1 是不断变化的，它可以由轨迹特征值和 W_3/W_1 的真实值计算出来。类似地，对于基于轨迹的特征，如与障碍物的最小距离 d_{min}，此特征与影响极限 L_{IM} 之间存在线性关系：

$$d_{\min} = q_2 L_{\mathrm{IM}} \tag{4.14}$$

权重比和轨迹特性用描述性知识描述，详细介绍分别如表 4.2 和表 4.4 所示。例如，根据表 4.4，如果权重比值 W_3/W_1 是"低"，那么我们可以从表 4.2 看到如何确定与"低"权重比值 W_3/W_1 对应的最大加速度 $a_{\max}$：最大加速度 $a_{\max}$ 的定义是"高"。由此我们可以得到权重比与轨迹特性之间的对应关系，换句话说，我们可以得到权重调整的程序性知识，如表 4.3 所示。权重比与轨迹特性的对应关系可分为两种：一种是正相关的，另一种是反相关的。正相关的例子有："非常低"的权重值可得到"非常低"的特征值，"低"的权重值可得到"低"的特征值。反相关的例子有："非常低"的权重值可得到"非常高"的特征值。对于和时间相关的轨迹特征，将权重比值 W_3/W_1 的描述性知识与轨迹特征的描述性知识联系起来。对于和距离相关的轨迹特征，如最短距离 $d_{\min}$ 和 L_{IM} 的值，一般默认限值 L_{IM} 的"中等"值为 3，限值 L_{IM} 定义为和最短距离成线性关系。

当车辆在动态场景中行驶时，采用滚动规划方法使轨迹规划具有实时性。根据所处的环境，在一个采样周期内用本节的方法规划轨迹，在下一个采样周期内用本节的方法再次规划轨迹，滚动规划循环直至车辆完成整个行程。在每个采样周期内，轨迹传感器可以实时获取车辆周围的信息，这些信息与时间和距离有关，也称为轨迹特征值 C_t（即与障碍物的距离 d 和行驶时间 t）。实时轨迹特征值被发送给估计模块，估计模块将实时轨迹特征值与约束条件进行比较，如果不能满足约束条件，则调用权重调整模块调整权重值以满足约束条件，计算新的权重值 W_i 直至找到可行权重值，并利用轨迹规划模块中的可行权重值生成优化轨迹。详细流程介绍如下：

当轨迹优化过程运行时，将初始权重集 W_{INT} 发送给轨迹规划模块，由轨迹规划模块生成轨迹，车辆将沿着规划的轨迹行驶，然后利用传感器获得实时的轨迹特征值 C_{ti}（即 $u_{\max} = 30\mathrm{m/s}$）并发送给估计模块。在估计模块中，将轨迹特征值 C_{ti} 与约束条件 R_{ej}（即 $30\mathrm{m/s} < u < 40\mathrm{m/s}$）进行比较：如果满足约束条件，则可以返回轨迹，轨迹优化过程成功；如果不能满足约束条件，则调用权重调整模块调整权重值以满足约束条件，计算新的权重值 W_{i+1}。例如，如果最大速度 $u_{\max}$ 不能满足"$u_{\max} < 40\mathrm{m/s}$"的约束条件，因为最大速度 $u_{\max}$ 是一个与时间有关的轨迹特性，所以可以用式(4.13)来计算。详细的计算过程如下所示：首先，在式(4.13)中，λ 的值在一定范围内为常数，实时特征值 $u_{\max}$ 已知，权重比 W_3/W_1 根据 W_{INT} 已知，因此可以计算出 q_1 的值；其次，根据式(4.13)，由约束条件得到的轨迹特征值为理想特征值 C_t，q_1 的值也已知，从而可以计算出新的权重比 W_3/W_1。循环过程一直运行到找到可行的权重值为止。

4.4　轨迹规划方法的仿真分析

本节的轨迹规划方法分别基于 ACT-R 认知模型（简称 AR）和传统的最优控制方法即基于站间距的方法（简称 OC）进行仿真分析。OC 是一种基于站点间隔的方法，该方法能够为智能车辆生成最优轨迹，从而完成在不同障碍物环境下的避碰能力。AR 是 ACT-R 和 OC 相结合的方法。OC 是传统的轨迹规划方法，没有采用 ACT-R 认知模型。更明确的是，AR 方法主要基于 ACT-R 认知模型，具有人的认知特点；OC 方法主要基于站点间距，是一种数值计算方法。AR 的体系结构包括初始化模块、估计模块、轨迹规划模块和权重调整模块，而 OC 的体系结构只有轨迹规划模块和权重调整模块，权重调整模块在 MATLAB 中运行，而不是在 ACT-R 中运行。OC 是在 MATLAB 和 CarSIM 软件中完成的，AR 是在 ACT-R、MATLAB 和 CarSIM 软件中完成的。

仿真的目的是检验本节提出的轨迹规划方法 AR 的优越性。仿真环境为具有 4 个不同障碍物 $\{B_i \mid i=1,2,3,4\}$ 的障碍物环境，约束条件为约束集 $R_{ei}(i=1,2,3,4,5)$。AR 的详细仿真方法如下：首先，根据约束条件，由 ACT-R 的初始模块生成初始权重集，并将初始权重集发送到 MATLAB；然后，由 MATLAB 的轨迹规划模块根据初始权重值生成轨迹，车辆在 CarSIM 中按照生成的轨迹行驶；最后，在 CarSIM 中提取轨迹特征值，并将特征值发送到 ACT-R 的估计模块。ACT-R 的估计模块可以判断轨迹的特征值是否满足约束条件，如果特征值不能满足约束条件，则调用 ACT-R 的权重调整模块调整权重值。权重调整过程一直进行到特征值满足所有约束条件为止。

假设在仿真中车辆行驶速度为"较高"，则不得不考虑车辆的动力学模型，动力学模型采用简化的线性动力学模型，如式(4.2) 所示。假设智能车辆为电驱动，对本节的方法进行了 20 次左右的仿真分析。车辆行驶区域为 $200\mathrm{m} \times 150\mathrm{m}$，行驶时间为 $10\mathrm{s}$，障碍物集如下：

$B_1 = \{(160,40),3\}$

$B_2 = \{[(26,23),5],[(32,13),5],[(70,66),5],[(108,55),7],[(135,111),7],[(83,55),7],[(160,99),2.5]\}$

$B_3 = \{[(25,35),5],[(50,80),2.5],[(120,120),10]\}$

$B_4 = \{[(16,4),2],[(30,10),2.5],[(30,20),5],[(80,60),7],[(100,80),5],[(120,90),6],[(150,100),3]\}$

约束集如下：

$R_{e1} = \{S_{oft} = [(有点快),(非常好奇)]\}$

$R_{e2} = \{H_{ard} = [u_{max} < 110\mathrm{km/s}], S_{oft} = [快速地]\}$

$R_{e3} = \{H_{ard} = [u_{max} > 110\mathrm{km/s}, a_{max} \leqslant 0.2g], S_{oft} = [80\mathrm{km/h} \leqslant u_{avg} \leqslant 100\mathrm{km/h}, 安全舒适]\}$

$R_{e4} = \{H_{ard} = [u_{max} < 100\mathrm{km/s}, a_{max} \leqslant 2\mathrm{m/s}^2], S_{oft} = [80\mathrm{km/h} \leqslant u_{avg} \leqslant 100\mathrm{km/h}]\}$

$R_{e5} = \{H_{ard} = [d_{min} \geqslant 3\mathrm{m}, a_{max} \leqslant 25\mathrm{m/s}^2], S_{oft} = [安全地]\}$

约束集 R_{e1} 包括两个软约束，约束集 R_{e3} 包括两个硬约束、一个软数值约束和一个软语言约束。

在 20 次仿真分析中，两种轨迹规划方法分别基于状态空间轨迹规划方法生成的权重集 $W_{D_{z0}} = \{1,1,1,1\}$ 和基于 ACT-R 认知模型的轨迹规划方法生成的权重集 $W_{D_{a0}} = \{15,3,1,1\}$ 运行。其中，权重集的四个权重分别是时间、与障碍物之间的距离、耗能量和极限 L_{IM}。第二约束集 R_{e2} 包括硬约束条件 $u_{max} <$ 110km/s 和软约束条件"快速地"，软约束条件"快速地"可以扩展到最高速度 u_{max} 和平均速度 u_{avg}，与 $S_{oft} = \{100km/h \leqslant u_{max} \leqslant 120km/h，85km/h \leqslant u_{avg} \leqslant 100km/h\}$ 相同。在 20 次仿真分析中，当车辆在障碍物集 B_2 和约束集 R_{e2} 中行驶时，权重调整结果如表 4.5 和表 4.6 所示。

表 4.5　基于状态空间轨迹规划最优控制方法（OC）的权重调整结果

迭代过程	$W_{D_{zi}}$	$u_{max}/(km/h)$	$u_{avg}/(km/h)$
D_{z0}	[1,1,1,1]	115.25	110.36
D_{z1}	[1,1,1.73,1]	108.66	105.81
D_{z2}	[1,1,1.73,2.13]	100.08	99.85

表 4.6　基于 ACT-R 轨迹规划方法（AR）的权重调整结果

迭代过程	$W_{D_{ai}}$	$u_{max}/(km/h)$	$u_{avg}/(km/h)$
D_{a0}	[15,3,1,1]	105.78	103.85
D_{a1}	[9.75,1,1,1.27]	100.07	99.76

由表 4.5 可知，$W_{D_{z0}}$ 生成的轨迹特征值 $u_{max} = 115.25km/h$ 不能满足硬约束条件 $u_{max} < 110km/s$，$u_{avg} = 110.36km/h$ 不能满足软约束条件 $85km/h \leqslant u_{avg} \leqslant 100km/h$，因此，需要调整与时间有关的权重。调整后的权重为权重集 $W_{D_{z1}}$，调整后的权重集 $W_{D_{z1}}$ 生成的平均速度的轨迹特征值 $u_{avg} = 105km/h$ 不能满足约束条件 $85km/h \leqslant u_{avg} \leqslant 100km/h$，因此，在下一次权重调整过程 $W_{D_{z2}}$ 中，将再次调整与时间相关的权重。在迭代 D_{z2} 中调整权重集生成的轨迹特征值可以满足所有约束条件。从表 4.6 中可以看到，权重集 $W_{D_{a0}}$ 生成的轨迹特征值不能满足平均速度约束条件 $85km/h \leqslant u_{avg} \leqslant 100km/h$，因为智能车为了满足约束条件"快速地"而速度变得更快，因而平均速度约束条件不能满足，因而在下一个迭代过程 I_{NT1} 中，调整与时间相关的权重，在行驶过程中可以生成能够满足硬约束和软约束的轨迹。

从表 4.5 和表 4.6 可以看出，从初始权重集 $W_{D_{z0}}$ 得到的可行结果需要 3 次迭代，而初始权重集 $W_{D_{a0}}$ 只需 2 次迭代就能得到可行的结果。结果表明，使用本节方法生成的初始权重集能更快地达到目标。从权重集的取值可以看出，本节方法生成的权重集 $W_{D_{a0}}$ 与基于状态空间的轨迹规划方法生成的权重集 $W_{D_{z0}}$ 不同，因为约束"快速地"需要的驾驶时间更短，所以驾驶时间的权重值 W_1 更高，权重集 $W_{D_{a0}}$ 中的 W_1/W_2 是默认值的 5 倍。

第一次迭代结果记为 D_{a1} 和 D_{z1}，分别是本节方法生成的权重集 $W_{D_{a0}}$ 和状态空间轨迹规划方法生成的 $W_{D_{z0}}$ 的迭代结果。完成的权重调整结果分别表示为 D_{an} 和 D_{zn}。图 4.6~图 4.10 分别给出了这两种方法的轨迹和轨迹特征的仿真结果。从图 4.6~图 4.10 可以看出，AR 优化后的轨迹特征值变化曲线比 OC 优化后的轨迹特征值变化曲线更平滑。从图 4.10 可以看出，OC 优化后的侧向加速度 a_y 不能满足公认的行驶稳定性约束 $a_y < 0.4g$，而 AR 优化后的最大侧向加速度 $a_{ymax} = 0.39g$，可以满足行驶稳定性约束 $a_y < 0.4g$。

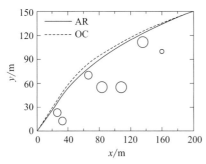

图 4.6　分别经过 AR 和 OC 优化后的车辆行驶轨迹示意图

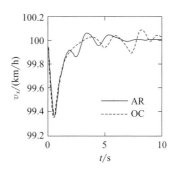

图 4.7　经 AR 和 OC 优化的纵向速度变化曲线

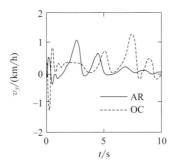

图 4.8　经 AR 和 OC 优化后的横向速度变化曲线

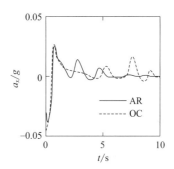

图 4.9　经 AR 和 OC 优化后的纵向加速度变化曲线

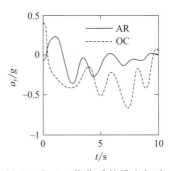

图 4.10　经 AR 和 OC 优化后的横向加速度变化曲线

　　从两种方法的仿真结果可以看出，在复杂环境下需要使用副词约束条件进行轨迹规划时，AR 方法与 OC 方法具有很好的一致性，并且在某些参数上，AR 方法优于 OC 方法。ACT-R 具有类似人类的记忆和学习能力，使得基于 ACT-R 的轨迹规划方法可以更快速地计算权重值，更容易接近解。求解器返回的解结果具有较好的收敛性，能够更好地符合人的行为特征，满足各种约束条件的要求。仿真研究表明，AR 方法适用于高速工况。模型车试验和对比仿真研究表明，该方法是可行的，可以适用于低速和高速工况。

4.5　轨迹规划方法的实验验证

本节采用 AR 方法和基于模糊神经网络融合（简称 FN）的避障路径规划方法进行实验验证[3]。FN 方法是一种结合模糊和神经网络的路径规划方法，AR 方法是一种结合 ACT-R 和 OC 的轨迹规划方法。试验车的相关配置参数为：轮距为 2.578m，车身长度为 4.199m，车身宽度为 1.786m。该车辆经过改装后成为智能车辆，车辆通过 CCD 摄像头了解环境信息，通过安装在车辆两侧的 GPS、激光雷达和超声波传感器进行方向定位。根据传感器提供的实时道路信息，采用自适应和模糊神经网络的方法规划车辆的轨迹，并将轨迹发送给转向控制器，由转向控制器控制车辆沿着规划的轨迹行驶。障碍集 B 如下：

$$B = \{[(755,397),50],[(630,476),50],[(490,423),25],[(185,124),50],$$
$$[(251,398),50],[(290,594),50],[(782,731),25],[(550,470),50],[(436,486),50]\}$$

约束集 R_e 如下：

$$R_e = \{H_{ard} = [|a_{y\max}| \leqslant 0.4g]; S_{oft} = [(安全地),(更好的经济性)]\}$$

软约束 $S_{oft} = [(安全地),(更好的经济性)]$ 可扩展为 {较低最大速度 $u_{\max}$，较低平均速度 u_{avg}，较低最大加速度 $a_{\max}$，恰当距离 $d_{\min}$}，$S_{oft} = \{40\text{km/h} \leqslant u_{\max} \leqslant 60\text{km/h},30\text{km/h} \leqslant u_{avg} \leqslant 50\text{km/h},a_{\max} \leqslant 0.1g,3\text{m} < d_{\min} \leqslant 4\text{m}\}$。

由 AR 和 FN 规划的车辆行驶轨迹如图 4.11 所示。由图 4.11 可以看出，AR 规划的与障碍物之间的最短距离 $d_{\min} = 3.6\text{m}$ 可以满足 $3\text{m} < d_{\min} < 4\text{m}$ 的约束条件，而 FN 规划的与障碍物之间的最短距离 $d_{\min} = 7.2\text{m}$ 不能满足 $3\text{m} < d_{\min} < 4\text{m}$ 的约束条件。由 AR 和 FN 规划的纵向速度、横向速度、纵向加速度和横向加速度的变化曲线如图 4.12～图 4.15 所示。从图 4.15 可以看出，AR 规划的最大加速度为 $0.123g$，可以满足约束条件 $|a_{y\max}| \leqslant 0.4g$，而 FN 规划的最大加速度为 $0.46g$，不能满足约束条件 $|a_{y\max}| \leqslant 0.4g$。从图 4.12～图 4.15 中还可以看出，AR 生成的轨迹上车辆响应参数的变化曲线比 FN 生成的轨迹上车辆响应参数的变化曲线更加平滑，这说明 AR 生成的轨迹能够满足动力学约束条件。

从以上分析可知，AR 方法比 FN 方法更可行。FN 方法是一种路径规划方法，在该方法中只规划了静态路径，但与时间有关的轨迹参数（如速度和加速度）却无法规划。因此，当车辆沿着规划的路径行驶时，可能无法满足动态约束条件。而 AR 方法是一种轨迹规划方法，不仅可以生成可行的路径，而且还可以规划与时间有关的轨迹参数，如速度和加速度。AR 方法考虑了时间因素、车辆模型、人的行为特征和动态约束，因此，由 AR 生成的计划轨迹更具有人的行为特征，并满足动态约束条件。当车辆沿着规划的轨迹行驶时，车辆不会发生侧滑和其他不符合驾驶稳定性要求的问题。

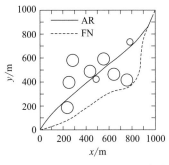

图 4.11　通过 AR 和 FN 规划的
车辆行驶轨迹示意图

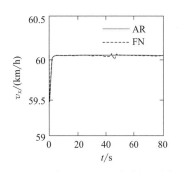

图 4.12　由 AR 和 FN 规划的纵向
速度变化曲线

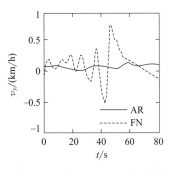

图 4.13　由 AR 和 FN 规划的
横向速度变化曲线

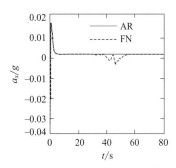

图 4.14　由 AR 和 FN 规划的
纵向加速度变化曲线

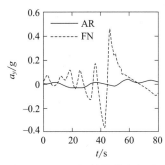

图 4.15　由 AR 和 FN 规划的横向加速度变化曲线

参考文献

[1]　李爱娟，李舜酩，赵万忠，等．基于最优控制理论的智能车辆轨迹生成方法 [J]．吉林大学学报（工学版），2014，44（5）：1276-1282.

[2]　Trafton G，Hiatt L，Harrison A，et al. ACT-R/E：An embodied cognitive architecture for human-robot interaction [J]．Journal of Human-Robot Interaction，2013，2（1）：30-55.

[3]　Li S，Xin J，Shang W，et al. The Algorithm of Obstacle Avoidance Based on Improved Fuzzy Neural Networks Fusion for Exploration Vehicle [J]．Wseas Transactions on Systems & Control，2009，4（3）：140-150.

第
5
章

车辆轨迹跟踪控制研究

5.1 基于改进 MPC 的车辆轨迹跟踪控制系统

5.1.1 车辆轨迹跟踪控制方法

(1) 模型预测控制原理

轨迹跟踪控制的目的在于可以使车辆在满足动力学约束的条件下跟随预定轨迹行驶，并且在不同行驶条件下保持合理的轨迹偏差。在处理多目标约束条件的问题上模型预测控制（MPC）拥有独特的优势。MPC 原理如图 5.1 所示。

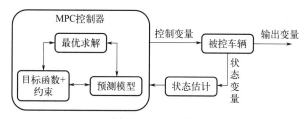

图 5.1 MPC 原理

模型预测控制中，首先进行预测模型的建立，随后对模型进行滚动优化和反馈校正。详细说明如下：

① 预测模型。

预测模型在对系统未来输出进行预测的同时还能对系统动态行为进行表示，同时不需要控制系统有较高的模型精度。在无人驾驶系统中，通常将车辆的运动学或动力学模型作为预测控制中的被控系统模型。

② 滚动优化。

滚动优化过程中包含需要优化的最优性能指标，优化过程需要对被控模型反复进行。每个采样周期均会逐步向前推移，使车辆能够在跟踪参考轨迹的基础上减小跟踪误差。

③ 反馈校正。

在系统计算过程中预测结果与理想状态偏差较大时，需要计算被控系统的实际输出和预估值，并计算出模型的预测误差，在此基础上通过反馈校正对模型的预测结果进行修正。

(2) 模型预测控制器设计

① 非线性系统线性化和离散化。

车辆非线性模型无法直接在线性时变 MPC 系统中进行调用，因此可以将该车辆模型线性化得到线性时变系统模型。近似线性化方法相对灵活，故采用近似线性化处理非线性模型问题。

非线性系统在任意时刻的状态量和控制量满足以下关系：

$$\dot{\boldsymbol{\xi}}_r = f(\boldsymbol{\xi}_r, \boldsymbol{u}_r) \tag{5.1}$$

在任意点（ξ_r，u_r）处进行泰勒展开，忽略所展开的泰勒公式中的高阶项，能够得到：

$$\dot{\xi}=f(\xi_r,u_r)+\frac{\partial f}{\partial \xi}\Big|_{\substack{\xi=\xi_r\\u=u_r}}(\xi-\xi_r)+\frac{\partial f}{\partial u}\Big|_{\substack{\xi=\xi_r\\u=u_r}}(u-u_r) \tag{5.2}$$

利用 $J_f(\xi)$ 表示 f 对于 ξ 的雅克比矩阵，$J_f(u)$ 表示 f 对于 u 的雅克比矩阵，式(5.2) 可以写为：

$$\dot{\xi}=f(\xi_r,u_r)+J_f(\xi)(\xi-\xi_r)+J_f(u)(u-u_r) \tag{5.3}$$

将式(5.3) 与式(5.1) 相减可得：

$$\dot{\tilde{\xi}}=A(t)\tilde{\xi}+B(t)\tilde{u} \tag{5.4}$$

式中，$\tilde{\xi}=\xi-\xi_r$；$\tilde{u}=u-u_r$；$A(t)=J_f(\xi)$；$B(t)=J_f(u)$。

通过计算得到连续的状态方程。为满足进一步的使用要求，需要在此基础上进行离散化，如下所示：

$$\boldsymbol{A}_{k,t}=\boldsymbol{I}+TA(t)$$
$$\boldsymbol{B}_{k,t}=TB(t) \tag{5.5}$$

式中，$\boldsymbol{I}$ 为单位矩阵；T 为采样周期；k 为任意时刻；t 为时间。当车速较大时，需采用较小的采样周期。

将式(5.4) 和式(5.5) 联合可以得到一个在参考点处线性化后的系统模型：

$$\tilde{\xi}(k+1)=\boldsymbol{A}_{k,t}\tilde{\xi}(k)+\boldsymbol{B}_{k,t}\tilde{u}(k) \tag{5.6}$$

② 建立预测方程。

首先，有离散线性化模型：

$$x(k+1)=\boldsymbol{A}_{k,t}x(k)+\boldsymbol{B}_{k,t}u(k) \tag{5.7}$$

假设：

$$\xi(k\,|\,t)=\begin{bmatrix} x(k\,|\,t) \\ u(k-1\,|\,t) \end{bmatrix} \tag{5.8}$$

由此可得：

$$\xi(k+1\,|\,t)=\tilde{\boldsymbol{A}}_{k,t}\xi(k\,|\,t)+\tilde{\boldsymbol{B}}_{k,t}\Delta u(k\,|\,t)$$
$$\eta(k\,|\,t)=\tilde{\boldsymbol{C}}_{k,t}\xi(k\,|\,t) \tag{5.9}$$

式中，矩阵 $\tilde{\boldsymbol{A}}_{k,t}$、$\tilde{\boldsymbol{B}}_{k,t}$、$\tilde{\boldsymbol{C}}_{k,t}$ 定义为：

$$\tilde{\boldsymbol{A}}_{k,t}=\begin{bmatrix} \boldsymbol{A}_{k,t} & \boldsymbol{B}_{k,t} \\ \boldsymbol{O}_{m\times n} & \boldsymbol{I}_m \end{bmatrix},\tilde{\boldsymbol{B}}_{k,t}=\begin{bmatrix} \boldsymbol{B}_{k,t} \\ \boldsymbol{I}_m \end{bmatrix},\tilde{\boldsymbol{C}}_{k,t}=[\boldsymbol{C}_{k,t},0] \tag{5.10}$$

式中，$\boldsymbol{C}_{k,t}=\boldsymbol{C}_{t,t},k=t,t+1,\cdots,t+N_p,\boldsymbol{C}_{t,t}=\frac{\partial h(\xi(t),u(t))}{\partial \xi}\Big|_{\xi(t),u(t-1)}$。

为进一步简化，假设：

$$\tilde{\boldsymbol{A}}_{k,t}=\tilde{\boldsymbol{A}}_t,k=1,2,\cdots,t+N-1$$
$$\tilde{\boldsymbol{B}}_{k,t}=\tilde{\boldsymbol{B}}_t,k=1,2,\cdots,t+N-1 \tag{5.11}$$

式中，$\tilde{\boldsymbol{A}}_t$ 是 k 在状态时域和控制时域内取值时的 $\tilde{\boldsymbol{A}}_{k,t}$，$\tilde{\boldsymbol{B}}_t$、$\tilde{\boldsymbol{C}}_t$ 同理。将系统中的预测时域和控制时域分别表示为 N_p、N_c，则系统在预测时域内的状

态量和输出量可表示为以下形式：

$$\xi(t+N_\mathrm{p}\,|\,t)=\widetilde{\boldsymbol{A}}_t^{N_\mathrm{p}}\xi(t\,|\,t)+\widetilde{\boldsymbol{A}}_t^{N_\mathrm{p}-1}\widetilde{\boldsymbol{B}}_t\Delta u(t\,|\,t)+\cdots+\widetilde{\boldsymbol{A}}_t^{N_\mathrm{p}-N_\mathrm{c}-1}\widetilde{\boldsymbol{B}}_t\Delta u(t+N_\mathrm{c}\,|\,t)$$

$$\eta(t+N_\mathrm{p}\,|\,t)=\widetilde{\boldsymbol{C}}_{t,t}\widetilde{\boldsymbol{A}}_t^{N_\mathrm{p}}\xi(t\,|\,t)+\widetilde{\boldsymbol{C}}_t\widetilde{\boldsymbol{A}}_t^{N_\mathrm{p}-1}\widetilde{\boldsymbol{B}}_t\Delta u(t\,|\,t)+\cdots$$

$$+\widetilde{\boldsymbol{C}}_t\widetilde{\boldsymbol{A}}_t^{N_\mathrm{p}-N_\mathrm{c}-1}\widetilde{\boldsymbol{B}}_t\Delta u(t+N_\mathrm{c}\,|\,t) \tag{5.12}$$

以矩阵形式将系统未来时刻的输出表示为：

$$Y(t)=\boldsymbol{\Psi}_t\xi(t\,|\,t)+\boldsymbol{\Theta}_t\Delta U(t) \tag{5.13}$$

式中：

$$Y(t)=\begin{bmatrix}\eta(t+1\,|\,t)\\\eta(t+2\,|\,t)\\\vdots\\\eta(t+N_\mathrm{c}\,|\,t)\\\vdots\\\eta(t+N_\mathrm{p}\,|\,t)\end{bmatrix},\boldsymbol{\Psi}_t=\begin{bmatrix}\widetilde{\boldsymbol{C}}_t\widetilde{\boldsymbol{A}}_t\\\widetilde{\boldsymbol{C}}_t\widetilde{\boldsymbol{A}}_t^2\\\vdots\\\widetilde{\boldsymbol{C}}_t\widetilde{\boldsymbol{A}}_t^{N_\mathrm{c}}\\\vdots\\\widetilde{\boldsymbol{C}}_t\widetilde{\boldsymbol{A}}_t^{N_\mathrm{p}}\end{bmatrix},\Delta U(t)=\begin{bmatrix}\Delta u(t\,|\,t)\\\Delta u(t+1\,|\,t)\\\vdots\\\Delta u(t+N_\mathrm{c}\,|\,t)\end{bmatrix}$$

$$\boldsymbol{\Theta}_t=\begin{bmatrix}\widetilde{\boldsymbol{C}}_t\widetilde{\boldsymbol{B}}_t & \boldsymbol{0} & \boldsymbol{0} & \boldsymbol{0}\\\widetilde{\boldsymbol{C}}_t\widetilde{\boldsymbol{A}}_t\widetilde{\boldsymbol{B}}_t & \widetilde{\boldsymbol{C}}_t\widetilde{\boldsymbol{B}}_t & \boldsymbol{0} & \boldsymbol{0}\\\vdots & \vdots & \vdots & \vdots\\\widetilde{\boldsymbol{C}}_t\widetilde{\boldsymbol{A}}_t^{N_\mathrm{c}-1}\widetilde{\boldsymbol{B}}_t & \widetilde{\boldsymbol{C}}_t\widetilde{\boldsymbol{A}}_t^{N_\mathrm{c}-2}\widetilde{\boldsymbol{B}} & \cdots & \widetilde{\boldsymbol{C}}_t\widetilde{\boldsymbol{B}}_t\\\widetilde{\boldsymbol{C}}_t\widetilde{\boldsymbol{A}}_t^{N_\mathrm{c}}\widetilde{\boldsymbol{B}}_t & \widetilde{\boldsymbol{C}}_t\widetilde{\boldsymbol{A}}_t^{N_\mathrm{c}-1}\widetilde{\boldsymbol{B}} & \cdots & \widetilde{\boldsymbol{C}}_t\widetilde{\boldsymbol{A}}_t\widetilde{\boldsymbol{B}}\\\vdots & \vdots & & \vdots\\\widetilde{\boldsymbol{C}}_t\widetilde{\boldsymbol{A}}_t^{N_\mathrm{p}-1}\widetilde{\boldsymbol{B}}_t & \widetilde{\boldsymbol{C}}_t\widetilde{\boldsymbol{A}}_t^{N_\mathrm{p}-2}\widetilde{\boldsymbol{B}}_t & \cdots & \widetilde{\boldsymbol{C}}_t\widetilde{\boldsymbol{A}}_t^{N_\mathrm{p}-N_\mathrm{c}-1}\widetilde{\boldsymbol{B}}_t\end{bmatrix}$$

由此推导出了模型预测控制中的预测功能，可通过系统当前的状态量和控制时域内的控制增量计算出预测时域内的状态量和输出量。

③ 目标函数优化求解。

系统的控制增量是未知量，需要在运算过程中设置优化目标并对其进行求解，由此可以得到控制时域内的控制序列。模型预测控制中的目标函数设置如下：

$$J(k)=\sum_{j=1}^{N}\widetilde{\chi}^\mathrm{T}(k+j\,|\,k)\boldsymbol{Q}\widetilde{\chi}(k+j\,|\,k)+\widetilde{u}^\mathrm{T}(k+j-1\,|\,k)\boldsymbol{R}\widetilde{u}(k+j-1\,|\,k)$$

$$\tag{5.14}$$

式中，$\widetilde{\chi}$ 表示系统控制量；$\widetilde{u}$ 表示控制量；$\widetilde{\chi}(k+j\,|\,k)$ 为 k 时刻系统对 $k+j$ 时刻预测的状态量；$\boldsymbol{Q}$ 和 $\boldsymbol{R}$ 表示权重矩阵。

上式中将控制量作为目标函数的状态量，结构简单并易于实现，但缺乏对控制增量的精确约束。当系统严格要求控制量的变化时，目标函数将不能取得相应的结果。因此，将目标函数的状态量替换为控制增量，则目标函数可以转化为：

$$J(\xi(t), u(t-1), \Delta U(t)) = \sum_{i=1}^{N_p} \| \eta(t+i \mid t) - \eta_{\text{ref}}(t+i \mid t) \|_{Q}^2$$
$$+ \sum_{i=1}^{N_c-1} \| \Delta u(t+i \mid t) \|_{R}^2 \qquad (5.15)$$

式中，等式右侧第一项是求解系统输出和预设轨迹之间的误差值，能够体现控制器对预设轨迹的跟踪精度；第二项对控制时域内控制增量的变化进行计算，能够反映控制量的变化要求。以控制增量为状态量的表达式能够使系统快速平稳地跟踪参考轨迹。同时，车辆在运动过程中受到多方面的约束条件，在控制系统中控制量约束、控制增量约束以及输出约束分别体现如下：

$$u_{\min}(t+k) \leqslant u(t+k) \leqslant u_{\max}(t+k), k = 0, 1, \cdots, N_c - 1 \qquad (5.16)$$
$$\Delta u_{\min}(t+k) \leqslant \Delta u(t+k) \leqslant \Delta u_{\max}(t+k), k = 0, 1, \cdots, N_c - 1 \qquad (5.17)$$
$$y_{\min}(t+k) \leqslant y(t+k) \leqslant y_{\max}(t+k), k = 0, 1, \cdots, N_c - 1 \qquad (5.18)$$

对式(5.15)所示的目标函数展开运算，能够计算出后面循环过程中的控制参数集合。但控制器的响应能力容易导致计算出现问题。因此，通过考虑松弛因子，可以有效解决被控系统出现无可行解的情况。加入松弛因子后的优化目标函数如下：

$$J(\xi(t), u(t-1), \Delta U(t)) = \sum_{i=1}^{N_p} \| \eta(t+i \mid t) - \eta_{\text{ref}}(t+i \mid t) \|_{Q}^2$$
$$+ \sum_{i=1}^{N_c-1} \| \Delta u(t+i \mid t) \|_{R}^2 + \rho \varepsilon^2 \qquad (5.19)$$

式中，ε 为系统松弛因子；ρ 为系统权重系数。

将式(5.13)代入式(5.19)，则输出量偏差表示为：

$$E(t) = \boldsymbol{\Psi}_t \tilde{\xi}(t \mid t) - Y_{\text{ref}}(t), \quad \boldsymbol{Y}_{\text{ref}} = [\eta_{\text{ref}}(t+1 \mid t), \cdots, \eta_{\text{ref}}(t+N_p \mid t)]^T \qquad (5.20)$$

经过计算，将优化目标调整为：

$$J(\xi(t), u(t-1), \Delta U(t)) = [\Delta U(t)^T, \varepsilon]^T \boldsymbol{H}_t [\Delta U(t)^T, \varepsilon] + \boldsymbol{G}_t [\Delta U(t)^T, \varepsilon] + \boldsymbol{P}_t \qquad (5.21)$$

式中，$\boldsymbol{H}_t = \begin{bmatrix} \boldsymbol{\Theta}_t^T Q \boldsymbol{\Theta}_t + \boldsymbol{R}_e & \boldsymbol{0} \\ \boldsymbol{0} & \rho \end{bmatrix}$；$\boldsymbol{G}_t = [2E(t)^T Q_e \boldsymbol{\Theta}_t \quad 0]$；$\boldsymbol{P}_t = E(t)^T Q_e E(t)$。

P_t 为常量，故每一步的带约束求解问题都可以转化为二次规划问题：

$$\begin{cases} \min\limits_{\Delta U(t), \varepsilon} [\Delta U(t)^T, \varepsilon]^T \boldsymbol{H}_t [\Delta U(t)^T, \varepsilon] + \boldsymbol{G}_t [\Delta U(t)^T, \varepsilon] \\ \Delta \boldsymbol{U}_{\min} \leqslant \Delta U(k) \leqslant \Delta \boldsymbol{U}_{\max}, k = t, t+1, \cdots, t+N_c-1 \\ \boldsymbol{U}_{\min} \leqslant u(t-1) + \sum_{i=1}^{k} \Delta U(i) \leqslant \boldsymbol{U}_{\max}, k = t, t+1, \cdots, t+N_c-1 \\ \boldsymbol{Y}_{\min} - \varepsilon \leqslant \boldsymbol{\Psi}_t \xi(t \mid t) + \boldsymbol{\Theta}_t \Delta U(t) \leqslant \boldsymbol{Y}_{\max} + \varepsilon, \varepsilon > \boldsymbol{0} \end{cases}$$
$$(5.22)$$

④ 系统反馈校正。

通过每个控制周期对式(5.22)进行求解，得到控制时域内的一系列控制输入增量为：
$$\Delta \boldsymbol{U}_t^* = \left[\Delta u_t^*, \Delta u_{t+1}^*, \cdots, \Delta u_{t+N_c-1}^* \right]^T \tag{5.23}$$

实际的控制输入增量选取控制序列中第一个元素，表示为：
$$u(t) = u(t-1) + \Delta u_t^* \tag{5.24}$$

将该控制量系统执行至下一时刻，并且系统会在下一个控制周期内对新控制时域的输出进行预测，通过不断的优化求解得到新的控制增量序列，将该过程不断循环直到系统完成控制过程。

（3）车辆轨迹跟踪控制器设计

四轮驱动电动汽车行驶过程中的平顺性和操纵稳定性是车辆动力学模型的主要考虑因素，且该模型需用于搭建的轨迹跟踪控制器中。为提升模型计算效率，降低系统复杂度，需要在保证车辆模型准确性的前提下对其进行简化，故提出以下假设：

① 不考虑车辆在垂直方向的作用力；

② 假设车辆和悬架系统为固态结构，不考虑悬架系统耦合以及车辆横摆运动的影响；

③ 假设车辆依靠前轮转向且左右轮转向角相等；

④ 不考虑轮胎作用力的横纵向耦合关系；

⑤ 不考虑空气动力学对车辆的影响。

非线性四轮驱动电动汽车模型如图 5.2 所示。

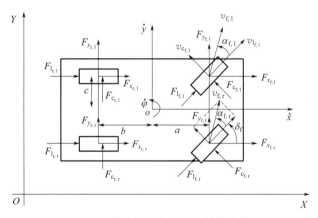

图 5.2　非线性四轮驱动电动汽车模型

分别建立车身坐标系 $o\text{-}xyz$ 和惯性坐标系 $O\text{-}XY$，利用符号 $i \in \{f,r\}$ 和符号 $j \in \{l,r\}$ 分别表示车辆前轴、后轴以及左边、右边。图 5.2 中，$F_{c_{i,j}}$ 和 $F_{l_{i,j}}$ 分别代表轮胎框架中的横向和纵向轮胎力，$F_{x_{i,j}}$ 和 $F_{y_{i,j}}$ 分别代表沿车辆横向和纵向轴的轮胎力的分量，$v_{i,j}$ 表示各个车轮的速度，$\alpha_{i,j}$ 表示各个车轮的轮胎侧偏角，δ_f 是前轮转角，a 表示轮毂到前轴的距离，b 表示轮毂到后轴的距离，c 表示轮毂到左右两侧车轮的距离，$\dot{x}$ 表示纵向速度，$\dot{y}$ 表示横向速度，$\dot{\varphi}$ 表示横摆率。

根据图 5.2，车辆沿 x 轴、y 轴和 z 轴的动力方程如下：
$$m\ddot{y} = -m\dot{x}\dot{\varphi} + F_{y_{f,l}} + F_{y_{f,r}} + F_{y_{r,l}} + F_{y_{r,r}} \tag{5.25}$$

$$m\ddot{x} = m\dot{y}\dot{\varphi} + F_{x_{f,l}} + F_{x_{f,r}} + F_{x_{r,l}} + F_{x_{r,r}} \tag{5.26}$$

$$I\ddot{\varphi} = a(F_{y_{f,l}} + F_{y_{f,r}}) - b(F_{y_{r,l}} + F_{y_{r,r}}) + c(-F_{x_{f,l}} + F_{x_{f,r}} - F_{x_{r,l}} + F_{x_{r,r}}) \tag{5.27}$$

$$I_{w}\dot{\omega}_{ij} = -F_{l_{ij}}r_{w} + T_{ij} - b_{w}\dot{\omega}_{ij} \tag{5.28}$$

式中，m 是车辆质量；I 是车辆绕 z 轴的转动惯量；I_{w} 是车轮的转动惯量，$\dot{\omega}_{ij}$ 是每个车轮的角速度；r_{w} 是车轮半径；T_{ij} 是每个车轮的驱动转矩或制动转矩；b_{w} 是阻尼系数。

经过转换车身坐标系和惯性坐标系可得：

$$\begin{cases} \dot{Y} = \dot{x}\sin\varphi + \dot{y}\cos\varphi \\ \dot{X} = \dot{x}\cos\varphi - \dot{y}\sin\varphi \end{cases} \tag{5.29}$$

式中，$\dot{X}$ 是惯性坐标系下的纵向速度；$\dot{Y}$ 是惯性坐标系下的横向速度。

轮胎在 x 和 y 方向上受到的力 F_x 和 F_y 计算如下：

$$\begin{cases} F_{y_{i,j}} = F_{l_{i,j}}\sin\delta_i + F_{c_{i,j}}\cos\delta_i \\ F_{x_{i,j}} = F_{l_{i,j}}\cos\delta_i - F_{c_{i,j}}\sin\delta_i \end{cases} \tag{5.30}$$

式中，假设只对前轮转角进行控制且左右轮为同一角度。并有：$\delta_{f,l} = \delta_{f,r} = \delta_f$，$\delta_{r,j} = 0$。

轮胎的纵向和侧向力受各种因素影响，主要包括轮胎侧偏角、滑移率、路面摩擦系数和垂向载荷等，可以将纵向轮胎力和侧向轮胎力表示为：

$$\begin{cases} F_{l_{i,j}} = f_1(\alpha_{i,j}, s_{i,j}, \mu, F_{z_{i,j}}) \\ F_{c_{i,j}} = f_c(\alpha_{i,j}, s_{i,j}, \mu, F_{z_{i,j}}) \end{cases} \tag{5.31}$$

式中，$\alpha_{i,j}$ 是轮胎侧偏角；$s_{i,j}$ 是滑移率；μ 是路面附着系数，且对所有车轮均相同；$F_{z_{i,j}}$ 是垂向载荷。

轮胎侧偏角为轮胎速度与其纵向方向的夹角，可以表示为：

$$\alpha_{i,j} = \arctan\frac{v_{c_{i,j}}}{v_{l_{i,j}}} \tag{5.32}$$

式中，$v_{c_{i,j}}$ 为轮胎侧向速度；$v_{l_{i,j}}$ 为轮胎纵向速度。如下所示：

$$\begin{cases} v_{c_{i,j}} = v_{y_{i,j}}\cos\delta_i - v_{x_{i,j}}\sin\delta_i \\ v_{l_{i,j}} = v_{y_{i,j}}\sin\delta_i + v_{x_{i,j}}\cos\delta_i \end{cases} \tag{5.33}$$

$$\begin{cases} v_{y_{f,j}} = \dot{y} + a\dot{\varphi}, v_{x_{i,l}} = \dot{x} - c\dot{\varphi} \\ v_{y_{r,j}} = \dot{y} - b\dot{\varphi}, v_{x_{i,r}} = \dot{x} + c\dot{\varphi} \end{cases} \tag{5.34}$$

滑移率可以表示为：

$$s_{i,j} = \begin{cases} \dfrac{r\omega_{i,j}}{v_{l_{i,j}}} - 1, & v_{l_{i,j}} > r\omega_{i,j}, v_{l_{i,j}} \neq 0 \\[3mm] 1 - \dfrac{v_{l_{i,j}}}{r\omega_{i,j}}, & v_{l_{i,j}} < r\omega_{i,j}, \omega_{i,j} \neq 0 \end{cases} \tag{5.35}$$

采用静态重量分布估计车轮上的垂向载荷为：

$$F_{z_{f,j}} = \frac{bmg}{2(a+b)}, \quad F_{z_{r,j}} = \frac{amg}{2(a+b)} \tag{5.36}$$

式中，g 为重力加速度。

为简化计算，可以优化车轮动力学，式(5.28) 可以忽略。将轮速假定在每个采样时间测量，并保持不变，直到下一次采样时间更新。将非线性车辆动力学模型用微分方程表示为：

$$\begin{cases} \dot{\xi}(t) = f(\xi(t), u(t)) \\ \eta(t) = h(\xi(t), u(t)) \end{cases} \tag{5.37}$$

式中，状态量 $\xi(t) = [\dot{y}, \dot{x}, \varphi, \dot{\varphi}, Y, X]'$，六种状态分别是车辆坐标系下的横向和纵向速度、横摆角、横摆角速度、惯性坐标系下的横向和纵向车辆坐标；控制量 $u(t) = [\delta_f, T_{f,l}, T_{f,r}, T_{r,l}, T_{r,r}]'$，五个元素分别为车辆前轮转角和四个车轮的制动/驱动力矩。

非线性模型预测控制（NMPC）在求解过程中需要经过复杂的数值计算，为降低计算复杂度，通过局部线性化将 NMPC 问题转化为线性时变 MPC 问题。由前面分析可得非线性四轮驱动电动汽车动力学模型为式(5.37)。

将该系统转化为离散线性时变系统，如下所示：

$$\boldsymbol{\xi}_{k+1,t} = \boldsymbol{A}_{k,t} \boldsymbol{\xi}_{k,t} + \boldsymbol{B}_{k,t} \boldsymbol{u}_{k,t} + \boldsymbol{d}_{k,t}, \quad k = t, t+1, \cdots, t+N_p-1 \tag{5.38}$$

$$\boldsymbol{\eta}_{k,t} = \boldsymbol{C}_{k,t} \boldsymbol{\xi}_{k,t} + \boldsymbol{D}_{k,t} \boldsymbol{u}_{k,t} + \boldsymbol{e}_{k,t}, \quad k = t, t+1, \cdots, t+N_p \tag{5.39}$$

式中：
$$\boldsymbol{\xi}_{k,t} = \xi(k|t)$$

$$\boldsymbol{d}_{k,t} = f(\hat{\boldsymbol{\xi}}_{k,t}, \hat{\boldsymbol{u}}_{k,t}) - \hat{\boldsymbol{A}}_{k,t} \hat{\boldsymbol{\xi}}_{k,t} - \boldsymbol{B}_{k,t} \hat{\boldsymbol{u}}_{k,t}$$

$$\boldsymbol{e}_{k,t} = h(\hat{\boldsymbol{\xi}}_{k,t}, \hat{\boldsymbol{u}}_{k,t}) - \boldsymbol{C}_{k,t} \hat{\boldsymbol{\xi}}_{k,t} - \boldsymbol{D}_{k,t} \hat{\boldsymbol{u}}_{k,t}$$

$$\boldsymbol{D}_{k,t} = \boldsymbol{D}_{t,t}, \quad k = t, t+1, \cdots, t+N_p$$

$$\boldsymbol{C}_{t,t} = \frac{\partial h(\xi(t), u(t))}{\partial \boldsymbol{\xi}} \Big|_{\xi(t), u(t-1)}$$

$$\boldsymbol{D}_{t,t} = \frac{\partial h(\xi(t), u(t))}{\partial \boldsymbol{u}} \Big|_{\xi(t), u(t-1)}$$

对于离散状态空间方程：

$$\boldsymbol{\xi}_{k+1,t} = \boldsymbol{A}_{k,t} \boldsymbol{\xi}_{k,t} + \boldsymbol{B}_{k,t} \boldsymbol{u}_{k,t} + \boldsymbol{d}_{k,t}, \quad k = t, t+1, \cdots, t+N_p-1 \tag{5.40}$$

式中，$\boldsymbol{d}_{k,t} = f(\hat{\boldsymbol{\xi}}_{k,t}, \hat{\boldsymbol{u}}_{k,t}) - \boldsymbol{A}_{k,t} \hat{\boldsymbol{\xi}}_{k,t} - \boldsymbol{B}_{k,t} \hat{\boldsymbol{u}}_{k,t}$，同时 $\boldsymbol{A}_{k,t}$ 和 $\boldsymbol{B}_{k,t}$ 可以简化为：

$$\begin{cases} \boldsymbol{A}_{k,t} = \boldsymbol{A}_{t,t}, \quad k = t, t+1, \cdots, t+N_p-1 \\ \boldsymbol{B}_{k,t} = \boldsymbol{B}_{t,t}, \quad k = t, t+1, \cdots, t+N_p-1 \\ \boldsymbol{A}_{t,t} = \boldsymbol{I} + T\boldsymbol{A}_t, \quad \boldsymbol{A}_t = \frac{\partial f(\xi(t), u(t))}{\partial \boldsymbol{u}} \Big|_{\xi(t), u(t-1)} \\ \boldsymbol{B}_{t,t} = \boldsymbol{I} + T\boldsymbol{B}_t, \quad \boldsymbol{B}_t = \frac{\partial f(\xi(t), u(t))}{\partial \boldsymbol{u}} \Big|_{\xi(t), u(t-1)} \end{cases} \tag{5.41}$$

对于离散输出方程：

$$\boldsymbol{\eta}_{k,t} = \boldsymbol{C}_{k,t} \boldsymbol{\xi}_{k,t} + \boldsymbol{D}_{k,t} \boldsymbol{u}_{k,t} + \boldsymbol{e}_{k,t}, \quad k = t, t+1, \cdots, t+N_p \tag{5.42}$$

式中，$\boldsymbol{e}_{k,t} = h(\hat{\boldsymbol{\xi}}_{k,t}, \hat{\boldsymbol{u}}_{k,t}) - \boldsymbol{C}_{k,t} \hat{\boldsymbol{\xi}}_{k,t} - \boldsymbol{D}_{k,t} \hat{\boldsymbol{u}}_{k,t}$，同时 $\boldsymbol{C}_{k,t}$ 和 $\boldsymbol{D}_{k,t}$ 可以简

化为：

$$\begin{cases} \boldsymbol{C}_{k,t} = \boldsymbol{C}_{t,t}, & k = t, t+1, \cdots, t+N_p \\ \boldsymbol{D}_{k,t} = \boldsymbol{D}_{t,t}, & k = t, t+1, \cdots, t+N_p \\ \boldsymbol{C}_{t,t} = \dfrac{\partial h(\xi(t), u(t))}{\partial \boldsymbol{\xi}} \Big|_{\xi(t), u(t-1)} \\ \boldsymbol{D}_{t,t} = \dfrac{\partial h(\xi(t), u(t))}{\partial \boldsymbol{u}} \Big|_{\xi(t), u(t-1)} \end{cases} \tag{5.43}$$

控制器的作用是控制车辆快速平稳地跟踪期望轨迹，因此，控制器同时加入了软约束条件。MPC 控制器采用式(5.44) 所示的目标函数。式中，第一项是对控制输出与参考输出之间误差的惩罚，第二项是对控制增量的惩罚，第三项是对控制变量的惩罚，第四项引入松弛因子，确保在控制期间没有最优解时，目标函数被次优解所替代。

$$\begin{aligned} J(\xi(t), u(t-1), \Delta U(t), \boldsymbol{\varepsilon}) &= \sum_{i=1}^{N_p} \| \eta(t+i \mid t) - \eta_{\mathrm{ref}}(t+i \mid t) \|_{\boldsymbol{Q}}^2 \\ &+ \sum_{i=0}^{N_c-1} \| \Delta u(t+i \mid t) \|_{\boldsymbol{R}}^2 \\ &+ \sum_{i=0}^{N_c-1} \| \mathrm{u}(t+i \mid \mathrm{t}) \|_{\boldsymbol{S}}^2 + \rho \boldsymbol{\varepsilon}^2 \end{aligned} \tag{5.44}$$

式中，$\eta_{\mathrm{ref}}(t+i \mid t)$ 是参考输出；N_c 是控制层；N_p 是预测层；ρ 是权重系数；ε 是松弛因子；$\boldsymbol{Q}$、$\boldsymbol{R}$、$\boldsymbol{S}$ 分别是控制输出、控制增量和控制变量的加权矩阵。因此，根据车辆此刻的工作点 $\xi(t)$ 和 $\xi(t-1)$，可得到如下优化问题：

$$\min_{\Delta U(t), \boldsymbol{\varepsilon}} J(\xi(t), u(t-1), \Delta U(t), \boldsymbol{\varepsilon})$$

$$\mathrm{s.\,t.} \begin{cases} \boldsymbol{\xi}_{k+1,t} = \boldsymbol{A}_{k,t}\boldsymbol{\xi}_{k,t} + \boldsymbol{B}_{k,t}\boldsymbol{u}_{k,t} + \boldsymbol{d}_{k,t}, & k = t, t+1, \cdots, t+N_p-1 \\ \boldsymbol{\eta}_{k,t} = \boldsymbol{C}_{k,t}\boldsymbol{\xi}_{k,t} + \boldsymbol{D}_{k,t}\boldsymbol{u}_{k,t} + \boldsymbol{e}_{k,t}, & k = t, t+1, \cdots, t+N_p \\ \boldsymbol{u}_{k,t} = \boldsymbol{u}_{k-1,t} + \Delta\boldsymbol{u}_{k,t}, & k = t, t+1, \cdots, t+N_c-1 \\ \Delta\boldsymbol{u}_{k,t} = \boldsymbol{0}, & k = t+N_c, t+N_c+1, \cdots, t+N_p \\ \boldsymbol{u}_{\min} \leqslant \boldsymbol{u}_{k,t} \leqslant \boldsymbol{u}_{\max}, & k = t, t+1, \cdots, t+N_p \\ \Delta\boldsymbol{u}_{\min} \leqslant \Delta\boldsymbol{u}_{k,t} \leqslant \Delta\boldsymbol{u}_{\max}, & k = t, t+1, \cdots, t+N_c-1 \\ \boldsymbol{\eta}_{\mathrm{scmin}} - \boldsymbol{\varepsilon} \leqslant \boldsymbol{\eta}_{\mathrm{sc}} \leqslant \boldsymbol{\eta}_{\mathrm{scmax}} + \boldsymbol{\varepsilon}, & k = t, t+1, \cdots, t+N_p \\ \boldsymbol{u}_{t-1,t} = u(t-1), \quad \boldsymbol{\xi}_{t,t} = \xi(t), \quad \boldsymbol{\varepsilon} \geqslant \boldsymbol{0} \end{cases}$$

$$\tag{5.45}$$

式中，$\boldsymbol{\eta}_{\mathrm{sc}}$ 表示软约束输出。

为提升四轮驱动电动汽车轨迹跟踪的精度和稳定性，在轨迹跟踪控制器中加入限制条件，具体设置如下。

① 质心侧偏角约束。

车辆行驶过程中，质心侧偏角容易影响车辆行驶稳定性。为使车辆在跟踪时将质心侧偏角限制在正常大小，通过经验公式设定质心侧偏角 β 的约束值为：

$$\begin{cases} 干燥标准路面：-12°\leqslant\beta\leqslant12° \\ 湿滑冰雪路面：-2°\leqslant\beta\leqslant2° \end{cases} \tag{5.46}$$

② 附着条件约束。

车辆与道路间的附着情况对车辆的轨迹跟踪性能产生较大影响，所以要对道路附着的限制条件进行设计。车辆纵向加速度和横向加速度与路面附着的关系为：

$$\sqrt{a_x^2+a_y^2}\leqslant\mu g \tag{5.47}$$

式中，a_x 为纵向加速度；a_y 为横向加速度。

当车辆保持匀速时，式(5.47)可简化为：

$$|a_y|\leqslant\mu g \tag{5.48}$$

该约束范围在路面附着条件较好时会过大，但侧向加速度过大会加重驾驶与乘车人员在行驶中的不适，而限制条件太小会影响系统的求解能力。所以在约束设置过程中对人员乘坐感受和系统运算性能要全面考虑，利用软约束对车辆侧向加速度进行限制，使系统在运算过程中能够自行对约束进行调整。将约束条件设置为：

$$a_{y,min}-\varepsilon\leqslant a_y\leqslant a_{y,max}+\varepsilon \tag{5.49}$$

式中，$a_{y,min}$ 和 $a_{y,max}$ 为横向加速度约束的极限值。

③ 轮胎侧偏角约束。

轮胎侧偏角与动力学模型中的状态量和控制量有如下关系：

$$\alpha_f=\frac{\dot{y}+a\dot{\varphi}}{\dot{x}}-\delta_f, \quad \alpha_r=\frac{\dot{y}+b\dot{\varphi}}{\dot{x}} \tag{5.50}$$

可以看出，在控制过程中可以由车辆动力学中的状态量和控制量求解轮胎侧偏角。从车辆行驶稳定性方面考虑，将前轮侧偏角约束设置为：

$$-4°\leqslant\alpha_f\leqslant4° \tag{5.51}$$

5.1.2 基于改进 MPC 的车辆轨迹跟踪控制系统设计

(1) 预瞄时间自适应的 MPC 算法

MPC 控制器在设置参数时一般将预瞄时间设置为 $0.3\sim1.6$ 之间的定值，当四轮驱动电动汽车在速度较高、轨迹复杂等条件下时，固定预瞄时间会影响跟踪精度，所以应使预瞄时间根据道路情况进行调整，以避免车辆跟踪误差较大。为实现上述优化目标，设计了基于迭代算法和模糊控制的预瞄时间自适应控制器，图 5.3 所示为预瞄时间自适应控制策略。该控制策略主要包括 MPC 轨迹跟踪控制器和预瞄时间自适应控制器两部分。其中，MPC 轨迹跟踪控制器为上层控制系统，根据目标函数计算动力学模型中的控制量前轮转角，并传给车辆模型。预瞄时间自适应控制器以道路曲率、轨迹偏差和车速作为输入，通过迭代算法和模糊控制器分别求解出合适的预瞄步长和采样周期，并将其输入到模型预测控制器中。

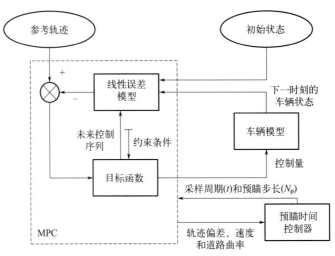

图 5.3　预瞄时间自适应控制策略

MPC 中预瞄时间 T 等于预瞄步长 N_p 与采样周期 t 之积，可以通过对预瞄步长 N_p 以及采样周期 t 进行调整实现预瞄时间自适应控制。

预瞄步长 N_p 通过参考轨迹曲率变化率进行调整，道路曲率 k_i 在仿真过程中实时获取，计算公式如下：

$$k_i = \frac{|y_i''|}{(1 + y_i'^2)^{3/2}} \tag{5.52}$$

$$y_i' = \frac{y_{i+1} - y_i}{vt/10} \tag{5.53}$$

$$y_i'' = \frac{y_{i+1}' - y_i'}{vt/10} \tag{5.54}$$

式中，y_i 表示第 i 时刻的 MPC 预瞄车辆行驶轨迹的纵坐标；v 表示当前纵向速度；t 为仿真时间。

通过式(5.52)，参考轨迹曲率变化率 $|k_i'|$ 如下所示：

$$|k_i'| = \frac{k_{i+1} - k_i}{vt/10} \tag{5.55}$$

式中，$|k_i'|$ 为第 i 时刻参考轨迹曲率变化率绝对值。

通过模型预测控制，设定参数 p 对未来时刻内的轨迹进行辨别：

$$p = \left(\frac{N_p}{10} - 1\right) \sum_{i=2}^{21} |k_i'| + \left(2 - \frac{N_p}{10}\right) \sum_{i=2}^{11} |k_i'| \tag{5.56}$$

N_p 计算如下所示：

$$N_p = \mathrm{round}(c_1 + |c_2 p + c_3|^3) \tag{5.57}$$

式中，设定 N_p 初始值为 20；c_1、c_2 和 c_3 的值分别为 11.34、2.37 和 -1.6。

采样周期 t 通过轨迹偏差 e 和道路曲率 k 进行调整。设置模糊控制器，从

MPC 中引出轨迹偏差 e 和道路曲率 k 作为输入，计算采样周期 t 作为输出。归一化处理轨迹偏差参数 E、道路曲率参数 K 如下所示：

$$E = \left| \frac{\Delta y - (\Delta y_{\max} + \Delta y_{\min})/2}{(\Delta y_{\max} - \Delta y_{\min})/2} \right| \tag{5.58}$$

$$K = \left| \frac{k - (k_{\max} + k_{\min})/2}{(k_{\max} - k_{\min})/2} \right| \tag{5.59}$$

式中，$\Delta y_{\max}$ 和 $\Delta y_{\min}$ 分别表示轨迹偏差的最大值和最小值；$k_{\max}$ 和 $k_{\min}$ 分别表示道路曲率的最大值和最小值。

设 E 和 K 的论域范围均为 $[0,1]$，将其进行等级划分为 $\{0,0.25,0.5,0.75,1\}$，对应的模糊集为 $\{VL,L,M,H,VH\}$。采样周期 t，设其参数为 T，范围为 $\{0.03,0.04,0.05,0.06,0.07\}$，对应的模糊集为 $\{VL,L,M,H,VH\}$。对采样周期进行计算的模糊规则如表 5.1 所示，经模糊控制计算后的轨迹偏差和道路曲率变化规律如图 5.4 所示，轨迹偏差和道路曲率与采样周期的取值主要对应于图 5.4 左下部分。

表 5.1　对采样周期进行计算的模糊规则

	E	VL	L	M	H	VH
	VL	VH	VH	M	L	VL
	L	H	H	M	L	VL
K	M	M	M	L	VL	VL
	H	L	L	VL	VL	VL
	VH	L	VL	VL	VL	VL

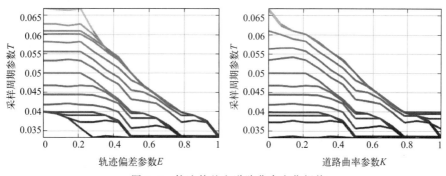

图 5.4　轨迹偏差和道路曲率变化规律

（2）车辆差矩转向调节控制

由于四轮驱动电动汽车相较于传统车辆取消了差速传动装置，要对转向轮的差矩问题进行处理。已知质心侧偏角对车辆转向的稳定性起关键作用[1]，故提出一种以质心侧偏角为控制目标的模糊控制器，用于调节四轮驱动电动汽车转向时的差值转矩。

车辆质心侧偏角参考值与实际值之间的误差 $e = e_r - e_o$，以及误差的导数 $e_c = \mathrm{d}e/\mathrm{d}t$ 可以较好地反映车辆的动态特性。质心侧偏角在汽车行驶过程中易对车辆稳定性造成影响，所以转矩分配控制策略中模糊控制器的理想质心侧偏角趋于零。所设计输入为质心侧偏角误差 e 和误差导数 e_c，输出为驱动轮转矩调节量 ΔT。

确定质心侧偏角误差 e 与质心侧偏角误差导数 e_c 的物理论域为 $[-6,6]$；转矩调节量 ΔT 物理论域为 $[-100,100]$。$\{NB,NM,NS,ZE,PS,PM,PB\}$ 为 e、e_c 和 ΔT 的模糊集，制定的模糊规则如表 5.2 所示，输入输出关系如图 5.5 所示。由图 5.5 可以看出，质心侧偏角误差与转矩调节量的取值主要对应于中间位置，质心侧偏角误差的导数与转矩调节量的取值在中间位置范围变大。

表 5.2 模糊规则

e 模糊集		NB	NM	NS	ZE	PS	PM	PB
e_c 模糊集	NB	PB	PB	PB	PB	ZE	ZE	ZE
	NM	PB	PB	PM	PM	ZE	ZE	NS
	NS	PB	PM	PM	PS	ZE	NS	NM
	ZE	PB	PM	PS	ZE	NS	NS	NM
	PS	PM	PS	PS	NS	NM	NM	NB
	PM	PS	ZE	ZE	NS	NM	NB	NB
	PB	ZE	ZE	ZE	NB	NB	NB	NB

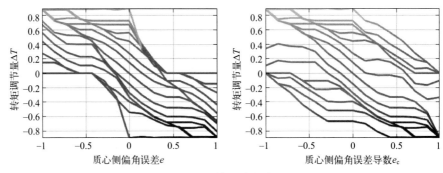

图 5.5 输入输出关系

5.1.3 车辆联合仿真平台验证与分析

(1) 联合仿真平台搭建

CarSim 软件可以在仿真处理中模拟车辆的性能。CarSim 中能够灵活方便地设置车辆行驶环境以及驾驶员运行工况，针对车辆中所设置的各项动力学性能进行验证分析，其主要功能模块包括：车辆模型和仿真工况设置、模型求解与外部环境接口以及计算输出和图形后处理。CarSim 主界面如图 5.6(a) 所示，CarSim 仿真流程如图 5.6(b) 所示。

① 车辆模型和仿真工况设置。

该模块包括车辆模型参数设置、驾驶员模型设置和仿真环境设置。其中，车辆模型参数设置主要包括选择合适的车型，以及对车辆尺寸参数、动力传递

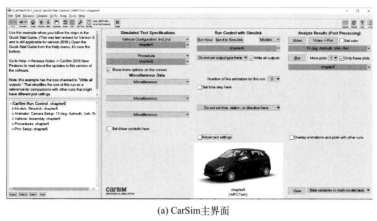

(a) CarSim主界面

车辆模型 → 求解器类型和仿真时间等 → 车辆数学模型求解 → 仿真数据图形绘制

驾驶员模型 → 车辆数学模型求解 → 3D动画动态显示

仿真工况 → 外部环境接口：Simulink、LabVIEW

(b) CarSim仿真流程

图 5.6　CarSim 主界面与仿真流程

系统、轮胎和悬架系统等进行设置；驾驶员模型设置主要包括车速模式和速度大小设置，以及对制动系统、换挡控制系统和转向系统等进行设置；仿真环境设置主要包括对路面工况、仿真开始与结束条件等进行设置。

② 模型求解与外部环境接口。

该模块包括求解器类型设置、模型步长和仿真时间等参数设置以及部分代码接口设置。同时，该模块也作为 LabVIEW、dSPACE 和 Simulink 等其他外部软件环境的接口，能够配置联合仿真的输入、输出系统以及仿真文件的路径。

③ 计算输出和图形后处理。

该模块包括设置输出参数、图形绘制以及模型动态显示。可以通过该模块中数据图形绘制部分输出指定的曲线图形，以便于进行实验分析；通过仿真动画窗口能够直接观测到车辆在道路环境中的运行情况，并可以指定需要的参数，便于后续修改和存储。

下面介绍四轮驱动电动汽车仿真模型建立步骤。

① 车辆参数设置。

车辆仿真模型的建立是后续分析验证的基础，在软件 Vehicle Configuration 模块中选择 CS B-Class 中的 Hatchback 车型作为试验车型，基于四轮驱动电动汽车对该车型的车辆参数进行调整。四轮驱动电动汽车参数如表 5.3 所示，调整后的 CarSim 四轮驱动电动汽车模型设置如图 5.7 所示。

表 5.3　四轮驱动电动汽车参数

参数	数值	参数	数值
整车质量	700kg	额定转速	1000r/min
轴距	2600mm	最高转速	1200r/min
质心到前轴距离	1040mm	额定功率	5kW
质心到后轴距离	1560mm	最高功率	6.5kW
绕 Z 轴转动惯量	700kg·m²	额定转矩	110N·m
前轮侧向刚度	66900N/rad	最高转矩	170N·m
后轮侧向刚度	62700N/rad	额定电压	72V
轮胎规格	185/65 R15	额定电流	49.6A
滚动阻力系数	0.0		

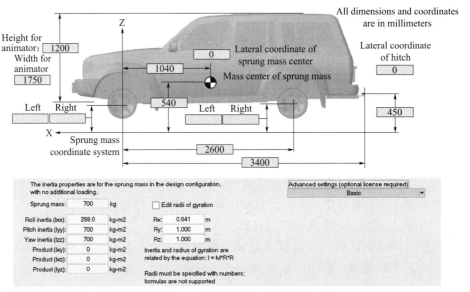

图 5.7　CarSim 四轮驱动电动汽车模型设置

② CarSim 轮胎模型。

在联合仿真过程中选择车辆轮胎模型为 185/65 R15，轮胎设置参数如图 5.8 所示。具体包括：参考垂直力 5500N，有效滚动半径 298mm，自由半径 310mm，轮胎刚度 232N/mm，轮胎宽度 185mm。

③ CarSim 悬架模型。

悬架系统选择独立悬架，其建模过程主要包括独立悬架 K 特性和 C 特性建模，按车辆模型默认参数设置，其设置过程如图 5.9 所示。悬架 K 特性主要指由车轮跳动导致的车轮外倾角、前束角、俯冲角以及轮心纵向和侧向位移等变化。独立悬架 K 特性设置如图 5.9(a) 所示，主要包括：簧下质量、绕主销转动部分的比重、左右两侧车轮的转动惯量、轮距等参数。悬架 C 特性主要指悬架系统中的弹性元件受到切向力和回正力矩所导致的车轮外倾角、

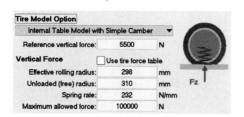

图 5.8　轮胎设置参数

前束角、俯冲角以及轮心纵向和侧向位移等变化。独立悬架 C 特性设置如图 5.9(b) 所示，主要包括：悬架弹簧、减震器阻尼特性、限位块刚度、附加侧倾刚度等参数。

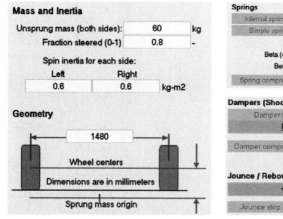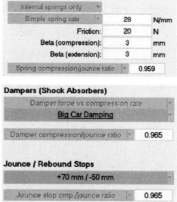

(a) 独立悬架K特性设置　　　　　　　(b) 独立悬架C特性设置

图 5.9　独立悬架参数设置

④ 驾驶员模型搭建。

本书设计的控制器能够向 CarSim 模型提供车轮转角和速度信息，因此不需要对车辆模型进行制动和转向设置，驾驶员模型设置主要包括：制动控制中选择无制动；转向接收 Simulink 中输出的前轮转角；道路宽度根据仿真工况进行调整，在避障过程中设置参照物为树木；仿真时间为 20s；车速和道路附着系数设置随各仿真工况的不同而变化。

⑤ 动力传递系统。

由于本书所选用的四轮驱动电动汽车在 CarSim 中无法直接选择，需要自行设置驱动、传动系统以及外接电机控制模块。永磁同步电机具有运行可靠、效率高等优点，在矢量控制下具有高功率密度，能够取得优良的控制性能，被广泛应用于车辆转向、驱动等控制领域。在 Simulink 中搭建的永磁同步电机模型如图 5.10 所示，其中，电机模型输入为电机转速，输出为转矩。电机转速计算公式如下：

$$n = \frac{v_x \times 60}{2\pi R_{\text{tire}} \times 3.6} \tag{5.60}$$

式中，n 为电机转速；v_x 为车辆纵向速度；R_{tire} 为轮胎滚动半径。

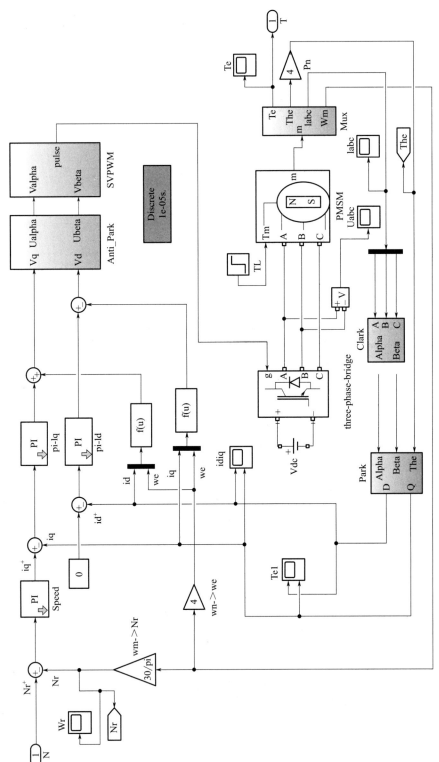

图 5.10 永磁同步电机模型

通过切断 CarSim 原本的动力传输系统，将 Simulink 中电机模块的输出转矩接入到 CarSim 输入系统中，以此将传统燃油车辆模型转换为四轮驱动电动车辆模型。调整后的动力系统如图 5.11 所示。

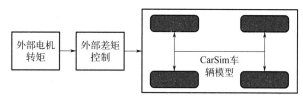

图 5.11　调整后的动力系统

前面已完成对 CarSim 四轮驱动电动汽车仿真模型的搭建，接下来还需要设置与外部环境进行数据传输的输入、输出接口。其中，CarSim 输入接口设置为四个车轮的转角和转矩，CarSim 输出接口设置为车辆动力学系统的六个状态量、前轮的滑移率和质心侧偏角。CarSim 输入输出接口如图 5.12 所示。通过与搭建好的控制器模块建立输入输出关系，CarSim/Simulink 四轮驱动电动汽车联合仿真平台如图 5.13 所示。图 5.13 中，MY_MPCController_gz 模块为轨迹跟踪控制器，预瞄步长 N_p 在控制器内运算求解；采样周期 t 通过 t_controller 模块求解，计算后保存在工作区间，轨迹跟踪控制器通过读取工作区间来调节采样周期；fuzzy controller 模块为基于模糊控制的差矩控制器。

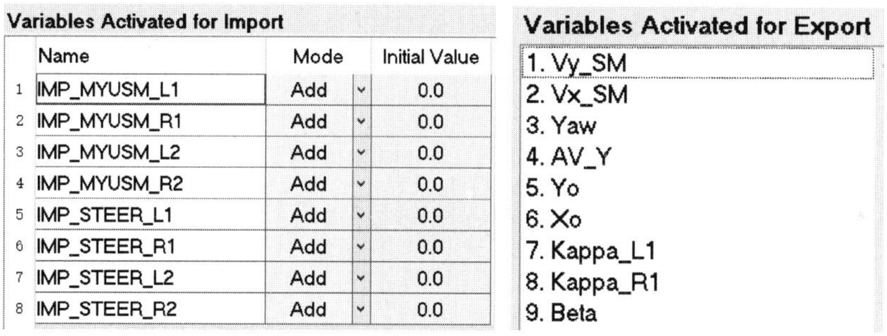

Variables Activated for Import				Variables Activated for Export
	Name	Mode	Initial Value	1. Vy_SM
1	IMP_MYUSM_L1	Add	0.0	2. Vx_SM
2	IMP_MYUSM_R1	Add	0.0	3. Yaw
3	IMP_MYUSM_L2	Add	0.0	4. AV_Y
4	IMP_MYUSM_R2	Add	0.0	5. Yo
5	IMP_STEER_L1	Add	0.0	6. Xo
6	IMP_STEER_R1	Add	0.0	7. Kappa_L1
7	IMP_STEER_L2	Add	0.0	8. Kappa_R1
8	IMP_STEER_R2	Add	0.0	9. Beta

图 5.12　CarSim 输入输出接口

（2）不同控制方法对比仿真实验

① 自适应预瞄时间与固定预瞄时间对比。

通过四轮驱动电动汽车联合仿真平台，比较自适应预瞄时间 MPC 与固定预瞄时间 MPC 的跟踪效果。车速 72km/h 的轨迹跟踪效果如图 5.14(a) 所示，采用自适应预瞄时间 MPC 时，车辆轨迹与参考轨迹之间的横向偏差最大值为 0.99m，横向偏差的均方根为 0.23m；采用固定预瞄时间 MPC 时，车辆轨迹与参考轨迹之间的横向偏差最大值为 1.25m，横向偏差的均方根为 0.36m。车速 108km/h 的轨迹跟踪效果如图 5.14(b) 所示，采用自适应预瞄时间 MPC 时，车辆轨迹与参考轨迹之间的横向偏差最大值为 2.28m，横向偏差的均方根为 0.37m；采用固定预瞄时间 MPC 时，车辆轨迹与参考轨迹之间的横向偏差最大值为 2.41m，横向偏差的均方根为 0.83m。由图 5.14 可以看出，在不同的速度工况下，相较于固定预瞄时间，自适应预瞄时间提高了转弯时的轨迹跟踪精度。

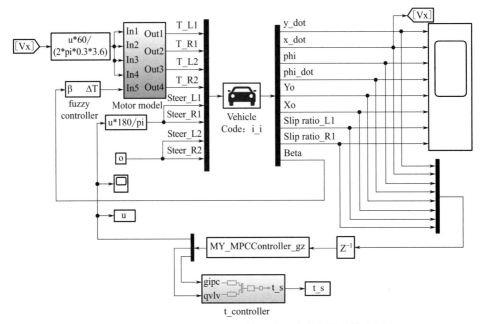

图 5.13　CarSim/Simulink 四轮驱动电动汽车联合仿真平台

相较于固定预瞄时间，采用自适应预瞄时间在曲线跟踪过程中的效果得到加强，车辆行驶的稳定性和跟踪的准确性得到改善。

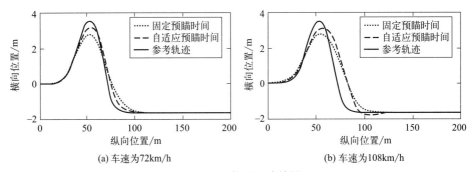

(a) 车速为72km/h　　　　　　　　　(b) 车速为108km/h

图 5.14　轨迹跟踪效果

车速 72km/h 的预瞄时间如图 5.15(a) 所示。从图中可以看出，道路曲率最大处预瞄时间低至 0.43s，在轨迹后半段曲率较小时预瞄时间提高至 0.75s，预瞄时间在道路曲率较大时减小，车辆行驶稳定性得到提升。车速 108km/h 的预瞄时间如图 5.15(b) 所示。从图中可以看出，由于车速较快，预瞄时间保持在 0.75s 以下进行调整，在道路曲率较大处预瞄时间低至 0.42s，曲率较小时预瞄时间能够相应增加，该控制器满足预瞄时间自适应的要求。

② MPC 与 SMC 对比仿真实验。

通过引入 SMC 算法，与 MPC 在四轮驱动电动汽车联合仿真平台进行对比验证。选择车速 90km/h，道路摩擦系数 0.8，模拟结果如图 5.16 所示。图 5.16(a) 和图 5.16(b) 展现了两个控制器的跟踪轨迹结果和航向角变化曲线。采用 MPC 控制器时，车辆轨迹与参考轨迹之间的横向偏差最大值为

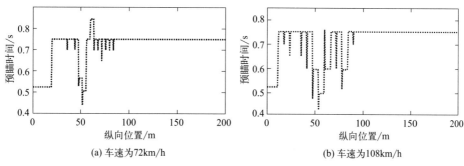

(a) 车速为72km/h

(b) 车速为108km/h

图 5.15　预瞄时间

1.44m，横向偏差的均方根为 0.25m；航向角与期望航向角之间的偏差最大值为 7.50°，偏差的均方根为 1.38°。采用 SMC 控制器时，车辆轨迹与参考轨迹的最大横向偏差为 2.31m，横向偏差均方根为 0.79m；航向角与期望航向角之间的偏差最大值为 14.86°，偏差的均方根为 5.71°。MPC 的横向偏差 1.44m 和航向角偏差 7.50°，小于 SMC 的横向偏差 2.31m 和航向角偏差 14.86°，可见在这种情况下，MPC 控制器的跟踪效果优于 SMC 控制器。图 5.16(c) 所示为两个控制器作用下的前轮转角变化曲线，MPC 控制的前轮转角最大绝对值为 2.18°，而 SMC 控制的前轮转角最大绝对值为 3.82°，比较可得 2.18°＜3.82°，结果表明，MPC 控制器的输出转向角小，变化平稳。图 5.16(d) 所示为两个控制器作用下的质心侧偏角变化曲线，MPC 控制的质心侧偏角最大绝对值为 1.38°，SMC 控制的质心侧偏角最大值为 1.88°，根据式(5.46) 已知 $-12° \leqslant \beta \leqslant 12°$，故质心侧偏角均小于极限约束。

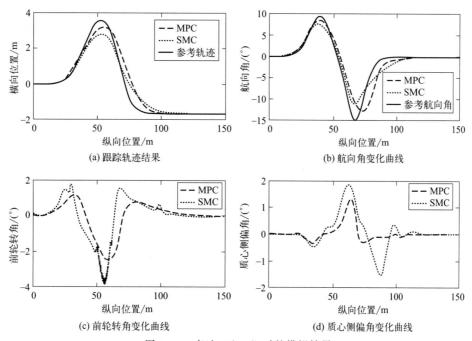

(a) 跟踪轨迹结果

(b) 航向角变化曲线

(c) 前轮转角变化曲线

(d) 质心侧偏角变化曲线

图 5.16　车速 90km/h 时的模拟结果

(3) 不同速度和道路附着工况仿真验证

① 不同车速轨迹跟踪验证。

设定在三种纵向车速 72km/h、90km/h、108km/h 的状况下跟踪双移线轨迹，道路附着条件为理想干燥路面，$\mu=0.8$。不同车速仿真结果如图 5.17 所示。图 5.17(a) 和图 5.17(b) 所示分别为车辆在不同速度下的跟踪轨迹结果和在不同速度下的轨迹偏差变化曲线，由图可以看出，车辆在三种速度条件下都能跟随参考轨迹行驶，跟踪误差随车速增加而增大，并且在曲率较大处跟踪误

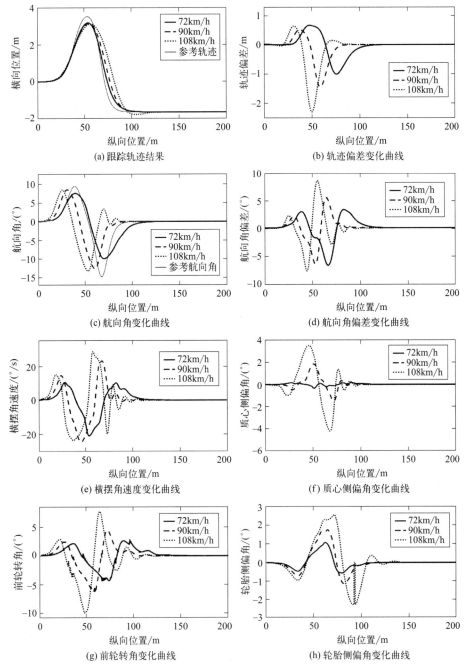

图 5.17 不同车速仿真结果

差也较为明显。图 5.17(c) 和图 5.17(d) 所示分别为车辆在不同速度下的航向角变化曲线和在不同速度下的航向角偏差变化曲线，由图可以看出，航向角在各个速度下变化平稳，随车速的增加，车辆航向角也提前发生变化，航向角偏差也随之加大。

图 5.17(e) 和图 5.17(f) 所示分别为车辆在不同速度下的横摆角速度变化曲线和在不同速度下的质心侧偏角变化曲线，由图可以看出，横摆角速度波动范围随车速增加而增大；质心侧偏角在车速较低时变化平缓，在车速为 108km/h 时其幅值达到 $-4.18°$ 和 $3.52°$，这是由于车速较高导致稳定性略有降低，根据式(5.46) 已知 $-12°\leqslant\beta\leqslant12°$，故质心侧偏角在不同速度工况下均小于此约束极限，表明车辆行驶稳定性较好。图 5.17(g) 和图 5.17(h) 所示分别为车辆在不同速度下的前轮转角变化曲线和在不同速度下的轮胎侧偏角变化曲线，由图可以看出，前轮转角和轮胎侧偏角在车速 72km/h 和 90km/h 时整体变化平缓，当车速处于 108km/h 时，前轮转角和轮胎侧偏角均出现较高幅值的变化，轮胎侧偏角幅值达到 $-2.29°$ 和 $2.58°$，这是由于车速较高导致稳定性降低，根据式(5.51) 已知 $-4°\leqslant\alpha_f\leqslant4°$，故整体均未超出此约束极限。综合上述不同速度下的跟踪结果可知，车辆随速度的增加使跟踪精度降低，但车辆各项参数均符合约束要求，控制器能够控制车辆在三种不同速度工况下都拥有良好的行驶稳定性。

② 不同路面附着条件轨迹跟踪验证。

针对干燥、湿滑和雪地三种路面条件，分别选取附着系数 $\mu=0.3$、0.5、0.8 三种情况来测试车辆轨迹跟踪能力，设定车速为 72km/h。不同附着条件下仿真结果如图 5.18 所示。

图 5.18(a) 和图 5.18(b) 所示分别为车辆在不同附着系数下的跟踪轨迹结果和在不同附着系数下的轨迹偏差变化曲线，由图可以看出，车辆在道路附着系数良好的环境下有较好的轨迹跟踪性能；当道路环境较差时（$\mu=0.3$），虽然能够完成轨迹跟踪，但道路环境也使得跟踪误差提升至 4.3m。图 5.18(c) 和图 5.18(d) 所示分别为车辆在不同附着系数下的航向角变化曲线和在不同附着系数下的航向角偏差变化曲线，由图可以看出，在纵向轨迹 $100\sim150$m 处，当 $\mu=0.3$ 时航向角偏差出现峰值，随道路附着系数的增加，航向角实际值愈来愈接近于参考值。图 5.18(e) 和图 5.18(f) 所示分别为车辆在不同附着系数下的横摆角速度变化曲线和在不同附着系数下的质心侧偏角变化曲线，由图可以看出，当 $\mu=0.3$ 时横摆角速度在一定角度下短暂持续，车辆质心侧偏角在纵向轨迹 150m 处由于路面环境较差而仍出现部分波动，当 $\mu=0.5$ 时其幅值达到 $-0.95°$ 和 $0.74°$，根据式(5.46) 已知冰雪路面下 $-2°\leqslant\beta\leqslant2°$，故质心侧偏角在不同附着条件下均小于约束极限，车辆运行过程平稳。图 5.18(g) 和图 5.18(h) 所示分别为在不同附着系数下的前轮转角变化曲线和在不同附着系数下的轮胎侧偏角变化曲线。由图 5.18(g) 可以看出，在路面较好时前轮转角变化平缓，当 $\mu=0.3$ 时，由于附着系数较低，前轮转角出现较大幅度的波动。由图 5.18(h) 可以看出，轮胎侧偏角变化平稳，当路面附着系数较低时幅值达到 $-2.33°$ 和 $2.89°$，根据式(5.51) 已知 $-4°\leqslant\alpha_f\leqslant4°$，轮胎侧偏角整体未超出约束极限。

综合上述不同附着条件下的轨迹跟踪结果可知，车辆随道路附着条件降低使轨迹跟踪精度下降，但车辆参数均未超出约束极限，说明控制器能够控制车辆在不同附着条件下有良好的轨迹跟踪性能，对不同的道路环境都保持稳定的跟踪行驶能力。

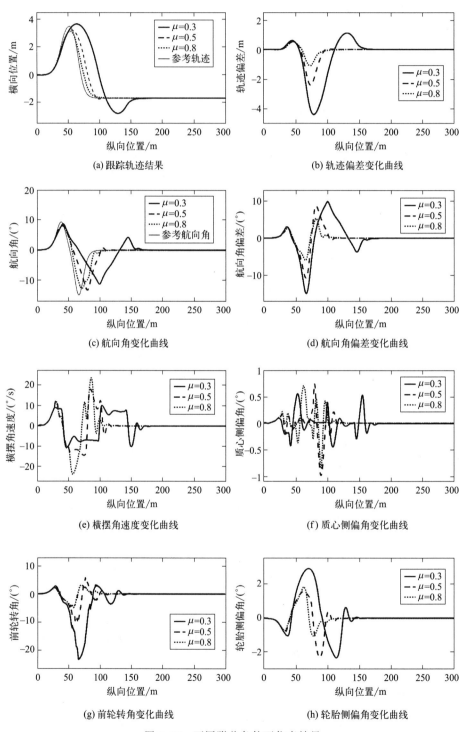

图 5.18　不同附着条件下仿真结果

5.2 联合规划层的车辆轨迹跟踪控制系统

本节设计一种联合规划层的四轮驱动电动汽车轨迹跟踪控制系统，该系统包括轨迹规划模块和轨迹跟踪控制模块。轨迹规划模块能够接收障碍物信息，在满足约束的条件下规划出安全、平滑的避障轨迹；轨迹跟踪控制模块接收并跟踪规划出的避障轨迹，完成避障行驶。最后，通过联合仿真平台验证四轮驱动电动汽车在不同速度和不同障碍物工况下的轨迹跟踪性能。

5.2.1 联合规划层的车辆轨迹跟踪控制系统设计

联合规划层的四轮驱动电动汽车轨迹跟踪控制系统如图 5.19 所示。该系统上层为轨迹规划模块，用于接收参考路径和障碍物信息以进行轨迹规划，并输出局部避障轨迹；下层为轨迹跟踪控制模块，用于接收上层轨迹规划模块输出的局部避障轨迹，计算并输出四轮驱动电动汽车所需的控制量。

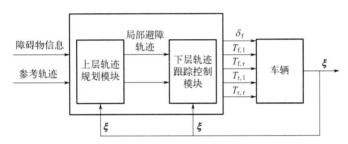

图 5.19　联合规划层的四轮驱动电动汽车轨迹跟踪控制系统

上层轨迹规划模块需满足以下条件：

① 轨迹规划模块输出的避障轨迹应尽可能降低与参考轨迹间的偏差。

② 轨迹规划模块输出的避障轨迹需满足车辆动力学约束。

③ 轨迹规划模块输出的避障轨迹能够在满足安全避障的条件下，进行避障行驶。

下层轨迹跟踪控制模块需满足以下条件：

① 轨迹跟踪过程中，应尽可能降低车辆实际跟踪轨迹与轨迹规划模块输出的避障轨迹间的误差。

② 通过优化计算得到的车辆控制量须满足执行机构的控制要求。

③ 在四轮驱动电动汽车行驶过程中应该保证车辆行驶的稳定性。

5.2.2 车辆轨迹规划模块设计

（1）车辆点质量模型

车辆模型的选取受控制器性能以及计算量等因素的影响，为提高计算效率，在轨迹规划模块中使用简化的车辆模型，能够有效提升控制性能。因此，在轨迹规划模块中将车辆视为具有给定质量的点。分别建立车身坐标系 xoy 和惯性坐标系 XOY，车辆点质量模型如图 5.20 所示。图中，v_x 和 v_y 分别为车辆沿 x 方向和 y 方向的速度，φ 为车辆横摆角。

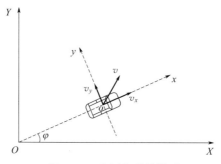

图 5.20 车辆点质量模型

假设车辆纵向速度保持恒定，则定义点质量模型如下：

$$\ddot{y} = a_y \tag{5.61}$$

$$\ddot{x} = 0 \tag{5.62}$$

$$\dot{\varphi} = \frac{a_y}{\dot{x}} \tag{5.63}$$

$$\dot{Y} = \dot{x}\sin\varphi + \dot{y}\cos\varphi \tag{5.64}$$

$$\dot{X} = \dot{x}\cos\varphi - \dot{y}\sin\varphi \tag{5.65}$$

考虑车辆动力学约束，加入约束条件：

$$|a_y| < \mu g \tag{5.66}$$

式中，最大侧向加速度 a_y 以 μg 为界。则点质量动力学模型为：

$$\dot{\xi}(t) = f(\xi(t), u(t)) \tag{5.67}$$

式中，状态向量 $\xi(t) = [\dot{y}, \dot{x}, \varphi, Y, X]'$，各项分别为车辆在 y 和 x 方向的车速、车辆横摆角以及车体位置的纵坐标和横坐标；u 代表控制量前轮转角。

（2）选取起始参考轨迹点

当四轮驱动电动汽车在跟踪过程中进行轨迹规划时，需要对规划轨迹和参考轨迹之间的偏差 $\boldsymbol{\eta} - \boldsymbol{\eta}_{\text{ref}}$ 进行计算，其中关键问题是对车辆起始参考轨迹点的选择。寻找参考轨迹点的方法如图 5.21 所示。图 5.21(a) 所示为几何法，该方法能够在轨迹跟踪过程中，在全局参考路径上寻找距离车辆最近的轨迹点。几何法是通过利用行驶道路的曲率信息，以车辆质心为起点，作垂直于行驶道路的直线，该直线与行驶道路的交点便作为起始参考轨迹点。通过多次仿真发现，几何法在小尺寸障碍物上效果较好，车辆能够顺利避开障碍物并可以在参考轨迹点的指引下到达目标点。但车辆在躲避尺寸较大的障碍物后参考轨迹点会再次回到起始点，这是因为在参考轨迹点选取过程中未考虑目标点信息，当车辆规划出的轨迹航向角大于90°时，车辆会将之前走过的参考点当作新的参考轨迹点。

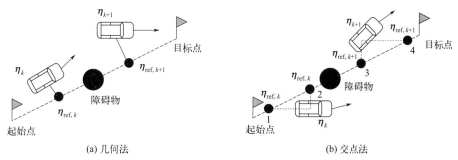

(a) 几何法　　　　　　　　　　　　　(b) 交点法

图 5.21　寻找参考轨迹点的方法

为避免出现上述情况，需在参考轨迹点选择范围中加入目标点信息。在轨迹跟踪过程中无论车辆处于什么位置，都会在全局坐标系下作平行于 x 轴和 y 轴的两条直线，这两条直线与全局参考轨迹相交，该方法称为交点法，如图 5.21(b) 所示。图中，车辆在 k 时刻和 $k+1$ 时刻分别与期望轨迹有两个交点，通过计算这两个交点到目标点的距离，选取距目标点较近的点作为参考起始点。图 5.21(b) 中，车辆在 k 时刻和 $k+1$ 时刻分别选择点 2 和点 3 作为参考轨迹点。

(3) 轨迹规划避障函数设计

四轮驱动电动汽车在行驶过程中检测到的障碍物信息通常由激光雷达等传感器给出。当距离障碍物点较近时，可以通过聚类算法将其拟合为大型障碍物单独表示；当距离障碍物点较远时，可以将其看作各个分散的小障碍物。因此，可以针对单独的障碍物设计避障功能函数。惩罚函数是通过求得目标点与障碍物点之间的距离偏差来调节函数值的大小，距离偏差与函数值大小成反比。通过考虑车辆速度和惩罚函数占比对避障的影响，选择的避障功能函数如下所示：

$$J_{\text{obs},i} = \frac{S_{\text{obs}} v_i}{(x_i - x_0)^2 + (y_i - y_0)^2 + \zeta} \tag{5.68}$$

式中，S_{obs} 为权重系数；$v_i = v_x^2 + v_y^2$；(x_i, y_i) 是障碍物点所处车身坐标系位置；(x_0, y_0) 是车辆质心坐标；ζ 为避免分母为 0 而设定的较小正数。

设定各参数，障碍物相对坐标导致的函数值变化规律如图 5.22 所示。为避免轨迹规划过程中出现车辆穿越障碍物的现象，依据车辆尺寸大小对障碍物进行放大或分割处理。障碍物膨胀分割关系如图 5.23 所示。

轨迹规划模块要在保证避障的基础上规划出避障轨迹，并能够最大程度地贴合全局路径。惩罚函数表示对障碍物的避障过程，轨迹规划控制器表示如下：

$$\min \sum_{i=1}^{N_p} \| \eta(t+i|t) - \eta_{\text{ref}}(t+i|t) \|_Q^2 + \| U_i \|_Q^2 + J_{\text{obs},i}$$

$$\text{s.t.} \, U_{\min} \leqslant U_t \leqslant U_{\max} \tag{5.69}$$

式中，$J_{\text{obs},i}$ 是采样时刻 i 的避障函数。

在联合规划层的轨迹跟踪控制系统中，对轨迹规划模块的工作效率要求小于跟踪控制模块，并且轨迹规划模块中的车辆模型也已进行优化处理，非线性模型预测控制算法具备更高的求解精度，能够满足轨迹规划的要求。

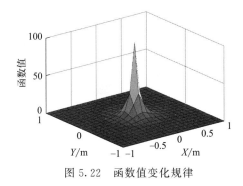

图 5.22 函数值变化规律

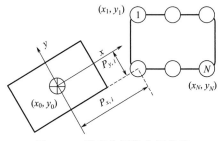

图 5.23 障碍物膨胀分割关系

5.2.3 车辆轨迹跟踪控制器设计

本节轨迹跟踪控制器采用 5.1 节建立的预瞄时间自适应 MPC 轨迹跟踪控制器，其中，目标函数如下所示：

$$J(\xi(t),u(t-1),\Delta U(t),\boldsymbol{\varepsilon}) = \sum_{i=1}^{N_p} \| \eta(t+i \mid t) - \eta_{\text{ref}}(t+i \mid t) \|_{\boldsymbol{Q}}^2$$
$$+ \sum_{i=0}^{N_c-1} \| \Delta u(t+i \mid t) \|_{\boldsymbol{R}}^2$$
$$+ \sum_{i=0}^{N_c-1} \| u(t+i \mid t) \|_{\boldsymbol{S}}^2 + \rho \boldsymbol{\varepsilon}^2$$

$$\min_{\Delta U(t),\boldsymbol{\varepsilon}} J(\xi(t),u(t-1),\Delta U(t),\boldsymbol{\varepsilon})$$

$$\text{s. t.} \begin{cases} \boldsymbol{\xi}_{k+1,t} = \boldsymbol{A}_{k,t}\boldsymbol{\xi}_{k,t} + \boldsymbol{B}_{k,t}\boldsymbol{u}_{k,t} + \boldsymbol{d}_{k,t}, & k=t,t+1,\cdots,t+N_p-1 \\ \boldsymbol{\eta}_{k,t} = \boldsymbol{C}_{k,t}\boldsymbol{\xi}_{k,t} + \boldsymbol{D}_{k,t}\boldsymbol{u}_{k,t} + \boldsymbol{e}_{k,t}, & k=t,t+1,\cdots,t+N_p \\ \boldsymbol{u}_{k,t} = \boldsymbol{u}_{k-1,t} + \Delta \boldsymbol{u}_{k,t}, & k=t,t+1,\cdots,t+N_c-1 \\ \Delta \boldsymbol{u}_{k,t} = \boldsymbol{0}, & k=t+N_c,\cdots,t+N_p \\ \boldsymbol{u}_{\min} \leqslant \boldsymbol{u}_{k,t} \leqslant \boldsymbol{u}_{\max}, & k=t,t+1,\cdots,t+N_p \\ \Delta \boldsymbol{u}_{\min} \leqslant \Delta \boldsymbol{u}_{k,t} \leqslant \Delta \boldsymbol{u}_{\max}, & k=t,t+1,\cdots,t+N_c-1 \\ \boldsymbol{\eta}_{\text{scmin}} - \boldsymbol{\varepsilon} \leqslant \boldsymbol{\eta}_{\text{sc}} \leqslant \boldsymbol{\eta}_{\text{scmax}} + \boldsymbol{\varepsilon}, & k=t,t+1,\cdots,t+N_p \\ \boldsymbol{u}_{t-1,t} = u(t-1), \boldsymbol{\xi}_{t,t} = \xi(t), \boldsymbol{\varepsilon} \geqslant \boldsymbol{0} \end{cases}$$

式中，$\eta_{\text{ref}}(t+i \mid t)$ 是参考输出；$\boldsymbol{\eta}_{\text{sc}}$ 表示软约束输出；N_c 是控制层；N_p 是预测层；ρ 是权重系数；$\boldsymbol{\varepsilon}$ 是松弛因子；$\boldsymbol{Q}$、$\boldsymbol{R}$、$\boldsymbol{S}$ 分别是控制输出、控制增量和控制变量的加权矩阵。

5.2.4 车辆联合仿真平台验证与分析

为验证控制系统的性能，结合已搭建的四轮驱动电动汽车联合仿真平台，加入轨迹规划模块和障碍物模型，进行联合规划层的轨迹跟踪实验验证。表 5.4

为轨迹跟踪控制系统控制器参数。

表 5.4　轨迹跟踪控制系统控制器参数

控制参数	轨迹规划模块	轨迹跟踪模块
预瞄步长 N_p/m	15	20(初始值)
控制步长 N_c/m	2	5
采样周期 T/s	0.1	0.05(初始值)
加权矩阵 Q	100	$\begin{bmatrix} 2000 & 0 \\ 0 & 10000 \end{bmatrix}$
加权矩阵 R	20	5×10^5
松弛因子	—	1000

图 5.24 所示为加入规划层的四轮驱动电动汽车联合仿真平台。其中，MY_MPCController_gh 为轨迹规划模块，静态障碍物在轨迹规划模块内进行设置，动态障碍物设置是通过引入另一个 CarSim 车辆模型，将车辆的位置和速度信息输入到轨迹规划模块。轨迹跟踪模块接收四轮驱动电动汽车仿真模型的状态量参数和避障轨迹，进行避障行驶。

（1）静态障碍物避障工况仿真验证

① 单个障碍物避障工况仿真验证。

设定在 72km/h、82km/h、90km/h 的速度下跟踪双移线轨迹，障碍物左下角坐标为（30，0.5），路面摩擦系数为 0.8，避障函数权重系数为 30。

图 5.25 所示为单个障碍物仿真结果。图 5.25(a) 和图 5.25(b) 分别为车辆在不同速度下避障后跟踪轨迹结果和侧向加速度变化曲线，由图可以看出，车辆在三种不同的速度下都能够顺利避开障碍物，随着速度的增加，车辆的实际轨迹距离障碍物越来越远，车辆在 72km/h 的侧向加速度保持在 $\pm0.4g$ 以内，侧向加速度幅值在 82km/h 和 90km/h 下分别为 $-0.45g$ 和 $-0.48g$，均略低于 $-0.4g$，但整体变化平稳。图 5.25(c) 和图 5.25(d) 所示分别为车辆的横摆角变化曲线和横摆角速度变化曲线，图中所示车辆横摆角和横摆角速度在各个速度下躲避障碍物的过程中变化平稳，且幅值随车速提升而略有增加，车辆行驶稳定。图 5.25(e) 和图 5.25(f) 所示分别为前轮转角变化曲线和质心侧偏角变化曲线。图 5.25(e) 所示前轮转角在轨迹曲率较高处出现部分波动，但整体保持在较低范围内，控制器输出平稳。图 5.25(f) 所示质心侧偏角变化稳定，不同速度工况下的幅值均保持在 $(-1°,1.5°)$ 范围内，根据式(5.46) 已知 $-12°\leqslant\beta\leqslant12°$，质心侧偏角整体小于极限值，车辆行驶稳定性好。图 5.25(g) 所示为轮胎侧偏角变化曲线，由图可以看出，轮胎侧偏角能够保持在 $(-1°,2°)$ 范围内，根据式(5.51) 已知 $-4°\leqslant\alpha_f\leqslant4°$，故整体未超出约束极限。

综合上述不同速度下的单个障碍物避障轨迹跟踪结果可知，车辆避障过程顺利，车辆各项参数均符合约束要求，轨迹规划和跟踪控制模块的控制器输出稳定。

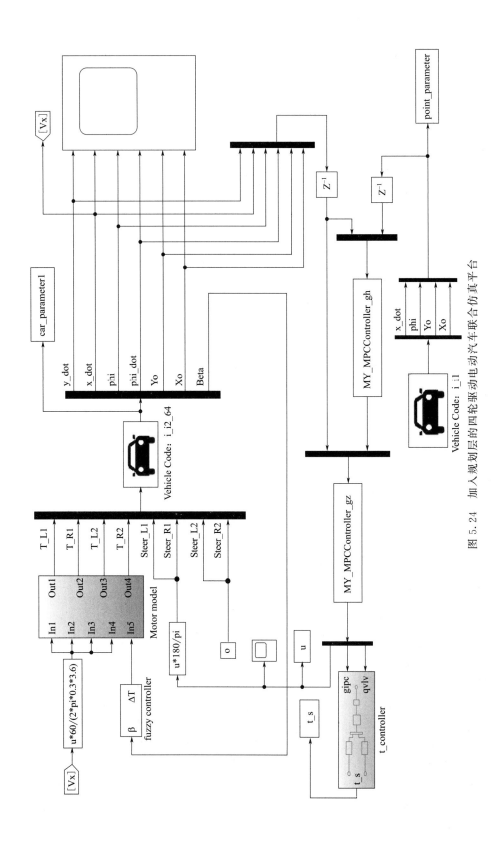

图 5. 24 加入规划层的四轮驱动电动汽车联合仿真平台

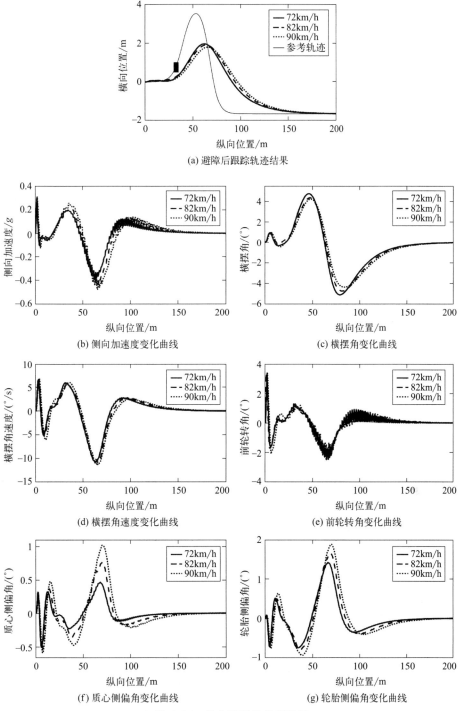

(a) 避障后跟踪轨迹结果

(b) 侧向加速度变化曲线

(c) 横摆角变化曲线

(d) 横摆角速度变化曲线

(e) 前轮转角变化曲线

(f) 质心侧偏角变化曲线

(g) 轮胎侧偏角变化曲线

图 5.25　单个障碍物仿真结果

② 两个障碍物避障工况仿真验证。

设定在 72km/h、80km/h、90km/h 的速度下跟踪双移线轨迹，两个障碍物左下角坐标分别为（30,0.5）和（140,−1.7），路面摩擦系数为 0.8，避障函数权重系数为 100。图 5.26 所示为两个障碍物仿真结果。

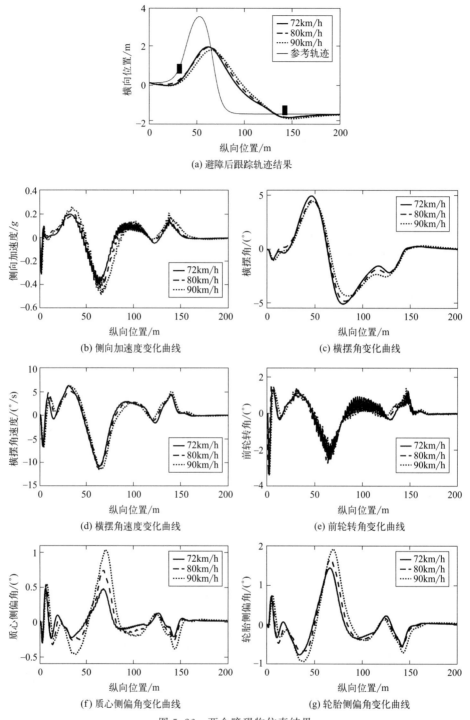

(a) 避障后跟踪轨迹结果

(b) 侧向加速度变化曲线

(c) 横摆角变化曲线

(d) 横摆角速度变化曲线

(e) 前轮转角变化曲线

(f) 质心侧偏角变化曲线

(g) 轮胎侧偏角变化曲线

图 5.26 两个障碍物仿真结果

图 5.26(a) 和图 5.26(b) 所示分别为车辆在不同速度下避障后跟踪轨迹结果和侧向加速度变化曲线, 由图可以看出, 车辆在三种不同的速度下都能够顺利避开障碍物, 车辆的侧向加速度整体变化平稳, 在 72km/h 下侧向加速度保持在 ±0.4g 以内, 侧向加速度幅值在 80km/h 和 90km/h 下分别为 −0.42g 和

$-0.48g$，均略低于$-0.4g$，侧向加速度随速度增加而略微增大。图 5.26(c)和图 5.26(d) 所示分别为车辆的横摆角变化曲线和横摆角速度变化曲线，由图可以看出，在纵向轨迹 80～150m 处，车辆横摆角和横摆角速度在各个速度下躲避障碍物时均出现不同幅度的抖动，这是由连续遇到障碍物，车辆转向频率较高导致，但车辆整体行驶稳定。图 5.26(e) 和图 5.26(f) 所示分别为前轮转角变化曲线和质心侧偏角变化曲线。由图 5.26(e) 可以看出，前轮转角的曲线输出连续，在纵向轨迹 80～150m 处，不同速度下的转向角均出现波动，但控制器输出平稳。由图 5.26(f) 可以看出，质心侧偏角在较小范围内发生变化，不同速度工况下幅值保持在$(-1°,1.5°)$范围内，根据式(5.46) 已知$-12°\leqslant\beta\leqslant$ $12°$，均小于约束值，车辆行驶稳定。图 5.26(g) 所示为轮胎侧偏角变化曲线，其值大小在各个速度条件下均保持在$(-1°,2°)$范围内，根据式(5.51) 已知$-4°\leqslant\alpha_f\leqslant4°$，故整体满足约束要求。

综合上述不同速度工况下的两个障碍物避障轨迹跟踪结果可知，车辆针对两个障碍物条件避障顺利，车辆各项参数均符合约束要求，控制器输出稳定，满足不同速度工况下的要求。

（2）动态障碍物避障工况仿真验证

① 动态障碍物沿参考轨迹行驶仿真工况。

设定四轮驱动电动汽车为目标车辆，仿真工况设置为：目标车辆速度 72km/h，障碍物车辆速度 27km/h；目标车辆速度 82km/h，障碍物车辆速度 36km/h。CarSim 中目标车辆为灰色，障碍物车辆为黑色，参照物为树木，设置障碍物轨迹为参考轨迹，障碍物车辆的起点设置在纵向位置 30m 处。

避障轨迹结果和车辆避障模型如图 5.27～图 5.30 所示。图 5.27 和图 5.29 所示分别为目标车辆速度 72km/h 时避障轨迹结果和车辆避障模型。由图 5.27 可以看出，目标车辆在起始位置有避障行驶的趋势，然后在纵向位置 20m 处避障行驶，避障过程中黑色障碍物车辆沿参考轨迹行驶，灰色目标车辆在障碍物车辆右侧避障的同时逐步跟踪参考轨迹行驶，并于纵向位置 160m 处跟踪至参考轨迹。图 5.28 和图 5.30 所示分别为目标车辆速度 82km/h 时避障轨迹结果和车辆避障模型。由图 5.28 可以看出，目标车辆在纵向位置 5m 处略微向上偏离，然后在纵向位置 20m 处避障行驶，由于速度加快，避障幅值小于 72km/h，避障过程中灰色目标车辆在避障前后均有跟踪参考轨迹的趋势，能够在障碍物右侧避障的同时进行轨迹跟踪，于纵向位置 160m 处跟踪至参考轨迹。

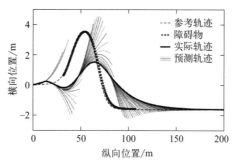

图 5.27 72km/h 避障轨迹结果（一）（见书后彩插）

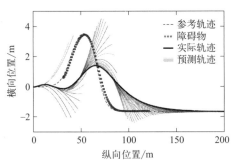

图 5.28　82km/h 避障轨迹结果（一）（见书后彩插）

(a) 避障前　　　　　　　　　　　　　(a) 避障前

(b) 避障中　　　　　　　　　　　　　(b) 避障中

(c) 避障后　　　　　　　　　　　　　(c) 避障后

图 5.29　72km/h 车辆避障模型（一）　　　图 5.30　82km/h 车辆避障模型（一）

　　图 5.31(a) 和图 5.31(b) 所示分别为车辆的横摆角变化曲线和横摆角速度变化曲线，图中所示目标车辆躲避动态障碍物时，横摆角和横摆角速度曲线平滑，其幅值随速度变化较小，车辆稳定行驶。图 5.31(c) 和图 5.31(d) 所示分别为侧向加速度变化曲线和质心侧偏角变化曲线。由图 5.31(c) 可以看出，目

标车辆侧向加速度在纵向位置 0～20m 波动明显，这是由于车辆在避障过程中不断调整；车速在 82km/h 时，侧向加速度幅值为－0.44g，略低于－0.4g。由图 5.31(d) 可以看出，目标车辆质心侧偏角在（－1°，1°）范围内变化，根据式(5.46) 已知－12°≤β≤12°，说明质心侧偏角未超过约束值，目标车辆未发生侧翻情况，行驶稳定性较好。

综上所述，控制器能够控制四轮驱动电动汽车在不同速度下完成避障行驶，车辆整体行驶稳定性较好。

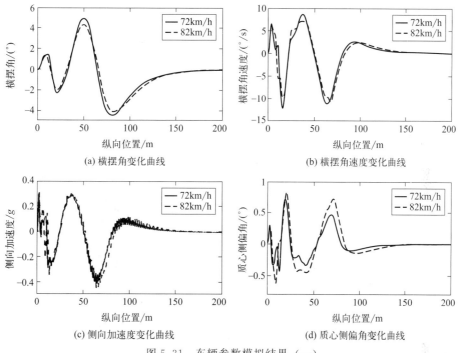

图 5.31　车辆参数模拟结果（一）

② 动态障碍物沿随机轨迹行驶仿真工况。

设定四轮驱动电动汽车为目标车辆，仿真工况设置为：目标车辆速度 72km/h，障碍物车辆速度 40km/h；目标车辆速度 82km/h，障碍物车辆速度 40km/h。CarSim 中目标车辆为灰色，障碍物车辆为黑色，参照物为树木。

相关图见图 5.32～图 5.36。图 5.32 和图 5.34 所示为目标车辆速度 72km/h

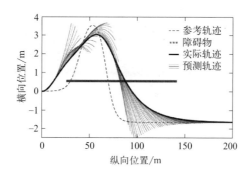

图 5.32　72km/h 避障轨迹结果（二）（见书后彩插）

时避障轨迹结果和车辆避障模型，设定障碍物车辆距目标原点 25m，并沿横向位置 $Y=0.5m$ 直线行驶。由图 5.32 可以看出，目标车辆在起始位置检测到障碍物车辆，避障过程中灰色目标车辆于障碍物车辆左侧完成避障行驶，并于纵向位置 160m 处跟踪至参考轨迹。图 5.33 和图 5.35 所示为目标车辆速度 82km/h 时避障轨迹结果和车辆避障模型，设定障碍物车辆距目标原点 25m，并沿横向位置 $Y=0.1m$ 直线行驶。由图 5.33 所示可得，目标车辆速度加快后，需将障碍物车辆的横向位置降低，以满足车辆高速状态下的避障行驶。在避障过程中观察到，由于车速较快，目标车辆与障碍物车辆的相对位置距离较近。

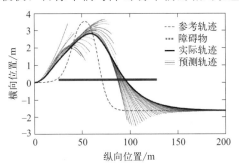

图 5.33　82km/h 避障轨迹结果（二）（见书后彩插）

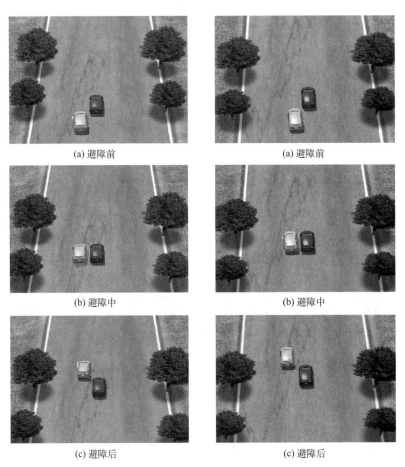

(a) 避障前　　　　　　　　　　　　　(a) 避障前

(b) 避障中　　　　　　　　　　　　　(b) 避障中

(c) 避障后　　　　　　　　　　　　　(c) 避障后

图 5.34　72km/h 车辆避障模型（二）　　图 5.35　82km/h 车辆避障模型（二）

图 5.36 (a) 和图 5.36 (b) 所示分别为车辆的横摆角变化曲线和横摆角速度变化曲线，由图可知，目标车辆躲避动态障碍物时，横摆角和横摆角速度曲线平滑，整体变化平稳，车辆稳定行驶。图 5.36 (c) 和图 5.36 (d) 所示分别为侧向加速度变化曲线和质心侧偏角变化曲线。由图 5.36 (c) 可以看出，目标车辆侧向加速度输出平稳，在跟踪轨迹曲率较高处出现部分波动，当速度处于 82km/h 时，侧向加速度为 $-0.43g$，低于 $-0.4g$，稳定性受到影响。由图 5.36 (d) 可以看出，目标车辆质心侧偏角在 $(-1°,1°)$ 范围内变化，根据式 (5.46) 已知 $-12°\leqslant\beta\leqslant12°$，故远低于约束值，说明目标车辆未发生侧翻情况，具有较高的行驶稳定性。

综上所述，控制器能够控制四轮驱动电动汽车在不同速度下对随机轨迹障碍物避障行驶，车辆行驶稳定性较好。

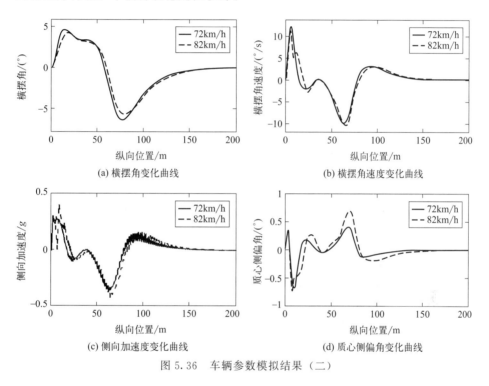

图 5.36 车辆参数模拟结果（二）

5.3 考虑动力学特征的车辆轨迹跟踪控制系统

本节设计一种考虑动力学特征的四轮驱动电动汽车轨迹跟踪控制系统，在系统中搭建速度规划模块，使车辆能够根据与障碍物之间的距离计算出下一时刻的目标车辆速度。通过联合仿真平台进行动态障碍物工况下的仿真验证，并搭建四轮驱动电动汽车硬件在环测试平台，验证轨迹跟踪控制系统在硬件环境中的有效性。

5.3.1 车辆速度规划模块搭建

(1) 速度规划模块框架

车辆处在避障工况行驶时，容易因为车速过高影响避障效果，并提升车辆侧倾风险。故提出一种变速度工况下的轨迹跟踪控制方法，通过搭建速度规划模块，使车辆在行驶过程中能够根据路况信息对车辆纵向速度进行调整，提升车辆行驶稳定性。

四轮驱动电动汽车速度规划模块框架如图5.37所示。设定四轮驱动电动汽车为目标车辆，目标车辆与障碍物的纵向位置和速度以及目标车辆预瞄距离为控制输入。其中，目标车辆和障碍物之间的距离通过两者间的纵向位置计算，将距离信息和当前目标车辆的速度信息传输给速度规划模块，从而对下一时刻的车速进行求解。

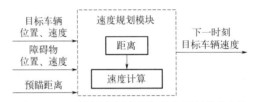

图5.37 四轮驱动电动汽车速度规划模块框架

(2) 速度规划模块仿真模型设计

在Simulink中选取函数模块进行仿真流程的搭建，设定四轮驱动电动汽车为目标车辆，图5.38所示为速度规划模块仿真模型。其中，First Car Xo接口为障碍物车辆的纵向位置，Second Car Xo接口为目标车辆的纵向位置，Second Car Vx接口为目标车辆的纵向速度，Car2 Vx接口为计算出的下一时刻目标车辆速度。在Simulink函数模块中，依据当前车速确定速度变化范围，设定目标车辆预瞄距离为30m，目标车辆与障碍物间的距离为d；当$0 \leqslant d \leqslant 30$时，目标车辆速度逐步减少；否则目标车辆速度逐步增加。

图5.39所示为加入速度规划模块的四轮驱动电动汽车联合仿真平台。图中，Change_V模块为所设计的速度规划模块，通过控制输入目标车辆和障碍物的位置和速度信息，计算并输出下一时刻的目标车辆速度，利用该速度计算下一时刻的电机转矩。

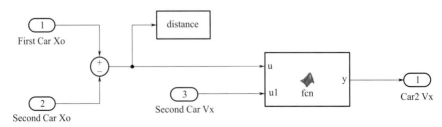

图5.38 速度规划模块仿真模型

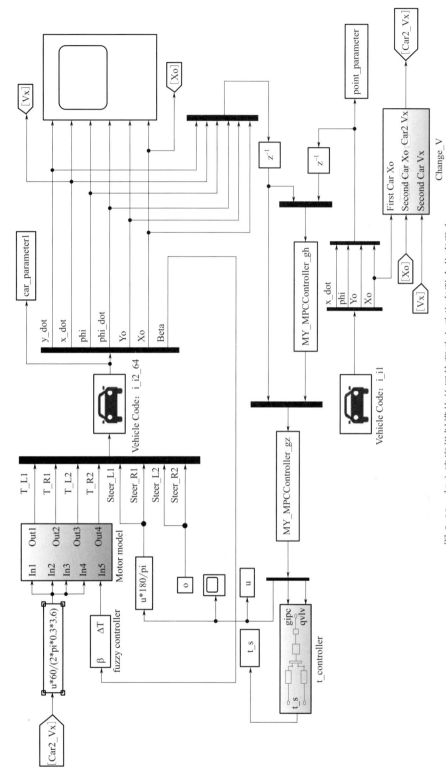

图 5.39 加入速度规划模块的四轮驱动电动汽车联合仿真平台

5.3.2 车辆联合仿真平台验证与分析

(1) 动态障碍物沿参考轨迹行驶仿真工况

设定四轮驱动电动汽车为目标车辆，仿真工况设置为：目标车辆初始速度为82km/h，障碍物车辆速度为36km/h，道路摩擦系数为0.8，障碍物轨迹为参考轨迹，起点在纵向位置30m处。分别进行固定速度和变速度的轨迹跟踪，加入速度规划模块后，目标车辆的预瞄距离为30m。图5.40为跟踪轨迹对比结果，图5.41为车辆参数模拟结果。

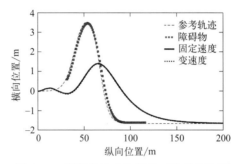

图5.40　跟踪轨迹对比结果（沿参考轨迹）

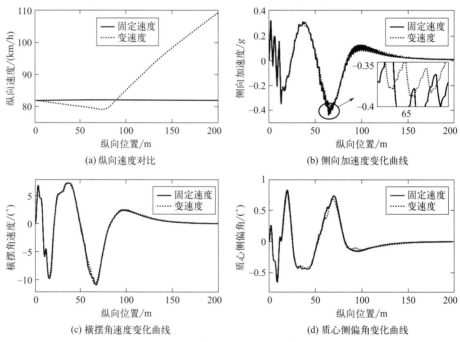

图5.41　车辆参数模拟结果（沿参考轨迹）

由图5.40可以看出，加入速度规划模块后跟踪轨迹略微向下偏移。图5.41（a）和图5.41（b）所示分别为仿真得到的纵向速度对比和侧向加速度变化曲线。由图5.41（a）可以看出，未加入速度规划模块时车速不会根据路况进行调节；

加入速度规划模块后，目标车辆在初始地点就检测到障碍物信息，故车速在开始就逐渐降低，在纵向位置75m处，目标车辆越过障碍物，车速随即逐步增加。由图5.41(b)可以看出，加入速度规划模块后的侧向加速度在曲率较高处低于固定车速下的侧向加速度，整体幅值保持在$(-0.4g, 0.4g)$范围内，避免车辆出现侧翻情况。图5.41(c)和图5.41(d)所示分别为横摆角速度变化曲线和质心侧偏角变化曲线，由图可以看出，曲率较高时加入速度规划模块后的横摆角速度和质心侧偏角优于固定速度工况，提升了车辆行驶稳定性。

综上所述，加入速度规划模块后的轨迹跟踪能够降低目标车辆侧向加速度，提升车辆平稳性。

（2）动态障碍物沿随机轨迹行驶仿真工况

设定四轮驱动电动汽车为目标车辆，仿真工况为：目标车辆初始速度为82km/h，障碍物车辆速度为40km/h，路面摩擦系数为0.8，障碍物车辆距目标原点25m，沿横向位置$Y=0.1m$直线行驶。分别进行固定速度和变速度的轨迹跟踪，加入速度规划模块后，目标车辆预瞄距离为30m。

图5.42为跟踪轨迹对比结果，由图可以看出，加入速度规划模块后跟踪轨迹在纵向位置0～70m内略微向上偏移。图5.43为车辆参数模拟结果。图5.43(a)和图5.43(b)所示分别为纵向速度对比结果和侧向加速度变化曲线。图5.43(a)表明，未加入速度规划模块时车速不会根据路况进行调节；加入速度规划模块

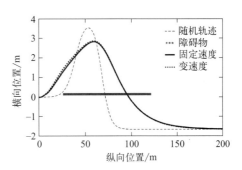

图5.42 跟踪轨迹对比结果（沿随机轨迹）

后，目标车辆在初始地点就检测到障碍物信息，故车速在开始就逐渐降低，在纵向位置85m处，目标车辆越过障碍物，车速随即逐步增加。由图5.43(b)可以看出，加入速度规划模块后的侧向加速度整体幅值保持在$(-0.4g, 0.4g)$范围内，避免车辆出现侧翻情况。图5.43(c)和图5.43(d)所示分别为横摆角速度变化曲线和质心侧偏角变化曲线，由图可以看出，曲率较高时加入速度规划模块后的横摆角速度和质心侧偏角优于固定速度工况，提升了目标车辆行驶稳定性。

综上所述，加入速度规划模块后的轨迹跟踪能够有效减少转向时的侧向加速度，提升目标车辆的行驶稳定性。

5.3.3 车辆硬件在环测试平台实验与分析

（1）硬件在环测试平台框架

前面将轨迹跟踪控制系统在 CarSim/Simulink 联合仿真平台上进行了仿真验证，下面将轨迹跟踪控制系统应用到四轮驱动电动汽车硬件在环测试平台。图5.44所示为搭建的四轮驱动电动汽车硬件在环测试平台框架。

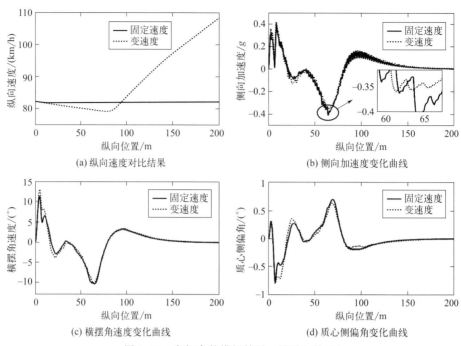

(a) 纵向速度对比结果

(b) 侧向加速度变化曲线

(c) 横摆角速度变化曲线

(d) 质心侧偏角变化曲线

图 5.43　车辆参数模拟结果（沿随机轨迹）

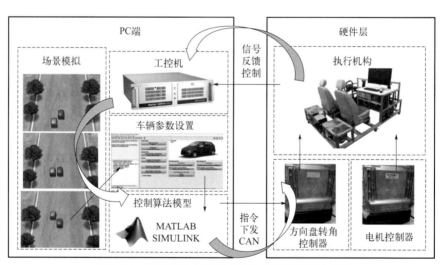

图 5.44　四轮驱动电动汽车硬件在环测试平台框架

　　四轮驱动电动汽车硬件在环测试平台主要由上位机仿真平台和硬件在环测试平台组成。

　　上位机软件主要由 CarSim 和 MATLAB/Simulink 组成，一方面 CarSim 能够设置车辆仿真模型和传感器数据，另一方面可提供虚拟测试工况场景。车辆的轨迹规划模块和跟踪控制模块基于 MATLAB/Simulink 搭建，Simulink 控制算法接收 CarSim 提供的车辆参数进行决策计算，并通过 CAN 网络将相应的控制信号发送给底层控制器，进而控制硬件执行机构运转。

　　硬件在环测试平台主要包括工控机、电机控制模块、转向控制模块、CAN

通信模块、转速传感器、方向盘转角传感器等。其中，上位机软件在工控机上运行，通过显示器能够观察软件运行状态和数据，上位机软件通过 CAN 通信模块与底层控制器连接。硬件在环测试平台如图 5.45 所示。

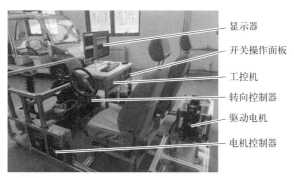

显示器
开关操作面板
工控机
转向控制器
驱动电机
电机控制器

图 5.45　硬件在环测试平台

（2）硬件在环测试平台搭建

四轮驱动电动汽车硬件在环测试平台采用 CAN 通信控制，如图 5.46 所示。

图 5.46　CAN 通信设备

四轮驱动电动汽车硬件在环测试平台在已搭建的四轮驱动电动汽车联合仿真平台的基础上，将 Simulink 中速度规划模块计算出的车速转换为期望电机转速，将轨迹跟踪控制算法输出的前轮转角转换为期望方向盘转角，通过信号发送模块中的 CAN Pack 模块和 CAN Transmit 模块，将期望电机转速下发到底层电机控制器中，将期望方向盘转角下发到底层方向盘转角控制器，使执行机构按期望的转角和转速运转。随后，通过信号接收模块中的 CAN Receive 模块将方向盘的实际转角和电机的实际转速传输至上位机 Simulink 中，并利用 CAN Unpack 模块对该数据进行解析，解析后将实际电机转速输入到电机控制模块中用于转矩的计算，将实际方向盘转角转换为前轮转角输入到 CarSim 中。通过运行硬件在环测试平台，能够在上位机软件处观察目标车辆的轨迹跟踪状态与车辆参数变化情况，同时能够验证轨迹跟踪控制系统在硬件平台上的有效性。搭建的四轮驱动电动汽车硬件在环测试平台如图 5.47 所示。

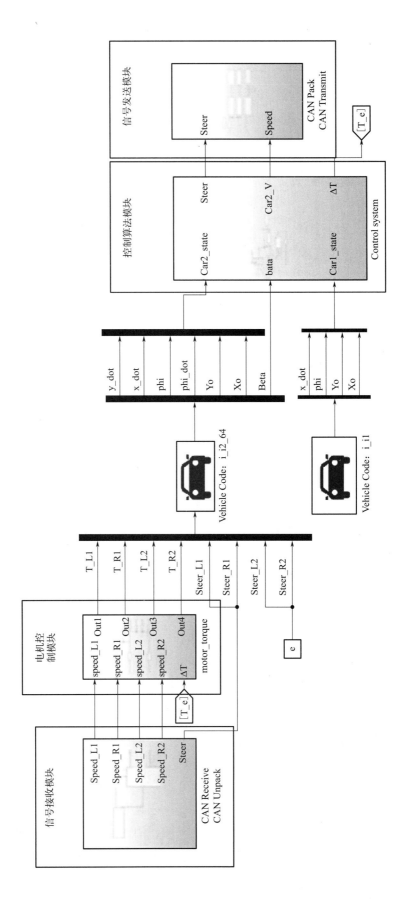

图 5.47 四轮驱动电动汽车硬件在环测试平台

在图 5.47 中，将轨迹规划模块、轨迹跟踪控制模块、差值转矩计算模块和速度规划模块集成到控制算法模块中，通过输入目标车辆的状态量和质心侧偏角，以及障碍物的位置和速度信息，能够计算出所需的前轮转角、下一时刻的车速和转矩调节量，将前轮转角和车速分别转换为期望方向盘转角和期望电机转速提供给信号发送模块，将转矩调节量提供给电机控制模块。

（3）硬件在环测试平台仿真实验结果

通过对比变速度工况下 MPC 轨迹跟踪和常规工况下 SMC 轨迹跟踪的性能，验证加入速度规划模块的轨迹跟踪控制系统在硬件平台上的有效性。设定四轮驱动电动汽车为目标车辆，仿真工况设置为：目标车辆初始速度为 70km/h，障碍物车辆速度为 26km/h，道路摩擦系数为 0.8，障碍物运行轨迹为参考轨迹，起点在纵向位置 30m 处。进行变速度的轨迹跟踪，变速度工况下，目标车辆的预瞄距离为 30m。硬件在环测试平台实验结果如图 5.48 所示。

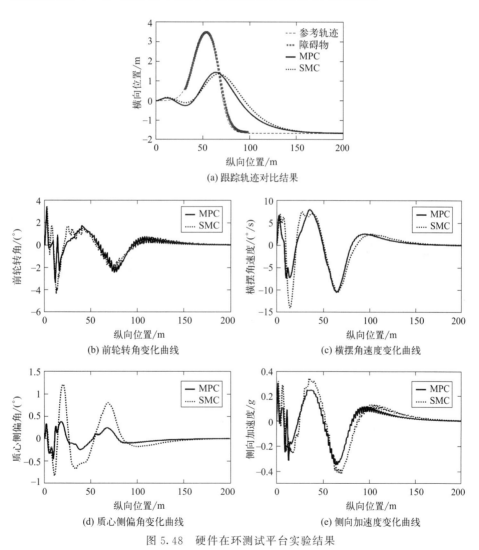

图 5.48　硬件在环测试平台实验结果

图 5.48(a) 是跟踪轨迹对比结果，可以看出，MPC 跟踪轨迹在纵向位置

10～50m 处略低于 SMC 跟踪轨迹，避障完成后 MPC 跟踪轨迹优于 SMC 跟踪轨迹。图 5.48（b）和图 5.48（c）所示分别为前轮转角变化曲线和横摆角速度变化曲线，由图可见，MPC 和 SMC 前轮转角在初始位置幅值变化较大，MPC 前轮转角最大值为 3.37°，SMC 前轮转角最大值为 4.15°，MPC 控制器变化较为平稳，SMC 横摆角速度在纵向位置 15m 处出现较大的幅值变化。图 5.48（d）和图 5.48（e）所示分别为质心侧偏角变化曲线和侧向加速度变化曲线，由图可见，MPC 质心侧偏角相较于 SMC 更为平缓，且侧向加速度在 MPC 控制器下的幅值在（−0.4g，0.4g）之内，侧向加速度在 SMC 控制器下的幅值达到 −0.43g，超出 −0.4g，车辆容易发生侧翻，影响车辆行驶的稳定性。

硬件在环测试平台实验转矩值如图 5.49 所示。MPC 转矩差的平均值为 1.85N·m，SMC 转矩差的平均值为 3.39N·m，可以看出，加入速度规划模块的 MPC 转矩差相较于 SMC 变化更为平缓。

综上所述，基于 MPC 的轨迹跟踪精度优于 SMC，加入速度规划模块的 MPC 轨迹跟踪控制器能够控制车辆获得良好的行驶稳定性。

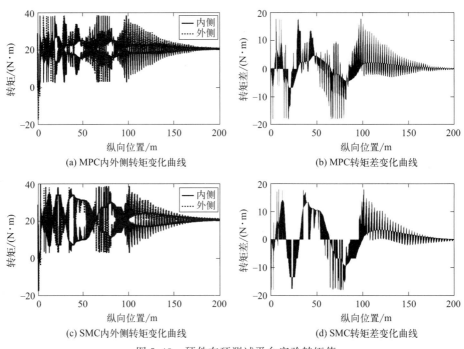

图 5.49　硬件在环测试平台实验转矩值

参　考　文　献

[1]　靳立强，田端洋，刘阅．电动轮汽车驱动助力转向与稳定性协调控制 [J]．机械工程学报，2018，54（16）：160-169．

第
6
章

城市工况下智能
网联汽车轨迹规划
与控制方法研究

6.1 智能网联环境模型与智能车辆模型搭建

6.1.1 基于 PreScan 的智能网联环境建模

本节在 PreScan 中搭建智能网联整体环境模型如图 6.1 所示，包括交通信号灯、树木、车辆、坡度路段、弯道路段、直行路段和交叉口。智能网联局部环境模型如图 6.2 所示，每种路段都有交通信号灯和各种障碍（包括静止的交通事故车辆、正常行驶车辆和移动行人等）。本节使用 V2X 通信技术和 TIS 传感器等方式实现目标车辆与外界环境的信息交互。

图 6.1 智能网联整体环境模型

图 6.2 智能网联局部环境模型

（1）V2X 通信技术应用

V2X 通信技术，又称为 Vehicle to Everything，它是一种车载的无线通信技术，可以实现以目标车辆为通信中心，与周围路基设备、云端、其他车辆的信息交互，从而获取实时路况信息。它可以减少交通拥堵，降低交通事故发生率，提高通行效率，是智慧交通系统发展的关键。V2X 通信技术具体包括：

① 目标车辆与其他车辆的通信：常见的应用如汽车防碰撞系统；

② 目标车辆与路基设备的通信：常见的应用如交通信号灯的时间提示；

③ 目标车辆与行人之间的通信：常见的应用如汽车的安全距离报警系统；

④ 目标车辆与云端之间的通信：常见的应用如云端服务器、导航实时地图等。

本节在交通信号灯等路基设备和各种车辆中使用了 V2X 通信技术，从而实现车与路和车与车的信息交互。在配置 V2X 时，需要进行两次设置，分别为智能车辆中的配置和 V2X 信号设置。智能车辆配置 V2X 通信技术如图 6.3 所示，接收发器类型选择双向传输。V2X 信号设置有 BSM Verbos、CAM、DENM 和 Generic 四个大类，可根据实验需要自主选择，本节选择 DENM 和 Generic。其中，DENM 信号设置如图 6.4 所示，用于传递车辆的各种实时信息，如位置信息、车辆形状信息和状态信息等；Generic 信号设置如图 6.5 所示，用于传输交通信号灯等基础设施的信息。目标车辆与 V2X 模型如图 6.6 所示。

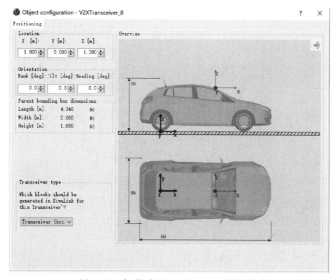

图 6.3　智能车辆配置 V2X 通信技术

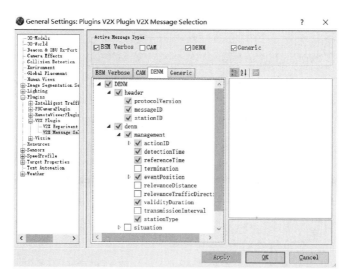

图 6.4　DENM 信号设置

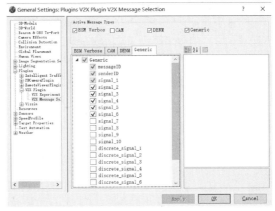

图 6.5　Generic 信号设置

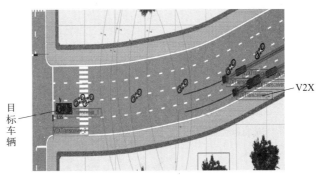

图 6.6　目标车辆与 V2X 模型

（2）TIS 传感器与交通信号灯配置

TIS 传感器是 PreScan 软件中对智能车辆扫描类传感器的一种集成，如智能车辆中的毫米波雷达和激光雷达等传感器。TIS 传感器可实时对目标车辆周围的物体进行测距，车辆与周围其他物体的安全距离可根据 TIS 传感器的检测结果判定。TIS 传感器扫描图像如图 6.7 所示，它由多条扫描光束组成，灰色区域是 TIS 传感器的扫描范围，其他浅灰色区域则为盲区。当被检测物体出现在浅灰色区域时，TIS 传感器无法检测到被测物体，容易出现安全事故，因此需要在 PreScan 中对扫描光束的数量和扫描角度范围进行设置。本节使用两个 TIS 传感器，用来检测目标车辆周围的行人、静态障碍和其他的环境信息，保证目标车辆的安全距离，增加行驶的安全性。本节的 TIS1 传感器配置如图 6.8 所示，TIS2 传感器配置如图 6.9 所示。

交通信号灯是设置在交通路口，用来指挥车辆和行人通行的灯光设备。在智慧交通中，目标车辆与其他车辆（V2V）、目标车辆与路基设备（V2I）、目标车辆与行人（V2P）和目标车辆与云端（V2N）进行信息交互后，通过控制算法，就可以互不干扰地完成通行。现阶段，由于数字化和网联化的智能设备普及率较低，交通信号灯在指挥交通上非常重要。交通信号灯与 V2X 模型如图 6.10 所示，共设置 8 组交通信号灯，每组信号灯配置一个 V2X，用来进行信息交互。信号周期为 18s：红灯 9s，黄灯 3s，绿灯 6s。交通信号灯的信号周期由

Simulink 模型控制。

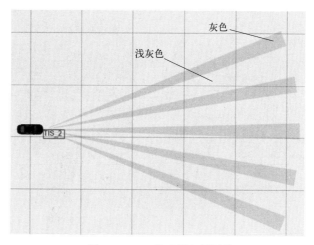

图 6.7　TIS 传感器扫描图像

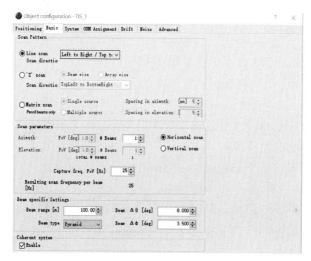

图 6.8　TIS1 传感器配置

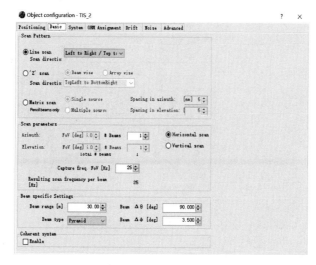

图 6.9　TIS2 传感器配置

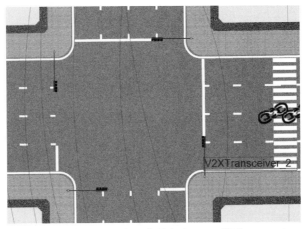

图 6.10　交通信号灯与 V2X 模型

6.1.2　智能车辆模型搭建

（1）智能车辆动力学模型搭建

车辆动力学模型反映了智能车辆行驶过程中的平顺性和稳定性。为降低系统复杂度，提高计算效率，本节对车辆模型做出如下简化：

① 只考虑纵向空气阻力和滚动阻力，忽略车辆行驶中载荷的转移；

② 忽略悬架系统的耦合作用，将车身与悬架整体化；

③ 假设智能车辆是前轮转向的且前轮转角相同。

非线性智能车辆模型如图 6.11 所示，图中，L_r 是质心到后轴的距离，L_f 是质心到前轴的距离，F_{xij} 和 F_{yij} 是轮胎的纵向和横向作用力，δ_f 是前轮转角，α_{fij} 和 α_{rij} 是轮胎的侧偏角，β 是质心侧偏角，ω 是横摆角速度，v_x 是纵向速度，v_y 是横向速度，t_{w1} 和 t_{w2} 是前轮轮距和后轮轮距。

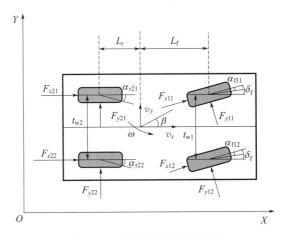

图 6.11　非线性智能车辆模型

根据图 6.11，智能车辆纵向力平衡方程如下：

$$m(\dot{v}_x - \omega v_y) = (F_{x11} + F_{x12})\cos\delta_f - (F_{y11} + F_{y12})\sin\delta_f + F_{x21} + F_{x22} - F_w - F_f$$
$$(6.1)$$

智能车辆横向力平衡方程如下：
$$m(\dot{v}_y + \omega v_x) = (F_{x11} + F_{x12})\sin\delta_f + (F_{y11} + F_{y12})\cos\delta_f + F_{y21} + F_{y22}$$
$$(6.2)$$

智能车辆绕 Z 轴力矩平衡方程如下：
$$I_z\dot{\omega} = (F_{x11} + F_{x12})(\sin\delta_f)L_f + (F_{y11} + F_{y12})(\cos\delta_f)L_f - (F_{y21} + F_{y22})L_r$$
$$+ (F_{x12} - F_{x11})(\cos\delta_f)\frac{t_{w1}}{2} + (F_{y11} - F_{y12})(\sin\delta_f)\frac{t_{w1}}{2} - (F_{x22} - F_{x21})\frac{t_{w2}}{2}$$
$$(6.3)$$

智能车辆车轮旋转动力学方程如下：
$$I_{tw}\dot{\omega}_{tw} = -F_{xij}r_{tw} - T_{tw} + T_{ij}$$
$$(6.4)$$

空气阻力计算公式：
$$F_w = \frac{1}{21.15}AC_d v_x^2$$
$$(6.5)$$

滚动阻力计算公式：
$$F_f = fmg$$
$$(6.6)$$

式中，m 是整车质量；I_z 是车辆绕 Z 轴的转动惯量；$\dot{v}_x$ 是纵向加速度；$\dot{v}_y$ 是横向加速度；$\dot{\omega}$ 是横摆角加速度；I_{tw} 是轮胎转动惯量；$\dot{\omega}_{tw}$ 是车轮的角加速度；r_{tw} 为轮胎滚动半径；T_{tw} 是车轮的制动力矩；T_{ij} 是发动机分配给车轮的驱动转矩；F_w 是空气阻力；A 是车辆迎风面积；C_d 是空气阻力系数；F_f 是滚动阻力；f 是滚动阻力系数。

（2）轮胎模型搭建

本节采用"魔术公式"搭建轮胎的动力学模型。魔术公式是根据轮胎试验数据，采用三角函数的组合公式完整地表达出轮胎纵向力、横向力、回正力矩、翻转力矩、阻力矩以及纵向力、横向力联合作用的工况[1]。采用魔术公式使轮胎模型拟合精度高，适应性强。

魔术公式的统一表达式如下[2]：
$$Y = D\sin\{C\arctan[Bx - E(Bx - \arctan Bx)]\} + S_v$$
$$(6.7)$$
$$x = X + S_h$$
$$(6.8)$$

式中，Y 代表轮胎纵向力或者横向力；X 代表轮胎侧偏角或者滑移率；B 代表轮胎刚度因子；C 代表轮胎曲线形状因子；D 代表曲线峰值因子；BCD 的乘积代表轮胎侧偏刚度；E 代表曲线曲率因子；S_v 代表曲线垂直方向漂移；S_h 代表曲线水平方向漂移。

本节设轮胎在理想情况下，不考虑车辆行驶过程中的漂移。根据魔术公式，得到轮胎的横向力、侧偏角和轮胎受到地面垂直载荷 F_z 的关系如下：
$$F_{yij} = d_y\sin\{c_y\arctan[b_y x - E_y(b_y x - \arctan b_y x)]\}$$
$$(6.9)$$
$$d_y = a_1 F_z^2 + a_2 F_z$$
$$(6.10)$$
$$b_y c_y d_y = a_3\sin\{a_4[\arctan(a_5 F_z)]\}$$
$$(6.11)$$

$$E_y = a_6 F_z^2 + a_7 F_z + a_8 \tag{6.12}$$

根据 CarSim 中车辆模型 AudiA8 的轮胎侧向力数据，使用 MATLAB 软件，拟合计算出轮胎侧偏刚度，即 $b_y c_y d_y$ 的值；然后根据式（6.10）～式（6.12），建立方程组；最终计算出轮胎横偏力的参数 $a_1, \cdots, a_8$，拟合轮胎数据参数如表 6.1 所示。

表 6.1 拟合轮胎数据参数

参数	a_1	a_2	a_3	a_4	a_5	a_6	a_7	a_8	c
F_{xij}	-8.4167	1028.3	188.8842	22628	-0.0295	0.0000125	0.000225	0.6973	1.399
F_{yij}	-8.4375	1028.6	1879	0.8576	0.9706	0	-0.0005	-0.285	1.4135

根据魔术公式计算轮胎纵向力、滑移率和轮胎受到地面垂直载荷 F_z 的关系：

$$F_{xij} = d_x \sin\{c_x \arctan[b_x \lambda - E_x(b_x \lambda - \arctan b_x \lambda)]\} \tag{6.13}$$

$$d_x = a_1 F_z^2 + a_2 F_z \tag{6.14}$$

$$b_x c_x d_x = (a_3 F_z^2 + a_4 F_z) e^{-a_5 F_z} \tag{6.15}$$

$$E_x = a_6 F_z^2 + a_7 F_z + a_8 \tag{6.16}$$

根据 CarSim 中车辆模型 AudiA8 的轮胎纵向力数据，使用 MATLAB 软件，拟合计算出轮胎的侧偏刚度，即 $b_x c_x d_x$ 的值，然后根据式（6.14）～式（6.16）计算出轮胎纵向力的参数 $a_1, \cdots, a_8$，拟合轮胎数据参数如表 6.1 所示。

图 6.12 所示是轮胎横向力与侧偏角关系曲线，分别拟合了轮胎垂向力在 4kN、6kN 和 8kN 处的关系曲线。图 6.13 所示是轮胎纵向力与滑移率关系曲线，分别拟合了轮胎垂向力在 2kN、4kN、6kN 和 8kN 处的关系曲线。轮胎侧向力与侧偏角 Simulink 模型如图 6.14 所示，轮胎纵向力与滑移率 Simulink 模型如图 6.15 所示。

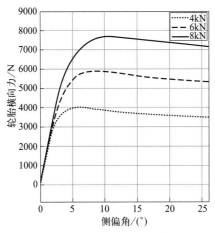

图 6.12 轮胎侧向力与侧偏角关系曲线

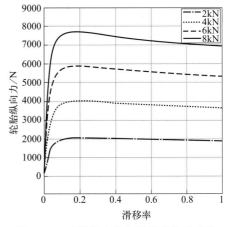

图 6.13 轮胎纵向力与滑移率关系曲线

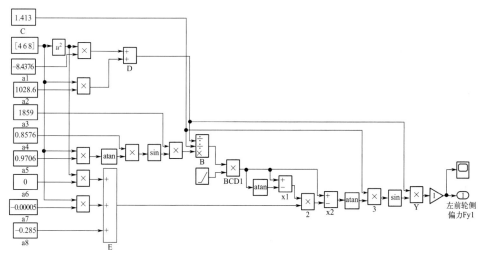

图 6.14 轮胎侧向力与侧偏角 Simulink 模型

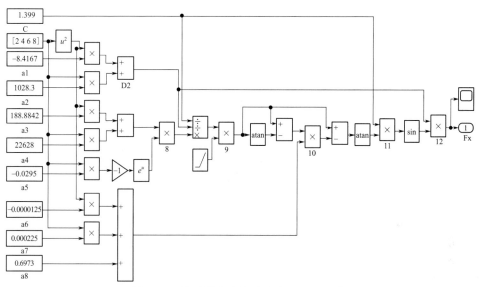

图 6.15 轮胎纵向力与滑移率 Simulink 模型

车轮侧偏角计算公式：

$$\alpha_{f11} = \delta_f - \arctan \frac{v_y + \omega L_f}{v_x - \omega \dfrac{t_{w1}}{2}} \tag{6.17}$$

$$\alpha_{f12} = \delta_f - \arctan \frac{v_y + \omega L_f}{v_x + \omega \dfrac{t_{w1}}{2}} \tag{6.18}$$

$$\alpha_{r21} = -\arctan \frac{v_y - \omega L_r}{v_x - \omega \dfrac{t_{w2}}{2}} \tag{6.19}$$

$$\alpha_{r22} = -\arctan \frac{v_y - \omega L_r}{v_x + \omega \dfrac{t_{w2}}{2}} \tag{6.20}$$

式中，α_{f1j} 代表前轮侧偏角，$j=1$，2；α_{r2j} 代表后轮侧偏角，$j=1$，2；δ_f 代表前轮转角；ω 是横摆角速度；v_x 是纵向速度；v_y 是横向速度；L_r 是质心到后轴的距离；L_f 是质心到前轴的距离；t_{w1} 和 t_{w2} 分别是前轮轮距和后轮轮距。

滑移率计算公式：

$$\lambda = \frac{V_{ij} - \omega_{tw} r_{tw}}{V_{ij}} \tag{6.21}$$

式中，r_{tw} 是轮胎滚动半径；ω_{tw} 是轮胎角速度；V_{ij} 代表车轮的纵向速度。

车轮纵向速度计算公式：

$$V_{11} = \left(v_x - \frac{t_{w1}}{2}\omega_z\right)\cos\delta_f + (v_y + L_f\omega_z)\sin\delta_f \tag{6.22}$$

$$V_{12} = \left(v_x + \frac{t_{w1}}{2}\omega_z\right)\cos\delta_f + (v_y + L_f\omega_z)\sin\delta_f \tag{6.23}$$

$$V_{21} = v_x - \frac{t_{w2}}{2}\omega_z \tag{6.24}$$

$$V_{22} = v_x + \frac{t_{w2}}{2}\omega_z \tag{6.25}$$

车轮转动惯量如下：

$$I_{tw} = m_{tw} r_{tw}^2 \tag{6.26}$$

式中，m_{tw} 是轮胎和轮毂的质量；I_{tw} 代表车轮转动惯量。

每个车轮的垂向载荷由三部分组成：静态载荷、纵向动载荷和横向动载荷。因此，每个车轮的垂向载荷公式为：

$$F_{z11} = \frac{mgL_r}{2(L_f + L_r)} - \frac{m\dot{v}_x h_{tw}}{2(L_f + L_r)} - \frac{m\dot{v}_y h_{tw} L_r}{t_{w1}(L_f + L_r)} \tag{6.27}$$

$$F_{z12} = \frac{mgL_r}{2(L_f + L_r)} - \frac{m\dot{v}_x h_{tw}}{2(L_f + L_r)} + \frac{m\dot{v}_y h_{tw} L_r}{t_{w1}(L_f + L_r)} \tag{6.28}$$

$$F_{z21} = \frac{mgL_f}{2(L_f + L_r)} + \frac{m\dot{v}_x h_{tw}}{2(L_f + L_r)} - \frac{m\dot{v}_y h_{tw} L_f}{t_{w2}(L_f + L_r)} \tag{6.29}$$

$$F_{z22} = \frac{mgL_f}{2(L_f + L_r)} + \frac{m\dot{v}_x h_{tw}}{2(L_f + L_r)} + \frac{m\dot{v}_y h_{tw} L_f}{t_{w2}(L_f + L_r)} \tag{6.30}$$

式中，h_{tw} 代表质心到地面的高度；m 代表整车质量；$\dot{v}_x$ 是纵向加速度；$\dot{v}_y$ 是横向加速度；g 代表重力加速度。

综合式(6.1)~式(6.30)，本节动力学模型的控制量为 $\boldsymbol{u}_t = [\delta_f, T_{ij}, T_{tw}]^T$，其中 δ_f 代表车辆的前轮转角，T_{ij} 代表四个车轮的转矩，T_{tw} 代表四个车轮的制动力矩。

6.1.3　基于 CarSim 的智能车辆仿真模型搭建

（1）CarSim 车辆仿真模型

由于在 PreScan 中搭建智能网联环境时，目标车辆选择的是 AudiA8 车型，因此将 PreScan 中的车辆模型导入 CarSim 中，此时 CarSim 的 Vehicle Configuration 模块中会出现目标车型。目标车辆参数如表 6.2 所示，车辆模型如图 6.16 所示。

表 6.2　目标车辆参数

参数	取值	参数	取值
整车质量(m，包括悬架)	2020kg	后轮轮距(t_{w2})	1.624m
质心到地面高度(h_{tw})	0.590m	迎风面积(A)	3m^2
质心到前轴距离(l_f)	1.265m	滚动阻力系数(f)	0.03
质心到后轴距离(l_r)	1.682m	轮胎规格	225/60R18
绕 Z 轴的转动惯量(I_z)	4095.0kg·m^2	最高功率(P)	300kW
前轮轮距(t_{w1})	1.624m	最大转矩(T_{ij})	619N·m
前轴侧偏刚度(K_1)	155675N/rad	后轴侧偏刚度(K_2)	120218N/rad

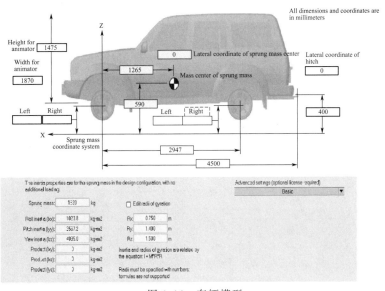

图 6.16　车辆模型

（2）CarSim 轮胎模型

目标车辆轮胎规格为 225/60R18，参考垂向力为 8000N，有效滚动半径为 0.353m，自由半径为 0.358m，225/60R18 轮胎数据如图 6.17 所示。CarSim 轮胎横向力与侧偏角关系如图 6.18 所示，与本节拟合图 6.12 一致；CarSim 轮胎纵向力与滑移率关系如图 6.19 所示，与本节拟合图 6.13 一致。图 6.20 所示是前后轴侧偏刚度拟合数据，用来计算目标车辆前后轴的侧偏刚度，具体数据如表 6.2 所示。

（3）CarSim 动力系统模型

本节采用的是 CarSim 的四轮驱动系统，由差速器将发动机的转矩分配给四个车轮。发动机的最大功率是 300kW，采用的是 8 速变速器，前差速器和后差速器齿比均为 2.65。CarSim 的四轮驱动系统如图 6.21 所示。

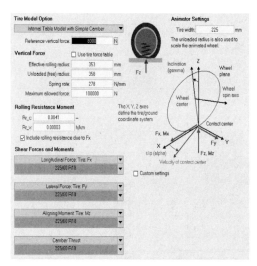

图 6.17 225/60R18 轮胎数据

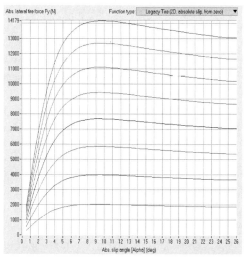

图 6.18 CarSim 轮胎横向力与侧偏角关系

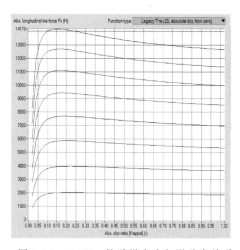

图 6.19 CarSim 轮胎纵向力与滑移率关系

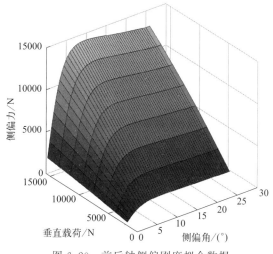

图 6.20　前后轴侧偏刚度拟合数据

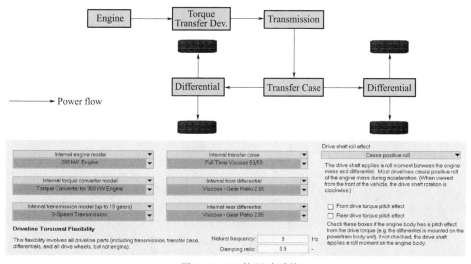

图 6.21　四轮驱动系统

6.2　智能网联汽车轨迹规划方法

轨迹规划是根据车辆的起始点和目标点生成一条无碰撞且满足车辆自身约束的轨迹。本节主要介绍基于改进 A* 算法的全局轨迹规划方法，局部规划在 6.3.2 节和 6.3.3 节中介绍。本节全局轨迹规划分为两部分，分别是路径规划和速度规划。路径规划是通过车联网将道路通行状态和障碍位置等信息传递给车辆，综合环境信息后进行全局规划。速度规划是通过车联网将车辆所在道路的最高限速信息传递给车辆，车辆根据所在道路信息和自身决策模块自主控制速度，具体将在 6.3.1 节中进行介绍。

6.2.1 传统 A* 算法介绍

传统 A* 算法是一种启发式搜索算法，它结合了 Dijkstra 算法和 BFS 算法的优点，能够快速地搜索到最短路径[3]。传统 A* 算法流程如图 6.22 所示。

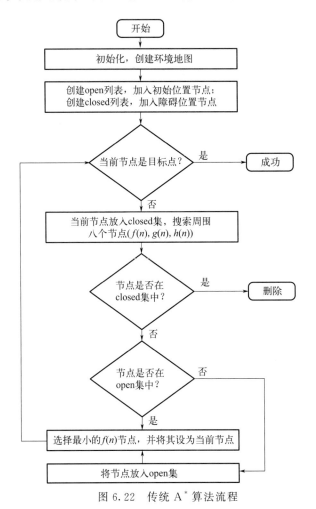

图 6.22 传统 A* 算法流程

传统 A* 算法有 open 集和 closed 集：open 集中存储已经扩展过的节点和即将扩展的节点，这些节点区分子节点和父节点；closed 集中存储障碍节点和每扩展一次最小代价值的节点，不区分子节点和父节点。在扩展节点时，首先判断当前节点是不是目标节点，如果不是，则向周围 8 个方向进行节点扩展，并将 8 个节点与 closed 集中的节点进行对比，剔除 closed 集中出现的节点；然后计算扩展节点与障碍节点的安全距离，符合规定值的则留下；最后计算剩余节点的代价值，并检测剩余节点是否出现在 open 集中：如果已经存在于 open 集中，则进行代价值对比，将最小的值放入 open 集进行更新；如果没有出现在 open 集，则将其放入 open 集中的子节点中，它的上一节点放入父节点中。第一次扩展结束，重复这个过程，直至找到目标节点。搜寻到目标节点后，根据子节点与父节点交替的规则，在 open 集中寻找一条代价值最小的节点路径，至此规划结束。

传统 A^* 算法的公式为：

$$f(n)=g(n)+h(n) \tag{6.31}$$

式中，$f(n)$ 代表初始节点到目标节点花费的代价值；$g(n)$ 代表初始节点到扩展节点花费的代价值；$h(n)$ 代表扩展节点到目标节点的估计代价值。

传统 A^* 算法规划出的路径折点较多，曲率不连续，算法仅有 open 集和 closed 集，约束条件少，不利于智能车行驶，而且 $h(n)$ 为传统 A^* 算法的启发式函数，它影响算法的效率和最优路径的选取。因此，需要对传统 A^* 算法进行改进。

6.2.2　基于改进 A^* 算法的轨迹规划

本节将介绍基于改进 A^* 算法的轨迹规划方法，图 6.23 是改进 A^* 算法流程图。本节对传统 A^* 算法进行了三处改进，分别是启发式函数 $h(n)$、初始约束条件和曲线优化。其中，初始约束增加了道路属性和智能网联信息，分别对应 properties 列表和 network 列表。

改进 A^* 算法和传统 A^* 算法流程图区别有两点：第一点是在 closed 集检测完成后，需要分别在 properties 列表和 network 列表进行检测，判断扩展节点是否符合要求；第二点是寻找到最短轨迹后，需进行轨迹优化，为智能车辆轨迹跟踪奠定基础。

(1) 启发式函数设计

A^* 算法的启发式函数 $h(n)$，可使 A^* 算法能够偏向于目标节点进行扩展，不仅提升了效率，还能找到最优路径。但是启发式函数 $h(n)$ 为扩展节点到目标节点的估计代价值，说明还有一个实际代价值 $d(n)$，导致出现如下结果：

① 当 $h(n)$ 远小于 $g(n)$ 或者 $h(n)$ 趋近于 0 时，此时 $g(n)$ 起主导作用，A^* 算法转化成 Dijkstra 算法，最终导致算法搜索范围增大，搜索效率降低，但是可以找到最短路径。

② 当 $h(n)$ 趋近于 $d(n)$，但是小于 $d(n)$ 时，算法可以搜索到最短路径。$h(n)$ 越趋近于 $d(n)$，算法搜索范围越小，效率越高。

③ 当 $h(n)$ 等于 $d(n)$ 时，算法的效率和最优路径同时取得，而且算法不会扩展其他无用节点。这种情况发生概率很小，除非提供更多精确的信息。

④ 当 $h(n)$ 大于 $d(n)$，但是 $h(n)$ 不是远大于 $g(n)$ 时，算法的搜索范围变小，效率增加，但是搜索的路径不是最优路径，即算法可以快速地找到非最优路径。

⑤ 当 $h(n)$ 远大于 $g(n)$ 时，此时 $h(n)$ 起主导作用，A^* 算法转化成 BFS 算法，这时算法更快地寻找到一条路径。

一般 A^* 算法的启发式函数 $h(n)$ 常用欧几里得距离 $h_1(n)$、曼哈顿距离 $h_2(n)$、对角线距离 $h_3(n)$，对应公式为：

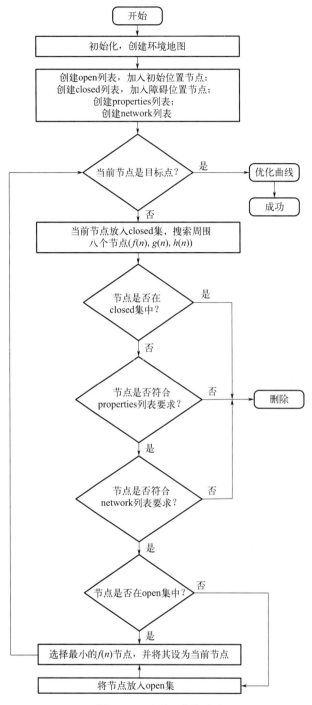

图 6.23 改进 A* 算法流程

$$h_1(n) = D \times \sqrt{(N_x - G_x)^2 + (N_y - G_y)^2} \tag{6.32}$$

$$h_2(n) = D \times (|N_x - G_x| + |N_y - G_y|) \tag{6.33}$$

$$h_3(n) = D \times [|N_x - G_x| + |N_y - G_y| \\ + (\sqrt{2} - 2)\min(|N_x - G_x|, |N_y - G_y|)] \tag{6.34}$$

式中，(N_x,N_y)代表智能车辆当前位置；(G_x,G_y)代表目标点位置；D代表智能车辆移动一次的代价值。

智能车辆从初始位置向目标位置移动时，在保证曲率连续的情况下需要避开多个障碍物，因此轨迹由多条弧线组成，而欧几里得距离为直线距离，使启发式函数$h(n)$与$d(n)$差距较大。为使启发式函数$h(n)$更趋近于$d(n)$，本节加入一个自适应函数，根据搜索深度自动调节启发式函数$h(n)$的大小，公式为：

$$h_4(n)=[1+k(n)]h_3(n) \tag{6.35}$$

$$k(n)=\frac{s(n)}{g(n)+h_3(n)} \tag{6.36}$$

式中，$s(n)$为搜索的深度，越靠近目标点则值越小；$g(n)$代表初始节点到扩展节点花费的代价值。

改进后的启发式函数在轨迹规划中由大逐渐变小，当车辆位置距离目标位置较远时，算法效率较高；当车辆位置距离目标位置较近时，算法规划的轨迹距离较短。通过这种自适应调节可使A^*算法适用于大范围的轨迹规划。

（2）算法约束列表设计

结构化道路具有很多类型，如高架路、隧道以及公路等。针对不同的车辆信息（如较高的车辆不适合在隧道等限高道路中行驶，较重的车辆不适合在高架路等限重道路中行驶），本节新增 properties 列表，该列表包含了道路的各种属性，如限高、限速和限重等。为增加驾驶体验，满足不同驾驶需求，properties 列表支持扩展，可增加风景、美食等各种属性。本节使用 MATLAB 的 classdef 函数创建道路属性，共设置了六个接口 A1～A6，本节使用了三个，即 A1～A3，分别是限高、限重和限速。

城市中交通信息复杂多变，智能网联汽车在进行全局规划时，需要通过 V2X 通信技术获取道路环境信息，如禁止通行道路信息、道路施工位置信息、事故车辆位置信息等固定障碍信息。因此，本节新增 network 列表，用于接收智能网联的信息。在进行设计时，交通信号灯持续红灯代表当前道路不可通行，道路施工和事故车辆等静态障碍信息通过 V2X 传递给目标车辆，全局规划中只考虑道路通行状态和静态障碍信息。

（3）轨迹优化策略设计

传统A^*算法进行全局轨迹规划时，扩展规则是向初始节点周围八个节点的方向进行扩展，最终会导致全局轨迹中节点和折点数目增加，不利于智能网联汽车的行驶。因此，本节提出一种改进A^*算法的轨迹优化策略。

① 寻找多余的节点并删除。

假设改进A^*算法规划出的轨迹是$N_1N_k(k=2,3,\cdots,n)$。首先，从轨迹规划的第二个节点N_2开始，检查N_2的父节点N_1和子节点N_3是否处于同一直线：若处于同一直线，则N_2为多余的节点，删除并更新轨迹，然后继续检查新的N_2节点的父节点和子节点，直至遍历所有节点；若不处于同一直线，则检查下一节点N_3的子节点和父节点，直至遍历所有节点。最后，将所有节点依次连接组成一个新的轨迹。经过优化，轨迹仅包括起始点、折点和目标点。

② 寻找多余的折点并删除。

假设经过步骤①优化后的轨迹为 $N_1N_k(k=2,3,\cdots,m)$。首先，从轨迹规划的第二个节点 N_2 开始，连接 N_2 的父节点 N_1 和子节点 N_3，检查 N_1N_3 是否与障碍物处于安全距离。若 N_1N_3 与障碍物保持安全距离，则 N_2 为多余的折点，删除并更新轨迹，然后继续检查新的 N_2 节点的父节点和子节点，直至遍历所有节点；若 N_1N_3 与障碍物发生碰撞，则保留 N_2 节点，检查下一节点 N_3 的子节点和父节点，直至遍历所有节点。最后，将所有节点依次连接组成一条新的轨迹。

③ 三次 B 样条曲线优化。

经过步骤①和步骤②的轨迹优化，全局轨迹的节点和折点将会减少很多，这有利于三次 B 样条曲线的优化，尤其是节点越少则 B 样条曲线的计算量越小，折点越少则拟合的曲线轨迹越平滑。三次 B 样条曲线优化公式为：

$$x=a_0+a_1t+a_2t^2+a_3t^3 \tag{6.37}$$

$$y=b_0+b_1t+b_2t^2+b_3t^3 \tag{6.38}$$

式中，a_k 和 $b_k(k=0,1,2,3)$ 代表曲线拟合的系数；t 代表曲线拟合的步长，t 越小则拟合的曲线越平滑，但是计算量将增大。

6.2.3　轨迹规划方法对比仿真实验

为更直观地展示每次改进算法的效果，本节在普通环境下和智能网联环境下分别进行了仿真验证。普通环境相比于智能网联环境可以更直观地展示算法改进的细节，如搜索范围的变化、优化的节点数量等。因此，本节的普通环境用于验证改进启发式函数和轨迹优化等细节信息，智能网联环境用于验证整个算法改进的效果。在 MATLAB 中搭建普通环境场景（20m×20m，栅格间距1m）如图 6.24 所示：黑色模拟的是城市的建筑；白色区域为可通行道路；黄色代表道路中的车辆；绿色代表交通信号灯；起始点坐标为（4.5m，4.5m），用圆形表示；目标点坐标为（19.5m，19.5m），用三角形表示。智能网联环境由 PreScan 搭建。

（1）改进启发式函数对比仿真实验

为更直观地展示算法启发式函数改进的效果，在普通环境下进行了仿真实验。本节将算法扩展的区域以紫色展示，搜索轨迹以灰色展示。图 6.25 是传统 A* 算法轨迹规划图，其中算法扩展区域面积共 77m²，轨迹长度为 25.3137m，耗费时间 0.185s；图 6.26 是其他文章 A* 算法轨迹规划图，该算法启发式函数采用式(6.34)，其中算法扩展区域面积共 70m²，轨迹长度为 25.3137m，耗费时间 0.176s[4]；图 6.27 是本节改进 A* 算法轨迹规划图，其中算法扩展区域面积共 66m²，轨迹长度为 25.3137m，耗费时间 0.165s。仿真实验结果证明：传统 A* 算法扩展区域大，效率低；本节改进 A* 算法扩展区域小，效率明显提高。启发式函数实验数据如表 6.3 所示。

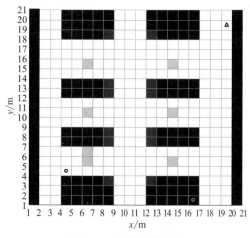

图 6.24 普通环境场景
（见书后彩插）

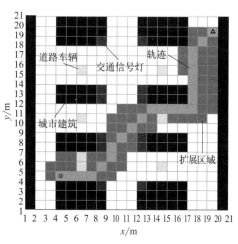

图 6.25 传统 A* 算法轨迹规划图
（见书后彩插）

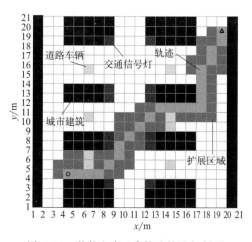

图 6.26 其他文章 A* 算法轨迹规划图
（见书后彩插）

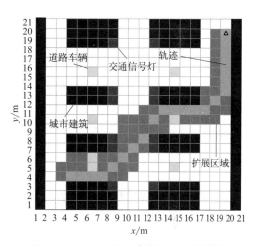

图 6.27 本节改进 A* 算法轨迹规划图
（见书后彩插）

表 6.3 启发式函数实验数据

名称	本节改进 A* 算法	传统 A* 算法	文献[4]A* 算法
扩展区域面积/m²	66	77	70
轨迹长度/m	25.3137	25.3137	25.3137
时间/s	0.165	0.185	0.176

　　根据仿真实验数据得出，本节改进 A* 算法在保证最优轨迹的前提下，比传统 A* 算法扩展区域面积降低约 14.3%，搜索效率提升约 10.8%；比文献[4] A* 算法扩展区域面积降低约 5.7%，效率提升约 6.3%。

（2）轨迹优化策略对比仿真实验

　　本节在普通环境下进行了轨迹优化的仿真实验，可以更直观地展示本节轨迹优化策略的效果。

图 6.28 是传统 A* 算法仿真实验图。图中圆圈代表轨迹的节点，黑色线为最终轨迹。根据实验结果可知，传统 A* 算法的冗余节点和折点较多，其中节点数量共 23 个，折点数量共 6 个，扩展节点数量共 77 个，最终轨迹长度为 25.3137m，最终耗时约 0.185s。

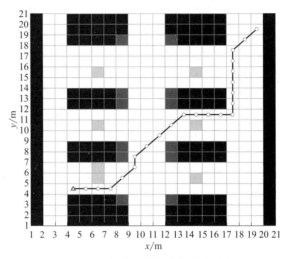

图 6.28　传统 A* 算法仿真实验图

图 6.29 是文献[4] A* 算法仿真实验图。图中圆圈代表轨迹的节点，黑色线为最终轨迹。根据实验结果可知，文献[4] A* 算法节点数量共 5 个，折点数量共 3 个，扩展节点数量共 70 个，最终轨迹长度为 24.4658m，最终耗时约 0.176s。

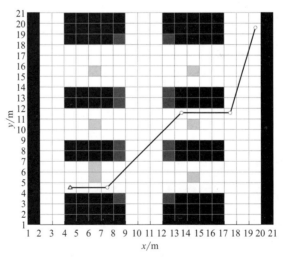

图 6.29　文献[4] A* 算法仿真实验图

图 6.30 是本节改进 A* 算法仿真实验图。图中圆圈代表轨迹的节点，黑色线为最终轨迹。根据实验结果可知，本节改进 A* 算法节点数量共 5 个，折点数量共 3 个，扩展节点数量共 66 个，最终轨迹长度为 24.4658m，最终耗时约 0.165s。

轨迹优化实验数据如表 6.4 所示。

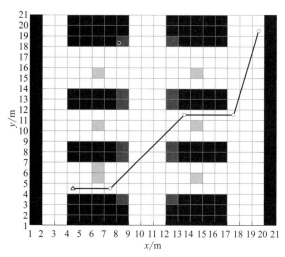

图 6.30 本节改进 A* 算法仿真实验图

表 6.4　轨迹优化实验数据

名称	节点个数/个	折点个数/个	搜索节点/个	路径长度/m	时间/s
传统 A* 算法	23	6	77	25.3137	0.185
文献[4]A* 算法	5	3	70	24.4658	0.176
本节改进 A* 算法	5	3	66	24.4658	0.165

根据仿真实验结果，使用本节改进 A* 算法，相比于文献[4] A* 算法，在最终轨迹上长度相同，节约时间约 6.3%；相比于传统 A* 算法，在最终轨迹上长度降低约 3.3%，节点数量与折点数量大大减少，节约时间约 10.8%。因此，使用本节改进 A* 算法效率更高，规划出的轨迹更平滑，有利于智能车的行驶。

（3）智能网联环境轨迹规划对比仿真实验

本节在 PreScan 中搭建智能网联环境，然后将搭建的环境导入 MATLAB，在 MATLAB 中标定完成后就可以进行全局轨迹规划。PreScan 不支持导入自定义的轨迹点，因此，本节在仿真时通过 MATLAB 将自定义的轨迹导入 PreScan，步骤如下：

① 在 PreScan 中随意搭建一组轨迹点，这组轨迹点尽可能地长，以备后续轨迹替换时有足够的替换轨迹点。

② 使目标车辆和这条轨迹相匹配，进入车辆配置界面，在驾驶员界面选择路径跟随，动力学模型选择基于 CarSim 的车辆动力学模型。

③ 配置完成后，选择 Build 发送到 Simulink 中，点击 Regenerate 生成联合仿真模型，在目标车辆的 Trajectories 模块中根据轨迹名称进行轨迹替换。

全局轨迹替换 PreScan 轨迹模型如图 6.31 所示，Trajectory_6.mat 是替换完成的全局轨迹。

PreScan 原始轨迹包括车辆的横纵坐标、车辆的转角和速度等。轨迹替换时

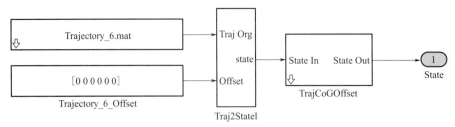

图 6.31 全局轨迹替换 PreScan 轨迹模型

只需要替换横纵坐标，其余参数由本节搭建的控制模型进行计算。替换轨迹时坐标需要进行修正，修正公式为：

$$x_a = x_b - x_0 \tag{6.39}$$

$$y_a = y_b - y_0 \tag{6.40}$$

式中，(x_a, y_a) 代表替换完成的轨迹；(x_b, y_b) 代表本节的全局轨迹；(x_0, y_0) 代表初始位置。

图 6.32 所示是智能网联环境模型，本节在此环境下进行全局轨迹规划的仿真实验。目标车辆起始点位置为 (30m, 150m)，目标点位置为 (660m, 155m)。图 6.33 所示是道路障碍环境模型。图 6.34 所示是不同算法生成的全局轨迹变化曲线。传统 A^* 算法折点较多，曲率不连续，不利于智能车的行驶，全局轨迹长度共计 661.07m，规划耗时 44.2s；文献[4] A^* 算法折点较少，曲率连续，有利于智能车的行驶，全局轨迹优化后长度共计 637.97m，规划耗时 44.17s；本节改进 A^* 算法折点较少，曲率连续，有利于智能车的行驶，全局轨迹优化后长度共计 637.46m，规划耗时 24.64s。不同算法的实验数据如表 6.5 所示。

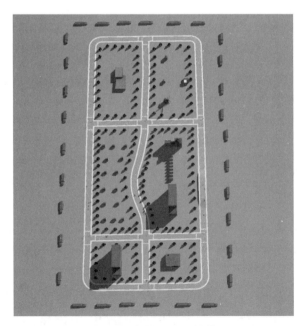

图 6.32 智能网联环境模型

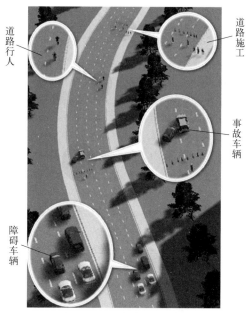

图 6.33 道路障碍环境模型

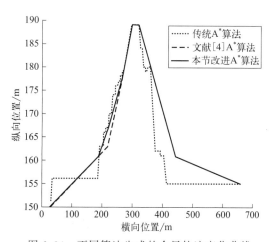

图 6.34 不同算法生成的全局轨迹变化曲线

表 6.5 不同算法的实验数据

名称	传统 A* 算法	文献[4]A* 算法	本节改进 A* 算法
轨迹长度/m	661.07	637.97	637.46
时间/s	44.20	44.17	24.64

　　根据表 6.5 的实验数据，本节改进 A* 算法比传统 A* 算法在轨迹距离上降低约 3.6%，节约时间约 44.3%。相比于文献[4] A* 算法，本节改进 A* 算法虽然轨迹长度与之相近，但是算法规划效率提升约 44.2%。由此可得，本节改进 A* 算法不仅可以寻找到最优轨迹，还能够提升规划效率。

　　图 6.35 是传统 A* 算法全局轨迹避障仿真图，进行转向角度计算时先对轨迹折点进行优化，然后采用 MATLAB 的 Lookup Table（n-D）模块根据轨迹曲线拟合转向角度。在控制过程中，由于轨迹折点较多，因此车辆横摆较大，稳

定性差。在 12s 时，算法停止运行，目标车辆未行驶到终点位置。

(a) 躲避障碍车辆   (b) 躲避事故车辆前

(c) 躲避事故车辆后

图 6.35 传统 A* 算法全局轨迹避障仿真图

图 6.36 是文献[4] A* 算法全局轨迹避障仿真图，转向角度采用 MATLAB 的 Lookup Table（n-D）模块根据轨迹曲线拟合的角度。在控制过程中，目标车辆避

(a) 躲避障碍车辆前   (b) 躲避障碍车辆后

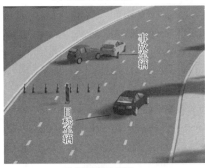

(c) 躲避事故车辆   (d) 躲避道路施工障碍

图 6.36 文献[4] A* 算法全局轨迹避障仿真图

障的实时性好，由于轨迹经过算法优化，曲线平滑，轨迹跟踪过程良好，能够寻找到目标点。

图 6.37 是本节改进 A* 算法全局轨迹跟踪仿真图。本节改进 A* 算法能够实时地避开各种障碍物，进行转向角度计算时采用 MATLAB 的 Lookup Table（n-D）模块根据轨迹曲线拟合的角度。在控制过程中，由于轨迹经过算法优化，曲线平滑，轨迹跟踪过程良好，能够寻找到目标点。

(a) 躲避障碍车辆

(b) 躲避事故车辆前

(c) 躲避事故车辆

(d) 躲避道路施工障碍

图 6.37　本节改进 A* 算法全局轨迹跟踪仿真图

根据改进启发式函数仿真实验数据可以得出，本节改进的启发式函数能够在保证最优轨迹的同时提升规划效率；根据轨迹优化策略仿真实验数据可以得出，本节提出的轨迹优化策略能够减少轨迹折点和节点，使轨迹更加平滑；根据智能网联环境仿真实验数据可以得出，本节改进 A* 算法避障实时性好，能够在规划出最优轨迹的同时提升效率，而且规划的轨迹平滑，有利于智能车行驶。

6.3　智能网联汽车决策控制系统设计

智能网联汽车在城市道路行驶时，面临多种情况，如等待交通信号灯、超车行驶、动态避障和道路交叉口礼让行人等，这就需要智能网联汽车有良好的决策系统。本章主要设计三种决策控制策略并进行硬件在环试验，主要包括智能网联汽车速度预测决策系统设计、智能网联汽车超车决策系统设计、智能网联汽车动态避障决策系统设计。超车与动态避障的决策控制部分属于局部轨迹规划与跟踪控制。

6.3.1　智能网联汽车速度预测决策控制系统设计

随着车辆保有量的增加，城市中交通堵塞现象非常严重，尤其是等待交通信号灯产生的交通拥堵，极大地浪费了出行时间[5]。本节在交通信号灯和智能网联汽车中加入了 V2X 通信技术，通过信息交互，使智能网联汽车快速地通过交通信号灯路口，减少交通堵塞现象发生。本节根据智能网联汽车的位置、交通信号灯状态以及交通信号灯状态持续时间，实时地预测智能网联汽车速度，包括通过信号灯路口最高速度和通过信号灯路口最低速度，智能网联汽车根据预测速度完成油门与制动信号调整。速度预测与控制模型如图 6.38 所示。

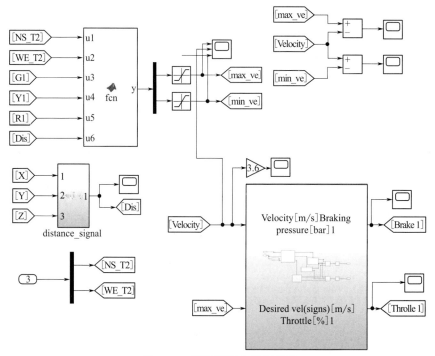

图 6.38　速度预测与控制模型

智能网联汽车速度预测公式如下：

$$\text{Dis1} = \sqrt{(M_x - G_x)^2 + (M_y - G_y)^2} \tag{6.41}$$

$$\text{Dis2} = \text{Dis1} - 20\text{m} \tag{6.42}$$

$$\text{max\_ve} = \begin{cases} v_{\max}, & p = \text{G1} \\ \dfrac{\text{Dis2}}{T_p - t_p + k_1}, & p = \text{Y1,R1} \end{cases} \tag{6.43}$$

$$\text{min\_ve} = \frac{\text{Dis1}}{T_p - t_p + k_2}, \quad p = \text{G1,Y1,R1} \tag{6.44}$$

式中，Dis1 代表智能网联汽车与交通信号灯的实时距离；Dis2 代表智能网联汽车与当前道路停止线的实时距离；$v_{\max}$ 代表当前道路最高限速；(M_x, M_y) 代表智能网联汽车当前的位置；(G_x, G_y)代表交通信号灯的位置；T_p代表交通信号灯对应状态的周期；t_p代表交通信号灯对应状态持续的时间；p代表交通信号灯的状态；G1、Y1 和 R1 按照顺序分别为绿灯、黄灯和红灯；max_ve 和 min_ve 代表预测的最高车速和最低车速；k_1 和 k_2 取值与交通信号灯状态有关。

（1）目标车辆实时测距模型搭建

图 6.39 是目标车辆实时测距 Simulink 模型图。图 6.39（a）所示是目标车辆模型，当 PreScan 与 MATLAB 联合仿真时，会在 Simulink 中生成这个模型，可提供车辆的各种实时信息，包括位置、速度和航向角等。本节使用 Simulink 的 Goto 模块传递目标车辆的实时信息，这种模块使 Simulink 模型连线较少，更加美观。图 6.39（b）所示是目标车辆与交通信号灯实时测距模型。图 6.39（c）所示是目标车辆实时测距算法模型，该模型实时计算目标车辆与障碍车辆的距离，用来判断目标车辆超车后是否可以安全回归原车道。

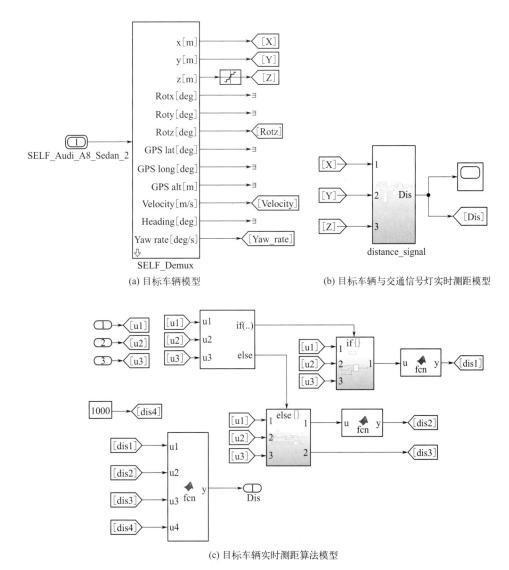

(a) 目标车辆模型

(b) 目标车辆与交通信号灯实时测距模型

(c) 目标车辆实时测距算法模型

图 6.39　目标车辆实时测距 Simulink 模型图

(2) 速度预测与控制模型搭建

图 6.40 所示是速度预测模型，图中 NS_T2 和 WE_T2 代表交通信号灯的信号周期信息，G1、Y1 和 R1 代表交通信号灯的状态信息，分别对应绿灯、黄灯和红灯，max_ve 和 min_ve 代表预测最高速度和最低速度。

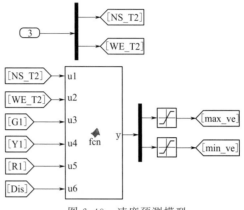

图 6.40　速度预测模型

本节速度预测的基本原理是：根据交通信号灯当前状态与当前状态持续时间，并综合交通信号灯绿灯周期，判定信号预测的最短时间 min_t 与最长时间 max_t；然后计算目标车辆与交通信号灯的实时距离信息 s；最终根据公式 $v = s/t$，计算出预测的最高速度和最低速度。

图 6.41 所示是目标车辆跟踪预测速度控制模型，主要控制油门信号和制动信号。本节选择跟踪最高预测速度，因为目标车辆跟踪预测速度时，无论是加速还是制动都需要消耗时间，这就使目标车辆无法瞬间达到最高预测速度，只能通过实时预测的方式不断地靠近预测速度。预测成功的标志是目标车辆实际速度永远大于预测的最低速度以及目标车辆可快速通过交通路口。

本节的速度跟踪由于需要的精度不高以及减小了整个模型的复杂度，采用基本的 PID 算法进行控制，控制对象是预测最高车速与实际车速的速度差 e。根据测试，PID 控制模型如图 6.42 所示。

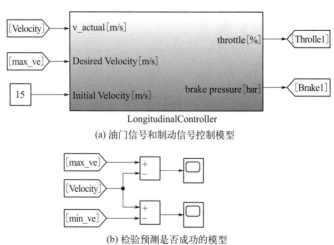

(a) 油门信号和制动信号控制模型

(b) 检验预测是否成功的模型

图 6.41　目标车辆跟踪预测速度控制模型

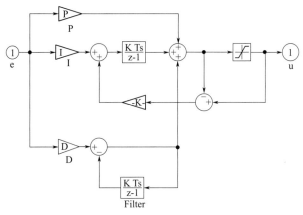

图 6.42　PID 控制模型

（3）速度预测仿真实验

本节将在智能网联环境下进行速度预测仿真实验，目标车辆初始速度是 15m/s，交通信号灯以 18s 为一个周期，绿灯先亮，跟踪轨迹为第 3 章所述全局规划轨迹，全程共通过两个交叉路口，道路限速 33m/s。

图 6.43 是速度预测模型输出数据图。图 6.43(a) 所示是实时距离变化曲线，实时检测智能网联汽车与信号交叉路口距离。图 6.43(b) 所示是实际车速

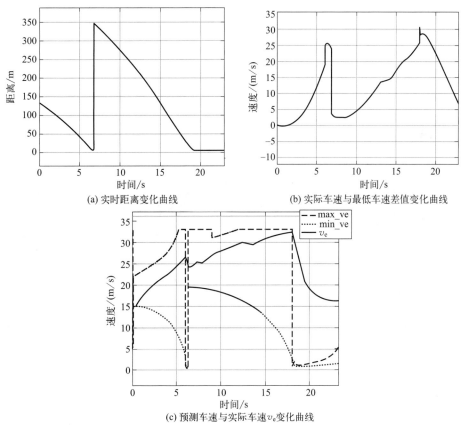

图 6.43　速度预测模型输出数据图

与最低车速差值变化曲线，预测期间实际车速高于最低车速，这是目标车辆可以快速通过信号交叉路口的指标。图 6.43(c) 所示是预测车速与实际车速变化曲线。在 6～8s 时，速度产生突变是因为此时处于交叉路口，从结束预测第 1 个交通信号灯向开始预测第 2 个交通信号灯切换。18s 后预测结束，此时实际车速开始趋向于初始车速。从图 6.43(c) 可以看出，实际车速在预测期间基本处于最高车速与最低车速之间，保证目标车辆可以快速通过信号交叉路口。

图 6.44 是目标车辆到达第 1 个交叉路口图。图 6.45 是目标车辆经过第 2 个交叉路口图。图 6.45(a) 所示是目标车辆到达第 2 个交叉路口前，可见智能网联汽车在到达交叉路口前信号灯为红灯，此时车辆速度超过 30.5m/s，假如此时未与交通信号灯通信，驾驶员应提前进行制动，准备停车。图 6.45(b) 所示是目标车辆到达第 2 个交叉路口，可见智能网联汽车到达路口时信号灯刚好切换为绿灯，本节的智能网联汽车与交通信号灯进行了通信，计算结果是可以快速通过路口。根据图 6.43(c)，在 18s 前车辆未减速且接近预测最高车速，快速地通过了交叉路口，并参考仿真动画，目标车辆通过交叉路口时信号灯均为绿灯，由此可以证明本节提出模型速度预测的准确性。

图 6.44　目标车辆到达第 1 个交叉路口图

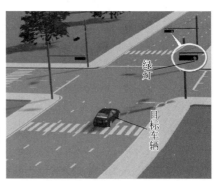

(a) 目标车辆到达第 2 个交叉路口前　　　(b) 目标车辆到达第 2 个交叉路口

图 6.45　目标车辆经过第 2 个交叉路口图

(4) 硬件在环试验

为验证智能网联汽车速度预测系统的有效性，本节进行了硬件在环试验。主要对整个控制系统的方向盘转角、油门和制动进行验证，其中油门和制动体现在四个车轮转速中。硬件在环试验设备如图 6.46 所示。图 6.46(a) 所示为硬件在环试验平台，主要包括显示器、工控机、驱动电机、轮毂、电机驱动器、CAN 设备、轮速传感器和方向盘转角传感器等。图 6.46(b) 所示为 CAN 设备，该设备将上位机发送的信号传输至下位机。

(a) 硬件在环试验平台   (b) CAN设备

图 6.46　硬件在环试验设备

图 6.47 是硬件在环试验框架。上位机主要由 PreScan、CarSim 和 Simulink 组成，其中 PreScan 提供智能网联环境，CarSim 提供智能车辆仿真模型和 PreScan 中目标车辆的动力学模型，Simulink 用于搭建控制系统模型。下位机主要包括转向电机、驱动电机、转向控制器和电机驱动器等。Simulink 通过车联网模块中的 CAN Pack 模块和 CAN Transmit 模块将上位机的转向信号和车轮转速信号发送至下位机的控制器中，下位机根据期望信号控制转向电机和驱动电机运行。方向盘转角传感器和轮速传感器通过 CAN Receive 模块与 CAN Unpack 模块将实际方向盘转角与实际轮速传输至上位机 Simulink 中处理运用。

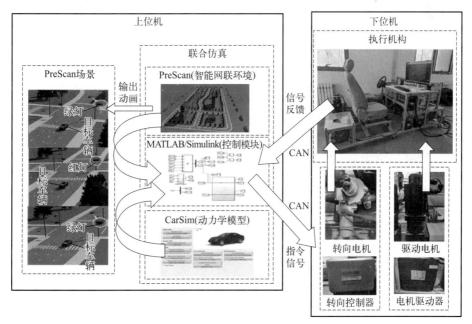

图 6.47　硬件在环试验框架

通过硬件在环试验，能够实时观察车辆的运行状态并获取车辆参数变化数据。

以 L1、L2、R1、R2 分别代表左前车轮、左后车轮、右前车轮、右后车轮。图 6.48 所示是硬件测试平台反馈的不同车轮转速变化曲线，图中 1s 前的转速突变是由于目标车辆具有初始速度和硬件平台的四个电机需要响应时间。图 6.49 所示是硬件测试平台反馈的方向盘转角变化曲线。从试验结果可知，硬件在环试验可以很好地反映出本节设计的速度预测系统实时性好，可以应用于智能驾驶平台。

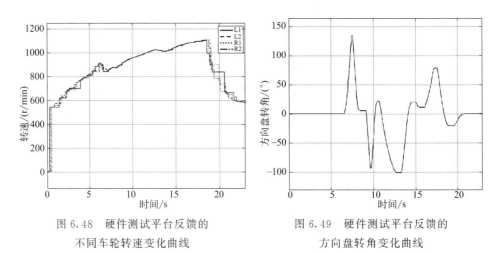

图 6.48　硬件测试平台反馈的　　　　图 6.49　硬件测试平台反馈的
　　　不同车轮转速变化曲线　　　　　　　方向盘转角变化曲线

6.3.2　智能网联汽车超车决策控制系统设计

智能网联汽车在城市道路行驶时，由于前车速度慢，妨碍了本车的正常行驶，此时需要局部轨迹规划进行超车。本节主要介绍智能网联汽车在城市道路行驶时超车决策控制系统的设计，局部轨迹规划主要采用本节选择的超车轨迹曲线。

（1）超车轨迹曲线设计

本节的超车轨迹曲线采用双移线[6]，公式为：

$$y(x) = (d_{n1}/2)(1 + \tanh r_1) - (d_{n2}/2)(1 + \tanh r_2) \tag{6.45}$$

$$\phi(x) = \arctan[d_{n1}(1/\cosh r_1)^2(1.2/d_{m1})$$
$$- d_{n2}(1/\cosh r_2)^2(1.2/d_{m2})] \tag{6.46}$$

$$r_1 = 0.096(x - 60) - 1.2 \tag{6.47}$$

$$r_2 = 0.096(x - 120) - 1.2 \tag{6.48}$$

式中，$y(x)$ 代表双移线的参考位置；$\phi(x)$ 代表航向角；x 代表超车轨迹设定的速度；d_{n1} 和 d_{n2} 与超车时障碍物的大小有关；d_{m1} 和 d_{m2} 取 25。

（2）超车决策模型搭建

超车时需要考虑多种因素，包括前车速度、位置和航向等信息，因此超车触发条件如下：

① 利用 V2X 将前车位置和速度等信息传递给目标车辆。前车 V2X 传递信号模型如图 6.50 所示。

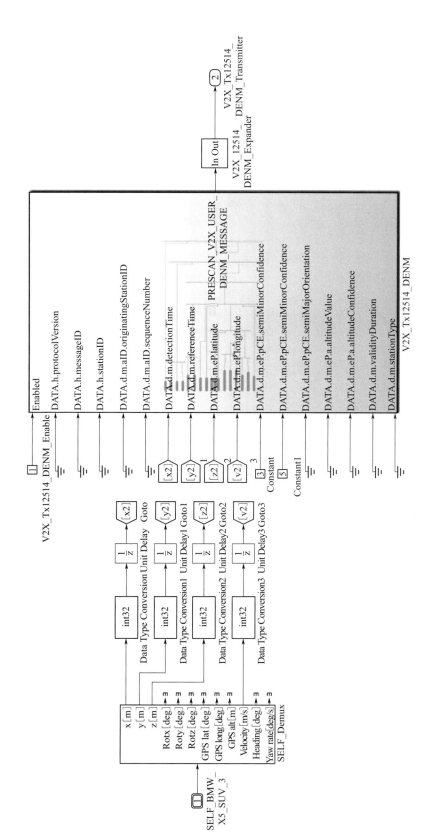

图 6.50　前车 V2X 传递信号模型

② 目标车辆首先根据两个 TIS 传感器传来的信息进行判断。TIS2 传感器横向探测范围广，纵向检测距离最长为 30m；TIS1 传感器横向探测范围小，纵向检测距离最长为 100m。当目标车辆距离前车 30m 之前，TIS2 传感器输出距离信息几乎为 0，并综合 V2X 传递的障碍位置信息在安全距离外，证明此时环境开阔，可以进行变道超车，然后进行下一步判断。超车环境决策模型如图 6.51 所示。

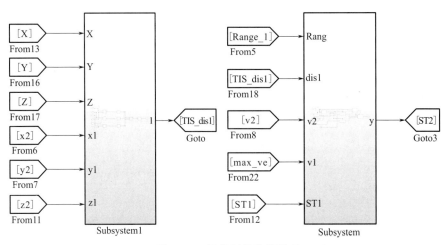

图 6.51　超车环境决策模型

③ 超车环境条件满足后，根据前车速度与当前道路最高限速比较，如果差距大于 5m/s，则代表超车速度条件满足。超车速度决策模型如图 6.52 所示。

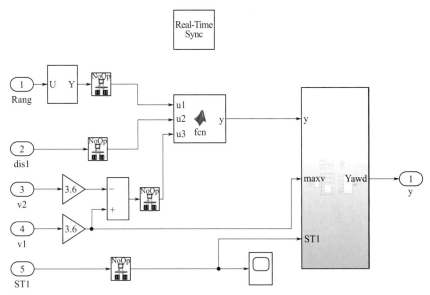

图 6.52　超车速度决策模型

④ 超车环境条件与速度条件满足后，利用超车轨迹曲线进行局部轨迹规划，最终完成超车。局部轨迹规划模型如图 6.53 所示。

针对超车过程中纵向速度过大导致的侧翻问题，本节对纵向速度和侧向加速度进行了约束。图 6.54 所示是 PreScan 中目标车辆部分动力学模型,它实时反映目标车辆的各项参数。图 6.55 所示是目标车辆纵向速度和侧向加速度约束模型,共分为两层约束:第一层是图 6.55 下方的模型,主要对纵向速度约束,超车过程中纵向速度最高限制为 25m/s;假如在第一层约束下,车辆侧向加速度依然超过限定值,第二层约束起作用,如图 6.55 上方模型所示,主要是当侧向加速度超过限定值时对油门信号和制动信号约束。

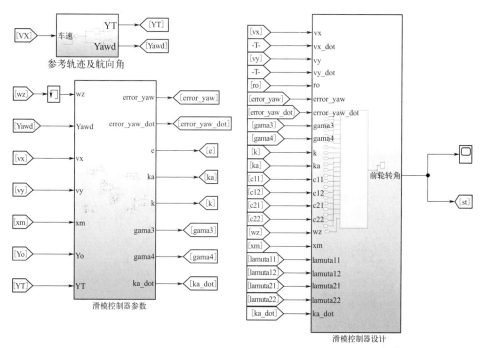

图 6.53　局部轨迹规划模型

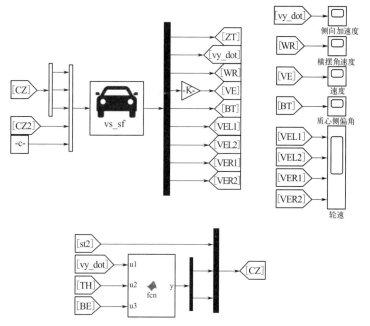

图 6.54　PreScan 中目标车辆部分动力学模型

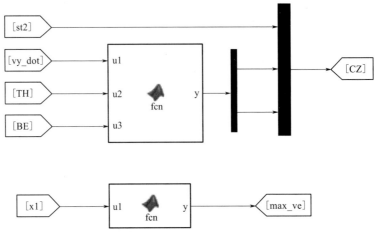

图 6.55　目标车辆纵向速度和侧向加速度约束模型

（3）超车决策控制系统仿真实验

本节使用 PreScan、CarSim 和 Simulink 三种软件进行超车决策控制系统的联合仿真实验，目标车辆初始速度为 23.6m/s，前车速度为 14m/s。

图 6.56 所示为超车环境模型。图 6.57 所示是 TIS 传感器输出数据曲线，TIS 传感器输出的距离信息分别为 TIS1 和 TIS2，DIS 代表两车的实时距离信息。

图 6.56　超车环境模型

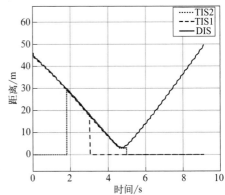

图 6.57　TIS 传感器输出数据曲线

图 6.58 是超车仿真图像。在 1.8s 时 TIS2 传感器输出距离信息，结合 PreScan 输出图像 [如图 6.58(a) 所示]，这代表 1.8s 前超车环境良好，可以在安全距离 20m 处超车；3s 时，TIS1 信号突变为 0，结合 PreScan 输出图像 [如图 6.58(b) 所示]，这代表目标车辆变道成功；5s 左右，DIS 信号达到最低，TIS2 信号突变为 0，这代表两车并排行驶；最终结合 PreScan 输出图像 [如图 6.58(c) 和图 6.58(d) 所示]，可见目标车辆完成超车。图 6.59 所示为目标车辆实时速度变化曲线，速度控制算法采用 6.3.1 节所述的 PID 控制。

根据以上仿真实验结果可以看出，本节的智能网联汽车超车决策控制系统能够帮助车辆快速地完成变道超车。

(a) 目标车辆变道前   (b) 目标车辆变道成功

(c) 目标车辆回归原车道   (d) 目标车辆超车成功

图 6.58　超车仿真图像

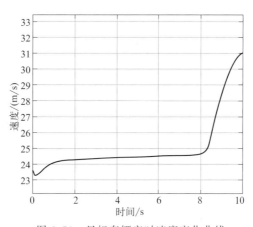

图 6.59　目标车辆实时速度变化曲线

(4) 硬件在环试验

为验证智能网联汽车超车决策控制系统的有效性，本节进行了硬件在环试验。主要对整个控制系统的方向盘转角、油门和制动进行了验证，并对超车过程中目标车辆的稳定性进行了分析。硬件平台测试数据如图 6.60 所示。图 6.60（a）所示是硬件平台反馈的方向盘转角变化曲线。图 6.60（b）所示是横向加速度变化曲线，根据实验结果可知横向加速度在 $\pm 0.3g$ 内，目标车辆在超车过程中不会发生侧翻。图 6.60（c）所示是横摆角速度变化曲线，变化范围在 $\pm 6.5°/s$

内。图 6.60(d) 所示是质心侧偏角变化曲线，变化的范围在 ±0.45°内。图 6.61 所示是硬件平台反馈的不同车轮转速变化曲线，由于目标车辆具有初始车速且硬件平台的四个电机需要响应时间，所以在 1s 前会产生突变。硬件在环试验反馈的参数证明了本节设计的智能网联汽车超车决策控制系统稳定性好，能够使目标车辆快速地完成超车。

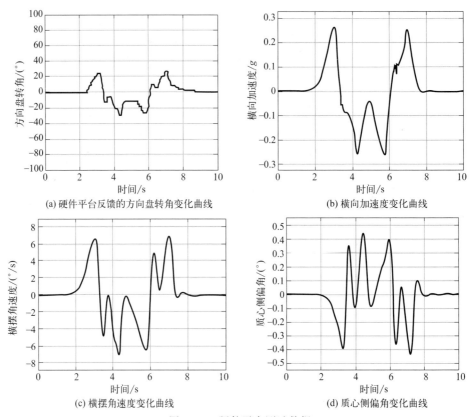

(a) 硬件平台反馈的方向盘转角变化曲线 (b) 横向加速度变化曲线

(c) 横摆角速度变化曲线 (d) 质心侧偏角变化曲线

图 6.60 硬件平台测试数据

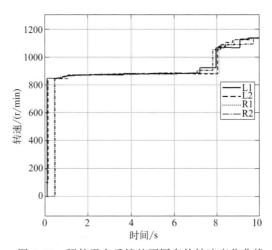

图 6.61 硬件平台反馈的不同车轮转速变化曲线

6.3.3 智能网联汽车动态避障决策控制系统设计

智能网联汽车在城市道路行驶时，会遇到多种障碍，如车辆和行人等。本节将进行动态避障决策控制系统的设计。

（1）动态避障环境设计

针对各种复杂多变的道路情况，本节只考虑两种情况，分别是：

① 前进方向，前车速度慢或者有行人，需要进行局部规划避障。这里和超车情况类似，本节仿真实验主要是避障行人，同时增加对向来车等延迟避障情况。

② 横向，面对突然出现的行人，此时需要减速或者制动停车。本节对这种情况设计时，主要依靠于 V2X 与路基设备通信，通过 V2X 将行人信息发送至目标车辆，车辆接收信号后进行减速甚至制动。

（2）动态避障模型设计

① 前进方向。本节将超车轨迹曲线[式(6.45)～式(6.48)]中的 x 和 d_n 进行修改，使其能够根据动态障碍的速度和形状进行自适应的调节，这样可以提高智能网联汽车动态避障的效率。图 6.62 所示是 V2X 信息传递模型，轨迹曲线的自适应调节主要依靠于 V2X 通信技术，将动态障碍的位置信息、速度信息和形状大小信息传递给目标车辆。超车的仿真实验在 6.3.2 节已经完成，本节将提升环境复杂度，进行超越行人的设计，动态避障环境模型如图 6.63 所示。前进方向整体设计为：目标车辆在道路行驶，将要超越前方骑车人时，对向车道出现车辆，超车条件无法满足，目标车辆先降速，在安全距离范围内紧跟前方骑车人行驶，当对向车辆驶过，超车条件满足时再进行加速，超越前方骑车人。

② 横向。图 6.64 所示是横穿道路行人模型，白色车为静止车辆，用于挡住车辆右侧的行人，行人信息通过 V2X 传递至目标车辆，目标车辆接收行人横穿马路信息后及时减速停车。横向整体设计为：当车辆靠近白色车辆时，该行人突然出现，目标车辆减速停车，行人离去，目标车辆再次启动。

（3）动态避障决策控制系统仿真实验

本节将进行动态避障决策控制系统的仿真实验。目标车辆初始速度为 26m/s，对向车辆速度为 23m/s，前方骑车人速度为 4.5m/s，突然出现行人设置 2s 时间延迟，即程序启动 2s 之后，行人开始横穿马路。行人最高速度为 3m/s。

图 6.65 所示是 ACC 模型，超车条件不满足时，将运行 ACC 模块。图 6.66 所示是 AEB 模型，检测到突然出现的行人时，将运行 AEB 模块。图 6.67 所示是动态避障决策模型。

图 6.68 所示是 V2X 传输信号变化曲线，包括动态障碍位置、速度以及形状大小等信号，用于决策判断。图 6.69 所示是动态避障全局轨迹。图 6.70 所示是动态避障速度变化曲线，图 6.71 是目标车辆检测对向来车图，图 6.72 是目标车辆开始避障图，图 6.73 是目标车辆避障成功图，图 6.74 是目标车辆减

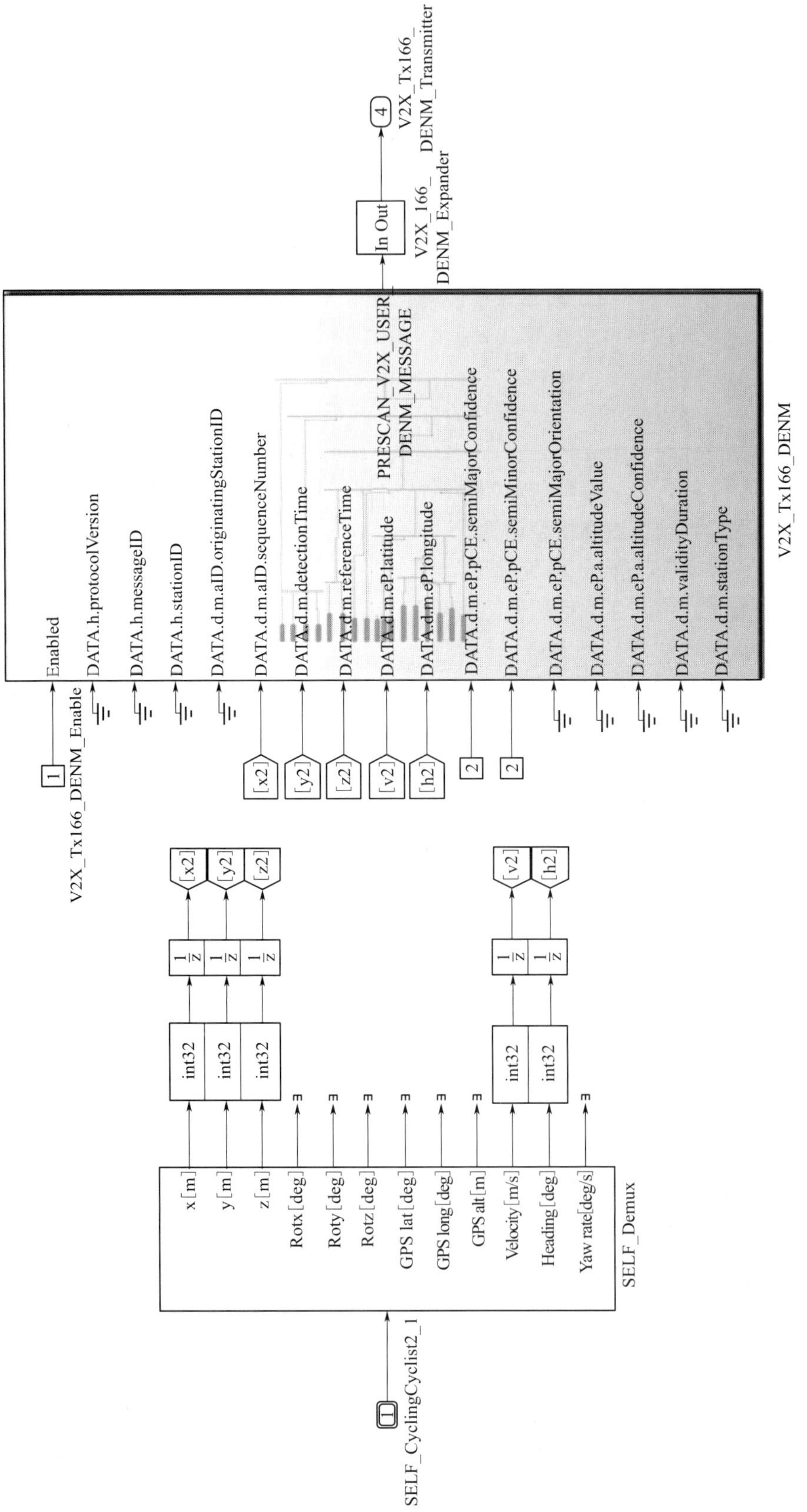

图 6.62　V2X 信息传递模型

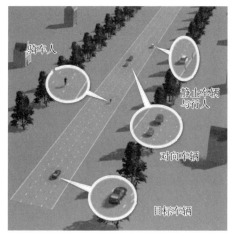

图 6.63 动态避障环境模型

图 6.64 横穿道路行人模型

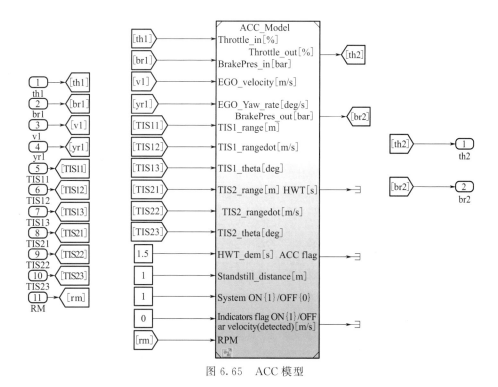

图 6.65 ACC 模型

速礼让行人图，图 6.75 是目标车辆重新启动图。目标车辆首先以 26m/s 速度行驶，在 2s 左右目标车辆开始减速进入 ACC 模式，因为此时检测到对向车道来车，无法快速超越前方障碍，PreScan 输出图像如图 6.71 所示。4~6s，目标车辆速度维持在 19m/s，此时已经完成超越骑车人，如图 6.72 和图 6.73 所示。6~8s，目标车辆快速减速，此时 V2X 将前方行人横穿马路信息传递给目标车辆，目标车辆减速礼让行人，如图 6.74 所示。9s 左右，行人离去，目标车辆开始加速，如图 6.75 所示。

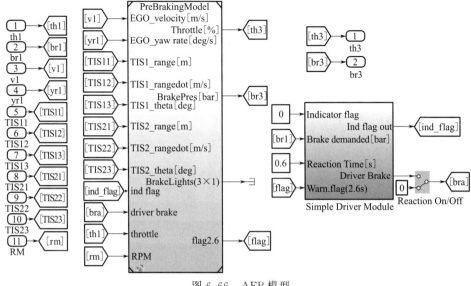

图 6.66　AEB 模型

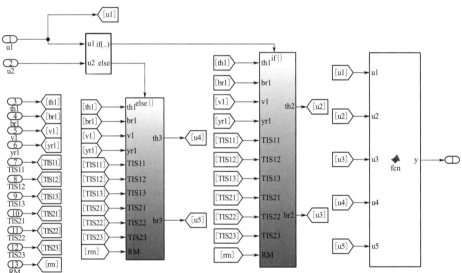

图 6.67　动态避障决策模型

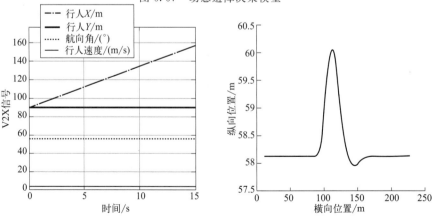

图 6.68　V2X 传输信号变化曲线　　　　图 6.69　动态避障全局轨迹

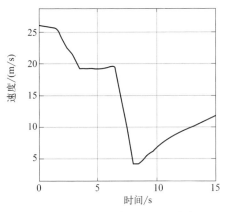

图 6.70　动态避障速度变化曲线

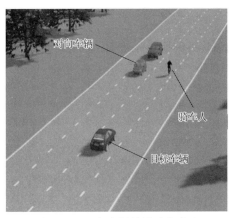

图 6.71　目标车辆检测对向来车

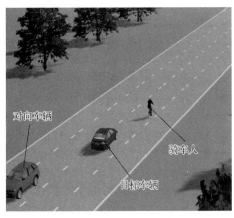

图 6.72　目标车辆开始避障

图 6.73　目标车辆避障成功

图 6.74　目标车辆减速礼让行人

图 6.75　目标车辆重新启动

（4）硬件在环试验

为验证智能网联汽车动态避障决策控制系统的有效性，本节进行了硬件在环试验。主要对整个控制系统的方向盘转角、油门和制动进行验证，其中油门和制动体现在四个车轮转速中。图 6.76 所示是硬件平台反馈的不同车轮转速变化曲线，因硬件平台的四个电机需要响应时间，所以在 1s 前会产生突变。图 6.77 所示是硬件平台反馈的方向盘转角变化曲线。硬件在环试验可以很好地反映出本节设计的动态避障决策控制系统可以应用于智能驾驶平台。

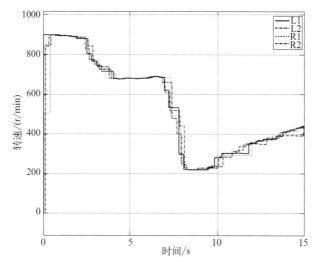

图 6.76　硬件平台反馈的不同车轮转速变化曲线

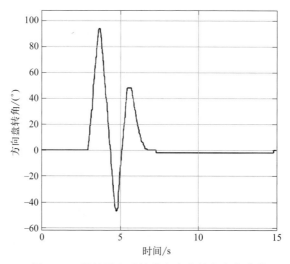

图 6.77　硬件平台反馈的方向盘转角变化曲线

6.4　智能网联汽车轨迹跟踪控制器设计

现有轨迹跟踪控制算法中，针对智能车辆高速超车过程中轨迹跟踪精度与行驶稳定性的研究较少，而滑模控制器具有响应迅速、抗干扰能力强和控制动作实现简单等优点。因此，本节将对终端滑模控制器进行设计，并和 MPC 控制器进行轨迹跟踪精度的对比实验。

6.4.1 传统终端滑模控制器原理介绍

滑模变结构控制（SMC）也称为滑模控制，其特点在于控制系统结构不是一成不变的，而是能够伴随系统当前状态有目的地不断变化，具有响应迅速、外界扰动影响较小和控制动作实现简单等优点。终端滑模控制器是在滑模面设计中加入非线性函数，加快控制系统的收敛速度。普通滑模控制器是渐近收敛的，收敛时间长；终端滑模控制器是有限时间收敛的，收敛时间短。终端滑模控制器综合考虑了滑模控制器跟踪控制律的稳定性、硬件计算量和实际操作的可能性，具有非常广泛的应用前景。

传统终端滑模控制器的滑模面设计如下：

$$s = \dot{e} + \gamma_1 e + \gamma_2 e^{\frac{q}{p}} = 0 \tag{6.49}$$

式中，e 是状态量；$\gamma_1 > 0$；$\gamma_2 > 0$；p 与 q 是正奇数且 $p > q$。

滑模控制分为两个阶段，分别是到达滑模面阶段和滑模面滑动阶段[7]。到达滑模面阶段的标志是：$s = 0$，$\dot{s} \to 0$。滑模面滑动阶段的标志是：$s = 0$，$\dot{s} = 0$。因此，对式(6.49) 求导可得：

$$\dot{s} = \ddot{e} + \gamma_1 \dot{e} + \gamma_2 \frac{q}{p} e^{\frac{q}{p}-1} \tag{6.50}$$

式中，p 与 q 是正奇数且 $p > q$，$\frac{q}{p} - 1 < 0$。

当状态量 e 等于 0 时，整个控制系统就会出现奇异。因此，需要对滑模面进行改进。

6.4.2 终端滑模控制器改进设计

（1）控制系统模型搭建

图 6.78 是控制系统模型图，虚线代表期望轨迹，曲线 EC 代表实际轨迹。智能车辆在轨迹跟踪时的误差分为横向误差 y_{m1} 和航向误差 y_{m2}。智能车辆在行驶时纵向速度 v_x 远大于横向速度 v_y，因此假设在 Δt 时间内，车辆的横摆角速度保持不变，质心速度保持不变且做圆周运动。驾驶员向期望轨迹行驶，首先预瞄 D 点，实际轨迹沿曲线 EC 行驶，并在 Δt 时间内运行到 D 点，又因为纵向速度 v_x 远大于横向速度 v_y，故 Δt 时间内 AC 近似等于 AD。v 代表车辆质心速度，β 代表质心侧偏角，ω 代表横摆角速度。

根据图 6.78 得到轨迹误差公式：

$$\begin{cases} y_m = y_{m1} + y_{m2} \\ \dot{y}_{m1} = v_y \cos\Delta\mu - v_x \sin\Delta\mu \\ \dot{x}_{m1} = v_y \sin\Delta\mu + v_x \cos\Delta\mu \\ \Delta\mu = \mu_1 - \mu_2 \\ y_{m2} = x_m \sin\Delta\mu \end{cases} \tag{6.51}$$

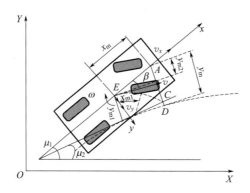

图 6.78 轨迹跟踪控制系统示意图

式中，x_m 是预瞄距离；y_m 是总误差；μ_1 是智能车实际轨迹横摆角；μ_2 是智能车期望轨迹横摆角。

期望轨迹的横摆角速度 $\dot{\mu}_2$：

$$\dot{\mu}_2 = \frac{\dot{x}_{m1}}{R} = \rho\dot{x}_{m1} \tag{6.52}$$

式中，R 是 Δt 时间内实际轨迹的半径；ρ 是实际轨迹的曲率半径；x_{m1} 是智能车在 Δt 时间内沿着期望轨迹曲线 EC 行驶的距离。

在 Δt 时间内，由于纵向速度 v_x 远大于横向速度 v_y，所以 $\Delta\mu$ 非常小，根据小角度近似法得：

$$\begin{cases} y_m = y_{m1} + x_m\Delta\mu \\ \dot{y}_{m1} = v_y - v_x\Delta\mu \\ \dot{x}_{m1} = v_y\Delta\mu + v_x \\ \Delta\mu = \mu_1 - \mu_2 \\ \dot{\mu}_1 = \omega \\ \dot{\mu}_2 = \rho\dot{x}_{m1} \end{cases} \tag{6.53}$$

对式(6.53)求二阶导数，整理得：

$$\begin{cases} \ddot{y}_m = \ddot{y}_{m1} + x_m\Delta\ddot{\mu} \\ \ddot{y}_{m1} = \dot{v}_y - \dot{v}_x\Delta\mu - v_x\Delta\dot{\mu} \\ \Delta\ddot{\mu} = \dot{\omega} - \rho\ddot{x}_{m1} \\ \ddot{x}_{m1} = \dot{v}_y\Delta\mu + v_y\Delta\dot{\mu} + \dot{v}_x \end{cases} \tag{6.54}$$

将式(6.3)~式(6.6)代入式(6.54)得：

$$\ddot{y}_m = \varphi_1 + \varphi_3\delta_f + d \tag{6.55}$$

$$\varphi_1 = \dot{v}_y - \dot{v}_x\Delta\mu - v_x\Delta\dot{\mu} + x_m\left(\frac{\varphi_2}{I_z} - \rho\ddot{x}_{m1}\right) \tag{6.56}$$

$$\varphi_2 = (C_{21}\delta_{21} + C_{22}\delta_{22})L_r - (C_{11}\delta_{11} + C_{12}\delta_{12})L_f \tag{6.57}$$
$$+ (C_{12}\lambda_{12} - C_{11}\lambda_{11})\frac{t_{w1}}{2} - (C_{22}\lambda_{22} - C_{21}\lambda_{21})\frac{t_{w2}}{2}$$

$$\varphi_3 = x_m \frac{(C_{11} + C_{12} + C_{12}\lambda_{12} + C_{11}\lambda_{11})L_f + (C_{12}\delta_{12} - C_{11}\delta_{11})\frac{t_{w1}}{2}}{I_z} \tag{6.58}$$

$$\delta_{11} = \arctan \frac{v_y + \omega L_f}{v_x - \omega \frac{t_{w1}}{2}} \tag{6.59}$$

$$\delta_{12} = \arctan \frac{v_y + \omega L_f}{v_x + \omega \frac{t_{w1}}{2}} \tag{6.60}$$

$$\delta_{21} = \arctan \frac{v_y - \omega L_f}{v_x - \omega \frac{t_{w2}}{2}} \tag{6.61}$$

$$\delta_{22} = \arctan \frac{v_y - \omega L_f}{v_x + \omega \frac{t_{w2}}{2}} \tag{6.62}$$

式中，$C_{ij}(i,j=1,2)$ 是各轮胎侧偏刚度；λ_{ij} 是各轮胎滑移率；δ_f 是前轮转角；ω 是横摆角速度；v_x 是纵向速度；v_y 是横向速度；L_r 是质心到后轴的距离；L_f 是质心到前轴的距离；t_{w1} 和 t_{w2} 是前轮轮距和后轮轮距；x_m 是预瞄距离；φ_1、φ_2、φ_3 和 δ_{ij} 是比例系数；d 是常数；I_z 是车辆绕 Z 轴力矩。

（2）终端滑模控制器滑模面设计

本节采用终端滑模控制器对智能车辆的跟踪误差 y_m 进行控制，控制模型为：

$$\dot{k} = x_1 \tag{6.63}$$

$$\dot{x}_1 = \ddot{y}_m \tag{6.64}$$

式中，$k = y_m$。

根据动态滑模控制的思想，将不连续的控制项放到控制输入的高阶导数中，这样就解决了终端滑模的奇异性，因此设计滑模面为：

$$s = \dot{k} + \gamma_3 k + \gamma_4 k_a \tag{6.65}$$

$$\dot{\gamma}_3 = -\mu_3 s k \tag{6.66}$$

$$\dot{\gamma}_4 = -\mu_4 s \int_0^t k^{\frac{q}{p}} \mathrm{d}\tau \tag{6.67}$$

式中，$\dot{k}_a = k^{\frac{q}{p}}$；$k = y_m$；$\mu_3$ 与 μ_4 是正增益参数；p 与 q 是正奇数，且 $p > q$，$\frac{q}{p} - 1 < 0$。

（3）终端滑模控制器控制律设计

在滑模控制中趋近律是一个很重要的指标，反映了控制系统向滑模面趋近的速度，而且系统的抖振与趋近律相关。常用的趋近律函数[8]为：

① 等速趋近律：$\dot{s} = -\varepsilon \,\mathrm{sign}\,(s)$，$\varepsilon > 0$；

② 指数趋近律：$\dot{s} = -\varepsilon_1 \,\mathrm{sign}\,(s) - \varepsilon_2 s$，$\varepsilon_1 > 0$，$\varepsilon_2 > 0$；

③ 幂次趋近律：$\dot{s} = -k|s|^{\alpha} \text{sign}(s)$，$0 < \alpha < 1$。

由式(6.63)~式(6.65) 得到函数 $\dot{s}$：

$$\dot{s} = \ddot{k} + \dot{\gamma}_3 k + \gamma_3 \dot{k} + \dot{\gamma}_4 k_a + \gamma_4 \dot{k}_a \tag{6.68}$$

本节根据指数趋近律设计滑模函数的控制律，由式(6.55)、式(6.68) 和指数趋近率，设计滑模函数控制律为：

$$\delta_{\text{f}} = -\frac{\gamma_3 \dot{k} + \gamma_4 \dot{k}_a + \varphi_1 + \varepsilon_1 \text{sign}(s) + \varepsilon_2 s}{\varphi_3} \tag{6.69}$$

式中，ε_1 与 ε_2 是正常数且 $\varepsilon_1 > |d|_{\max}$；$\text{sign}(s)$ 是符号函数。

针对滑模控制器的抖振问题，本节采用双曲正切函数对其改进，改进后的滑模函数控制律为：

$$\delta_{\text{f}} = -\frac{\gamma_3 \dot{k} + \gamma_4 \dot{k}_a + \varphi_1 + \varepsilon_1 \tanh s + \varepsilon_2 s}{\varphi_3} \tag{6.70}$$

综合动力学模型后，滑模控制器的输入量为横向误差、前轮转角、纵向速度和横向速度等，输出量为前轮转角、质心侧偏角、侧向加速度和横摆角速度等。

6.4.3 终端滑模控制器稳定性分析

根据 Lyapunov 函数得：

$$V = \frac{1}{2} s^2 \tag{6.71}$$

根据式(6.71) 对 V 求导得：

$$\begin{aligned}
\dot{V} &= s\dot{s} \\
&= s(\ddot{k} + \dot{\gamma}_3 k + \gamma_3 \dot{k} + \dot{\gamma}_4 k_a + \gamma_4 \dot{k}_a) \\
&= s(\varphi_1 + \varphi_2 \delta_{\text{f}} + d + \dot{\gamma}_3 k + \gamma_3 \dot{k} + \dot{\gamma}_4 k_a + \gamma_4 \dot{k}_a)
\end{aligned} \tag{6.72}$$

将式(6.63)、式(6.65) 和式(6.70) 代入得：

$$\begin{aligned}
\dot{V} &= s\left[-\mu_1 s k^2 - \mu_2 s \left(\int_0^t k^{\frac{q}{p}} \mathrm{d}\tau\right)^2 - \varepsilon_1 \text{sign}(s) - \varepsilon_2 s + d\right] \\
&= sd - \varepsilon_1 |s| - \varepsilon_2 s^2 - \mu_2 s^2 \left(\int_0^t k^{\frac{q}{p}} \mathrm{d}\tau\right)^2 - \mu_1 s^2 k^2
\end{aligned} \tag{6.73}$$

式中，$-\varepsilon_2 s^2 - \mu_2 s^2 \left(\int_0^t k^{\frac{q}{p}} \mathrm{d}\tau\right)^2 - \mu_1 s^2 k^2 < 0$，$\varepsilon_1 > |d|_{\max}$，所以 $\dot{V} < 0$。因此，对于任意 $\varepsilon_1 > |d|_{\max}$，设计的控制器收敛。

6.4.4 不同工况下硬件在环试验

(1) 良好路面硬件在环试验

本节将进行终端滑模控制器（TSMC）和 MPC 控制器在良好路面工况下的硬件在环对比试验，设置路面附着系数为 0.85，前车速度为 20m/s，目标车辆初始车速为 23.61m/s，最高限速为 33m/s。

图 6.79 所示是横向位移变化曲线，由图可以看出，本节设计的 TSMC 控制器轨迹跟踪更加精准，MPC 控制器跟踪期望轨迹误差较大。图 6.80 所示是横向误差变化曲线，由图可以看出，本节设计的控制器轨迹跟踪精度更高，维持在 ±0.1m 内，MPC 控制器误差结果为 ±0.17m。图 6.81 所示是横向加速度变化曲线，由图可以看出，TSMC 控制器比 MPC 控制器横向加速度更加容易控制，TSMC 控制器横向加速度在 ±0.3g 内，MPC 控制器横向加速度在 ±0.5g 内。图 6.82 所示是横摆角速度变化曲线，由图可以看出，TSMC 控制器横摆角速度在 ±9°/s 内，MPC 控制器横摆角速度在 ±14°/s 内。图 6.83 所示是质心侧偏角变化曲线，由图可以看出，TSMC 控制器质心侧偏角在 ±0.8° 内，MPC 控制器质心侧偏角在 ±0.9° 内。图 6.84 所示是目标车辆的实时速度变化曲线。图 6.85 所示是硬件测试平台反馈的方向盘转角变化曲线。图 6.86 所示是硬件测试平台反馈的不同车轮转速变化曲线，因硬件平台的四个电机需要响应时间，所以在 1s 前会产生突变。

由试验结果可以看出，本节的 TSMC 控制器的控制精度更高，稳定性更好。

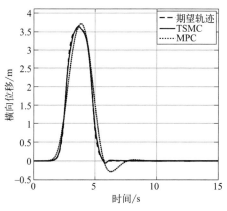

图 6.79　横向位移变化曲线

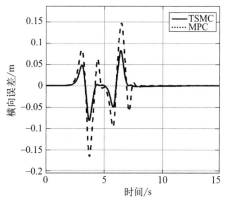

图 6.80　横向误差变化曲线

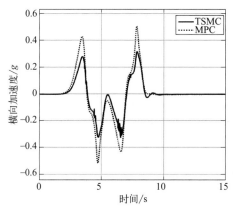

图 6.81　横向加速度变化曲线

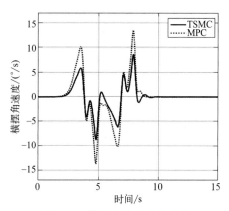

图 6.82　横摆角速度变化曲线

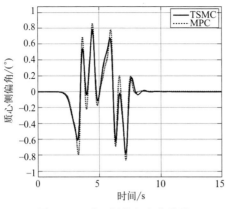

图 6.83　质心侧偏角变化曲线

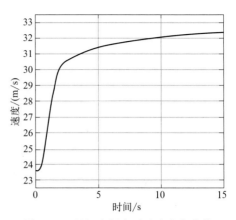

图 6.84　目标车辆实时速度变化曲线

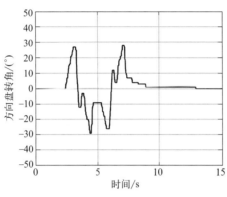

图 6.85　硬件测试平台反馈的
方向盘转角变化曲线

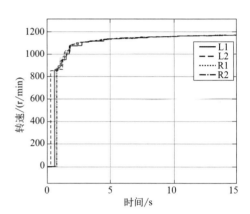

图 6.86　硬件测试平台反馈的不同
车轮转速变化曲线

（2）冰雪路面硬件在环试验

本节将进行终端滑模控制器（TSMC）和 MPC 控制器在冰雪路面工况下的硬件在环对比试验。设置路面附着系数为 0.3，前车速度为 11m/s，目标车辆初始车速为 16.67m/s，超车限速为 17m/s，最高限速为 23m/s。

图 6.87 所示是目标车辆实时速度变化曲线。图 6.88 所示是横向加速度变化曲线，由图可以看出，TSMC 控制器比 MPC 控制器更加容易控制横向加速度，TSMC 控制器横向加速度在（$-0.2g$，$0.25g$）内，MPC 控制器横向加速度在 $\pm 0.3g$ 内。图 6.89 所示是横摆角速度变化曲线，由图可以看出，TSMC 控制器横摆角速度在 $\pm 6°/s$ 内，MPC 控制器横摆角速度在 $\pm 10.5°/s$ 内。图 6.90 所示是硬件测试平台反馈的方向盘转角变化曲线。图 6.91 所示是硬件测试平台反馈的不同车轮转速变化曲线，因硬件平台的四个电机需要响应时间，所以在 1s 前会产生突变。

由试验数据得出，本节的 TSMC 控制器比 MPC 控制器控制精度更高，稳定性更好。

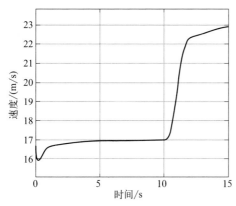

图 6.87　目标车辆实时速度变化曲线

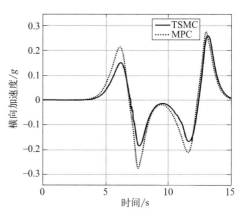

图 6.88　横向加速度变化曲线

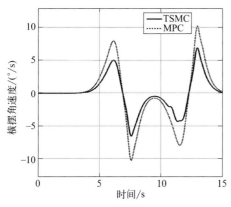

图 6.89　横摆角速度变化曲线

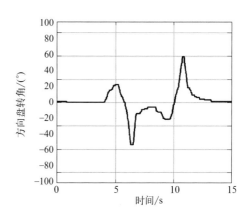

图 6.90　硬件测试平台反馈的方向盘
转角变化曲线

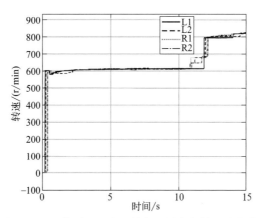

图 6.91　硬件测试平台反馈的不同车轮转速变化曲线

参 考 文 献

[1]　郑香美，高兴旺，赵志忠 . 基于"魔术公式"的轮胎动力学仿真分析 [J]. 机械与电子，2012
　　（09）：16-20.

[2] 刘志强，廉飞，茅峻杰，等.人-车-路闭环系统下的车辆稳定性研究［J］.车辆与动力技术，2012 (02)：18-21，34.

[3] 王万富，王琢，刘佳鑫，等.基于改进 A* 和内螺旋算法的林草火灾救援路径规划［J］.消防科学 与技术，2022，41（08）：1138-1142.

[4] Song X，Gao S，Chen B，et al. A New Hybrid Method in Global Dynamic Path Planning of Mobile Robot［J］. International Journal of Computers Communications & Control，2018，13（6）：1032-1046.

[5] 陈文强.基于行为树的智能车辆行为决策模型［J］.机电技术，2022，142（03）：28-33，55.

[6] 孙哲，邹镓扬，潘佳怡，等.自适应积分终端滑模的自主车辆路径跟踪控制［J］.浙江工业大学学报，2021，49（05）：494-502.

[7] 麻颖俊.模块化的车辆行驶状态估计方法研究［D］.长春：吉林大学，2017.

[8] 康尔良，贺建智，王一琛.永磁同步电机非奇异终端滑模控制器的设计［J］.电机与控制学报，2021，25（12）：58-64.

图 2.7　车道线检测区域

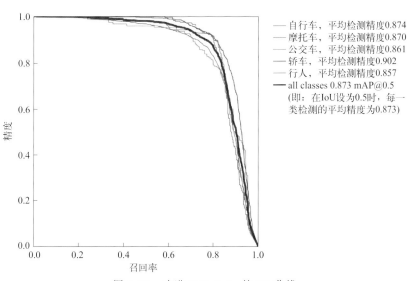

—— 自行车，平均检测精度0.874
—— 摩托车，平均检测精度0.870
—— 公交车，平均检测精度0.861
—— 轿车，平均检测精度0.902
—— 行人，平均检测精度0.857
—— all classes 0.873 mAP@0.5
　　(即：在IoU设为0.5时，每一
　　类检测的平均精度为0.873)

图 2.35　改进 YOLOv5s 的 PR 曲线

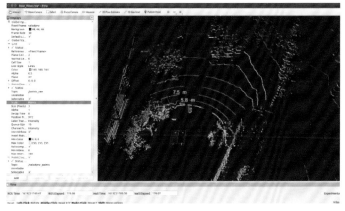

图 3.35　激光雷达图像

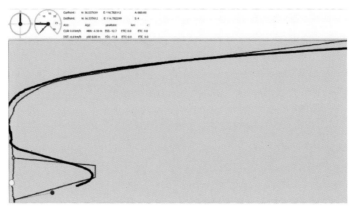
图 3.36　静态避障轨迹图

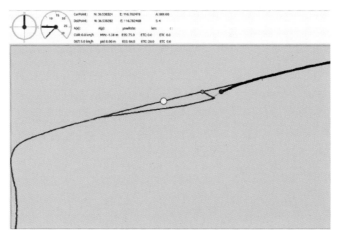
图 3.37　动态避障轨迹 1

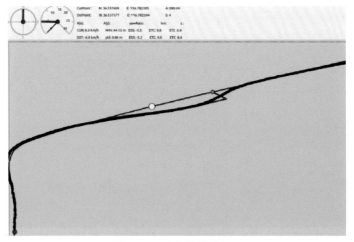
图 3.38　动态避障轨迹 2

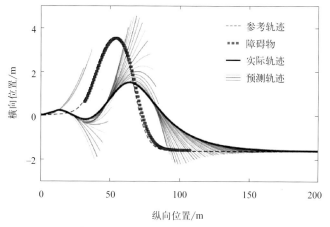

图 5.27　72km/h 避障轨迹结果（一）

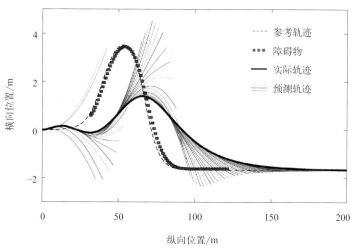

图 5.28　82km/h 避障轨迹结果（一）

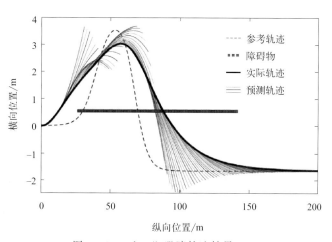

图 5.32　72km/h 避障轨迹结果（二）

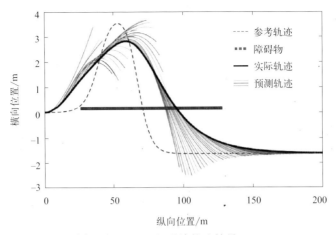

图 5.33　82km/h 避障轨迹结果(二)

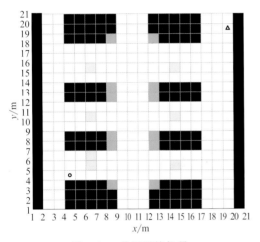

图 6.24　普通环境场景

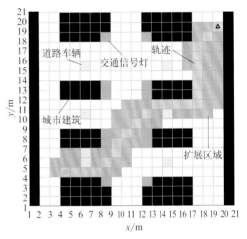

图 6.25　传统 A* 算法轨迹规划图

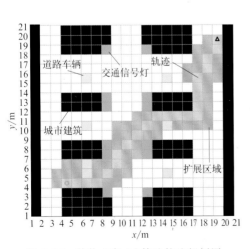

图 6.26　其他文章 A* 算法轨迹规划图

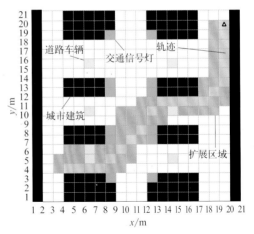

图 6.27　本节改进 A* 算法轨迹规划图